AF212393

Edición: Primera. Junio de 2025

ISBN: 978-84-96571-08-2

Depósito legal: M-12001-2025

IBIC: JNM (Educación superior y continua, educación terciaria)
KCF: (Economía del trabajo)

© 2025, Miño y Dávila srl / Miño y Dávila editores sl

Prohibida su reproducción total o parcial, incluyendo fotocopia,
sin la autorización expresa de los editores.

Cualquier forma de reproducción, distribución, comunicación
pública o transformación de esta obra solo puede ser realizada
con la autorización de sus titulares, salvo excepción prevista
por la ley. Diríjase a CEDRO (Centro Español de Derechos
Reprográficos, www.cedro.org) si necesita fotocopiar o
escanear algún fragmento de esta obra.

Diseño: Gerardo Miño
Composición: Eduardo Rosende

Página web: www.minoydavila.com.ar
Instagram: @minoydavila
Correo electrónico: minoydavila@gmail.com

Dirección postal: Miño y Dávila s.r.l.
Tacuarí 540. Tel. (+54 11) 4767-0421
(C1071AAL), Buenos Aires.

Marta Panaia (coordinadora)

Las profesiones
y los modelos productivos

Cecilia Blanco

Claudia Borlido

María Eugenia Bové

Paola Cabral

Lucía Cabrera

Walter Hernán Cettour

Analía Chiecher

Leticia Concha

Rafael Omar Cura

Karina Cecilia Ferrando

Nicolás Fiori

Jorge Eduardo Forno

Rodrigo Horjales

Vanessa Lujambio

Jacqueline Moreno

Olga Haydée Páez

Marta Panaia

Paola Paoloni

José Passarini

Brasiliano Rodriguez

Carina Santiviago

Daiana Schlegel

Alejandro Varesi

Paula Weisheim

ÍNDICE

Presentación

Este libro es producto de los trabajos presentados en el XII Encuentro de Laboratorios de Monitoreo de Inserción de Graduados (MIG) realizado en Avellaneda (Buenos Aires), Argentina, en la sede de la Universidad Tecnológica Nacional Regional Avellaneda (UTN-FRA) el 8 y 9 de junio de 2023 bajo la consigna *"20 años de aportes y debates en el campo de la educación y el trabajo"*.

De la producción debatida en esos días surgen nuevas problemáticas, nuevas carreras, cambios de currículo, estudios comparativos que hacen evidentes las diferencias entre varias profesiones en las distintas regiones del país y las transformaciones que enfrentan dadas las condiciones de flexibilidad en el mercado productivo y de trabajo, así como los desafíos que se abren a su ejercicio.

También muestran la emergencia de otras prioridades, de tratamientos diferentes de la información y de la gestión institucional de estos espacios creados para funcionar como una usina de datos que agregue valor a la tarea de la Secretaría Académica, peo también a la investigación de los ámbitos universitarios aumentando su transparencia y su evolución.

El dispositivo homogéneo utilizado para organizar este material son los *Laboratorios MIG* donde funcionan se utilizan instrumentos científico-técnicos especializados en el estudio y seguimiento de la problemática ocupacional surgida entre los jóvenes graduados y el mundo del trabajo. A partir de la experiencia pionera del *MIG* UTN FR General Pacheco, que comenzó a funcionar en el 2000, se han desarrollado espacios similares, tanto en instituciones de educación superior como en organismos del estado.

Sin embargo, este no es el único instrumento que valoran las universidades, que delegan muchas veces en los propios graduados la posibilidad de contar con investigación sobre su propio funcionamiento y con elementos para la planificación futura. Esta es una cuestión compleja donde los *Laboratorios MIG* investigan desde la perspectiva de la formación- empleo, tratando de resolver las tensiones entre la Sociología del Trabajo y la Sociología de las Profesiones. Estos Laboratorios hacen una recolección permanente de datos sobre los graduados en distintas profesiones basados en sus trayectorias laborales y de formación. Con estos datos cuantitativos y biográficos se caracterizan las modalidades que ellos siguen para insertarse en el mercado de trabajo; y en el diagnóstico de requerimientos de demandas laborales planteadas por los diferentes contextos productivos, en distintas regiones del país. No todas las universidades valoran la posibilidad de contar con estos datos y hasta muestran cierta resistencia para adoptarlos.

No obstante, entre los logros de la producción de estos Laboratorios MIG se cuenta el de poseer información para identificar el ser estudiantil, las dificultades surgidas en los trayectos estudiantiles, las características del abandono universitario, las identidades profesionales y las actuales condiciones del mercado productivo respecto de su innovación, flexibilidad y sus demandas, las necesidades de hacer cambios en los currículos y los principales obstáculos que encuentran los graduados en los procesos de inserción en el mercado de trabajo.

Como es tradicional, los *Encuentros Nacionales* brindan a los investigadores que participan en ellos —pertenezcan o no a un Laboratorio MIG— un espacio de diálogo y un ámbito de discusión metodológica y teórica, que enriquece los trabajos presentados; que facilitan la acumulación de aprendizajes, potencian los recursos y crean lazos de cooperación y apoyo mutuo entre los equipos de trabajo.

En estos eventos se comparten los resultados logrados en cada región, y se posibilita la realización de análisis comparativos. Tales propósitos guiaron la organización de estos encuentros desde sus comienzos, en el año 2005; y vienen consolidando ininterrumpidamente el funcionamiento en una red virtual de todos los Laboratorios *MIG*, cualquiera sea su institución sede, bajo la coordinación general del Programa del Área de Investigación de Trabajo y Empleo (PAITE) dirigido por la Dra. Marta Panaia, investigadora principal del CONICET en el Instituto de Investigaciones Gino Germani de la UBA.

La periodicidad de los cinco primeros encuentros fue anual, y a partir de entonces se realizan cada dos años. La secuencia histórica ha sido:

- 2005 – I Encuentro Nacional de Laboratorios MIG - UTN FR Gral. Pacheco (Buenos Aires).
- 2006 – II Encuentro – UTN FR Avellaneda (Buenos Aires).
- 2007 – III Encuentro – UN Río Cuarto, Facultad de Ingeniería (Córdoba).
- 2008 – IV Encuentro – UTN FR Resistencia (Chaco).
- 2009 – V Encuentro – UTN FR Gral. Pacheco (Buenos Aires).
- 2011 – VI Encuentro Nacional y I Internacional Laboratorios MIG; UN Río Cuarto (Córdoba). Desde esta fecha con el acompañamiento de grupos de la Universidad de la República (Uruguay).
- 2013 – VII Encuentro - UTN FR Avellaneda (Buenos Aires).
- 2015 – VIII Encuentro – UN Córdoba (Capital) con réplica en 2016 en Laboratorio MIG UTN Santa Cruz.
- 2017 – IX Encuentro – UN Avellaneda (UNDAV) (Buenos Aires).
- 2019 – X Encuentro-UTN Resistencia (Chaco)
- 2021 XI Encuentro Río Cuarto (Córdoba) virtual, por la pandemia de COVID-19.
- 2023 XII Encuentro UTN FR Avellaneda (Buenos Aires).

El último Encuentro cerró un ciclo de 20 años de trabajo conjunto que contribuye a mantener estrechos vínculos científicos e institucionales entre todos los *Laboratorios MIG*; y otros grupos que comparten la temática, aunque no sus metodologías. Esta camaradería permite la reflexión colectiva, la colaboración mutua, y el intercambio de ideas sobre los desafíos interdisciplinarios que afronta la educación superior, el ejercicio profesional, el impacto de la veloz informatización en las identidades profesionales y sus formas de ejercicio y los cambios que propone el contexto productivo, en el caso de las profesiones universitarias en general.

La Coordinación

Los modelos productivos y el rol profesional

Marta Panaia

Introducción

La segunda modernidad se caracteriza por una aceleración sin precedentes de la técnica, según lo analizan filósofos y cientistas de las décadas pasadas como Lash y Urry (1998), Sadin (2009), Rosa (2010) y Pollmann (2011), entre otros. Al mismo tiempo, la pandemia y la secuela de las guerras introduce un poderoso freno a la cotidianeidad social organizada para una sociedad vertiginosa. Al mismo tiempo, la salida de ese freno brutal sumada a la introducción imparable de la inteligencia artificial (IA) y la profunda crisis ecológica del sistema planetario nos obliga a la reflexión sobre cómo impacta esta aceleración y este freno en las formas de producción: por un lado, a raíz de las innovaciones como la inteligencia artificial, la biotecnología y la comunicación, en una fuerte modalidad globalizada; por el otro, los frenos que imponen enfermedades desconocidas, fenómenos producidos por un cambio climático inmanejable y guerras extendidas en el tiempo, imponen el repliegue, la cercanía,y la vuelta a los territorios locales. Eric Sadin (2023) se adelanta en señalar que ya no vivimos en la era marcada por la aceleración, sino en la *"movilización total"*, especialmente en el mundo del trabajo, pero también en la vida diaria. La permanente conexión proporciona satisfacción y poder, pero al mismo tiempo elimina el espacio vacío entre la realidad y nosotros, olvidando la necesidad de reflexión, de comprensión, de aceptación de las diferencias y de los acuerdos.

¿Por qué ponemos en cuestión el modelo? Porque América Latina no tiene un solo modelo de desarrollo consolidado. Las fracciones dominantes que se disputan el poder y se suceden según los períodos quieren imponer modelos productivos contradictorios. Esto produce avances y retrocesos, heterogeneidades e hibrideces que no ayudan a adoptar políticas coherentes. Por otra parte, no hay consensos científicos, ni suficientes estadísticas y estudios de caso que permitan orientar las políticas en una dirección unificada.

En este marco general, la primera parte de este trabajo se pregunta: ¿Qué significa hablar de un nuevo modelo productivo? ¿Hay suficientes debates y constataciones, en diferentes ramas como para establecer las características de un nuevo modelo? ¿La aparición de un nuevo modelo de producción es un proceso de transformación lenta en la que se van agregando nuevos elementos sobre una modalidad ya rígida y afianzada de producir? ¿Incorporar nuevas formas de producción qué fuerzas moviliza? ¿Qué pasa con el viejo modelo? ¿Desaparece? ¿Se transforma? ¿Agrega modos nuevos y mantiene algunos anteriores? ¿Para qué sirve definir un modelo?

En la segunda parte, se muestra que todo modelo productivo responde a un régimen de acumulación, puede ser extensivo o intensivo y vincularse con modelos productivos industrialistas, extraccioncitas, financieros y con combinaciones posibles de modelos de integración en una situación de disputa, que genera inevitables crisis; es el contexto de los países periféricos y el caso argentino a la luz de los aportes anteriores.

Para eso, el primer planteo es saber si se puede hablar de un modelo estabilizado de acumulación y producción, qué elementos habría que mirar para describir esos modelos y qué definiría un cambio de ese funcionamiento.

En principio, para avanzar en esta dirección se toma como fuente la observación participante de más de cuarenta años de visitas sistemáticas a empresas de distintos sectores de nuestro país, realizadas con cursos de grado y posgrado,[1] ya que no hay encuestas continuas sobre las formas de organización de los procesos de trabajo y también se toman los estudios por ramas y tramas industriales realizados por diferentes especialistas –historiadores, economistas, sociólogos, antropólogos– que arrojan luz sobre diferentes períodos de la evolución industrial y de servicios del país.

Boyer y Freyssenet (2001) definen un modelo de cuatro maneras diferentes:

---

1   Cátedra de Sociología del Trabajo (carrera de Relaciones del Trabajo) y cátedra de Acumulación, trabajo y empleo (Carrera de Sociología) de la Facultad de Ciencias Sociales de la UBA. Cátedra de Sociología del Trabajo del Posgrado de Ciencias Sociales del Trabajo (UBA); cátedra de Ergonomía Organizacional, Posgrado de Ergonomía de la Universidad Tecnológica Nacional (varias regionales) (Panaia et al., 2016).

1. El ideal a alcanzar, o sea, *"un modelo debe ser una configuración socioproductiva susceptible de movilizar a los actores de la empresa para volverla perfomante"*.
2. Un modelo es también *la estilización de un conjunto de rasgos* realmente existentes, una suerte de mapa; *"se consideran como modelos las constelaciones de rasgos con correlación entre ellos y con resultados financieramente positivos"*.
3. Un modelo es *"una construcción de encadenamientos lógicos a partir de comportamientos supuestamente fundamentales de los actores"*, en definitiva, un método coherente de producir, que incluye el comportamiento de los actores.
4. Un modelo es *una respuesta coherente* a las fracturas que surgen en los regímenes anteriores, producidos por los cambios que se van incorporando.

Las condiciones en que producen las empresas, la trama productiva a la que pertenecen y las condiciones de rentabilidad también presionan sobre el modelo productivo, por eso estos autores definen tres componentes del modelo productivo: la política producto; la organización productiva para realizar esa política-producto y la relación salarial (Boyer y Freyssenet, 2001).

Para Veltz y Zarifian (1993), la esencia del modelo reside en la descomposición del proceso de operaciones y de la puesta en lugar de un modo local de la búsqueda de eficiencia sobre la productividad de sus operaciones, que toma en cuenta un referencial en parte consciente, en parte inconsciente de acciones y representaciones corrientes.

Estos autores ponen en duda que se produzca un cambio estructural profundo, más bien postulan cambios, heterogeneidades y diversidades que van corriendo los límites del modelo establecido y transformando su funcionamiento. Este análisis se apoya sobre una triple crisis: del concepto de operación, de los modelos de cooperación y de innovación; y en cada uno de ellos se pone en debate dos nociones: el acontecimiento y la comunicación.

Para Laville (1993), el modelo racional no parece tener otra función que oponerse término a término de manera contrastada al describir el nuevo modelo de gestación. Boyer y Freyssenet (2001, p. 26), desde una mirada más económica, definen los modelos productivos como los compromisos de manejo de la empresa que permiten implementar, en forma permanente y beneficiosa, las estrategias de ganancia viables en el marco de los modos de crecimiento en que las empresas organizan sus actividades.

Coinciden con los autores antes mencionados, en el punto de la organización productiva, en pensar el grado de integración de las actividades, su distribución espacial, la organización de la concepción, del abastecimiento, de la fabricación y de la comercialización, las técnicas empleadas y los criterios de gestión.

Mucho más acá, ya con los impactos y transformaciones de la inteligencia artificial, Eric Sadin (2020) señala que la técnica no es neutral, sino que constituye el soporte de esquemas organizacionales, que rigen la sociedad en forma cada vez más eficiente y enmascaran reglas éticas que tienden a regir los asuntos humanos.

¿Qué elementos tomar para analizar el modelo y el posible cambio?

En el caso de los regímenes de acumulación, se toman los criterios de *trayectoria nacional* (Boyer y Neffa, 2004) de rentista, sustitución de importaciones, parcialmente intensiva orientada al acceso de los asalariados al consumo masivo, potencialmente intensiva, e impulsada por las exportaciones. Las *formas institucionales* que se incluyen en el análisis son el régimen internacional, las formas del Estado, la moneda, las formas de competencia y la relación salarial. Si bien el análisis pormenorizado de estos ítems queda fuera de los propósitos de este trabajo, se considera que el intento de estos autores de consensuar y ayudar a un análisis integrado de los modelos en disputa de los países latinoamericanos es el más adecuado para lograr una dirección unificada del modelo de desarrollo.

En cuanto a los modelos productivos, en principio se adopta la mirada, siempre lúcida, de Linhart (1993); los aportes de Veltz y Zarifián (1993); la mirada más económica de Boyer y Zarifián (2001) y Boyer y Freyssenet (2001) y el análisis actualizado de las últimas innovaciones de Eric Sadin (2009; 2020). La primera toma como punto de partida las limitaciones del modelo más establecido y analiza tres niveles de organización del modelo de producción, con un enfoque más inclusivo, que incluye el nivel organizacional y el económico. En esa dirección, la autora propone tres niveles de análisis: el del funcionamiento interno de la empresa; el de las relaciones sociales que prevalecen allí; y el de la organización del trabajo, en sentido estricto. Por su parte, Veltz y Zarifián los tratan como *momentos de crisis* e incluyen el concepto de operación, de modelos de cooperación y de innovación. En tanto que Boyer junto con Zarifián y Freyssenet marcan una conexión ineludible con el contexto económico que varía con cada país, cada región y cada rama. Por último, Sadin analiza el impacto de la inteligencia artificial en la producción.

Retomando un poco la evolución, sin que esto signifique que se deba pasar por todos los estadios, ya en la década de los años 1980 se introdujeron en la organización taylorista-fordista de producción en serie –muy estabilizada durante el siglo XX– máquinas automatizadas para trasladar a los trabajadores a tareas menos penosas, sustituyéndolos muchas veces y promocionándolos a tareas de servicios (Linhart, 2003).

Especialmente a partir de la década de 1990, se utilizaron herramientas para la toma de decisiones provenientes de los estudios informáticos que permitían analizar múltiples decisiones y repertorios de alternativas y formulación de recomendaciones para aumentar la eficacia, que se pueden sintetizar en los aportes del *management* a los modelos de producción. Esto que decía apuntar a una empresa más descentralizada, mejor distribuida, colaborativa y eficiente, en realidad significó una fuerte presión coercitiva sobre los trabajadores.

Los aumentos de productividad, ampliados por las maniobras de deslocalización de la producción hacia los países periféricos (China, países asiáticos y latinoamericanos) con mecanismos de tercerización implicaron la intensificación de los márgenes de ganancia (Sadin, 2020).

La globalización, los cambios tecnológicos, la aceleración del espacio-tiempo y la multiterritorialidad de la segunda modernidad, ponen en crisis los tradicionales sistemas de producción taylorista-fordista de producción de masas, primero con la instalación de los sistemas flexibles y de calidad generalizados por el toyotismo, la producción magra o ligera y la preocupación por la atención a la variedad de clientes; y, posteriormente, con una exigencia mayor de competitividad e informatización que precariza o excluye muchos actores sociales.

El modelo japonés, visto por los occidentales, incorpora la calidad, la transparencia, la flexibilidad y la relación interactiva como mecanismo básico de la construcción de productos reconocidos y fabricados con autonomía, con dirigentes reconocidos y con autoridad y poder que diseñan los productos, los modelos y los métodos de fabricación, constituyéndose en una referencia para el mundo.

La incorporación de la inteligencia artificial constituyó una empresa dirigida por los datos que, en el plano digital-industrial, significó la eliminación de todos los obstáculos o interferencias entre una necesidad y una respuesta, buscando las modalidades más reactivas y de menor esfuerzo, lo que lleva a la interacción a un hecho casi natural y evidente (Sadin, 2020). La rápida utilización de sensores en casi todos los eslabones de la cadena de producción y de logística, que producen datos interpretados a gran velocidad, capaces de dictar conductas para enfrentar múltiples situaciones cada vez más diversificadas y la paulatina incorporación del robot con habilidad para repetir conductas, aumentaron la productividad. El nuevo requerimiento hacia el trabajador es la flexibilidad y la plasticidad suficiente como para responder al *feedback* de la máquina en forma continua, sin generar disrupciones.

El análisis del modelo

Estas constataciones del análisis empírico tienen una deriva teórica en la discusión de nuevas maneras de encarar los estudios de campos más amplios como los sistemas de controles societales, las formas de la violencia, las transformaciones tecnológicas en las nuevos modos organizacionales del trabajo; los cambios en los sistemas productivos; la relación salud-enfermedad; la concepción del cuerpo en las ciencias sociales, el sufrimiento en el trabajo, la posibilidad de la autonomía y la satisfacción en el trabajo y el trabajo como valor.

Las innovaciones tecnológicas e informáticas, la implantación de las plataformas, la estandarización de los procesos productivos y de los productos introducen cambios que corren los límites del modelo dominante incorporando heterogeneidades y diversidades, e innovaciones que van configurando un nuevo modelo de producción de productos y de servicios; y, por ende, un nuevo modelo de distribución, más establecido en los países desarrollados, y más híbrido, variado y conflictivo en los países periféricos. En ambos casos el logro de una mayor competitividad pone en cuestión las estrategias de cada sector productivo, las organizaciones del trabajo y la vinculación entre los sujetos y las organizaciones.

a) El del funcionamiento interno de la empresa

Freyssenet (1992) plantea que Taylor propuso la destrucción de las funciones, pero no su compartimentalización; muy por el contrario, el análisis del trabajo y su organización eran la base de su filosofía. De acuerdo con Linhart (1997), los primeros cambios fueron justamente romper con las empresas compartimentalizadas, burocratizadas, fuertemente jerarquizadas, sin cohesión interna, generalmente campos de lucha de distintos grupos profesionales. Esta autora contempla que los nuevos discursos gerenciales están atados al mercado, sin grandes acumulaciones de stocks y adaptadas a la gran variabilidad de las demandas de estratos diferenciados. Se valora la respuesta rápida, la innovación permanente y se achica la brecha entre los dirigentes y los trabajadores en pos de estrategias más racionales y menos condicionadas por las estructuras de poder de los distintos grupos profesionales. El mercado impone a la empresa un comportamiento armónico auspiciado claramente por el modelo japonés, donde la calidad, la transparencia, la autonomía y la creatividad constituyen su marca.

De Tersac (1992) señala que la empresa adopta cada vez más conductas automatizadas, gracias a la racionalización de los procesos industriales, pero el operador humano se mantiene indispensable para asegurar la supervisión y el funcionamiento adecuado de los dispositivos. Hay como un acuerdo tácito entre la tecnología y el ejecutante: el hombre no es el robot que trabaja, pero se asocia a él para lograr una mejor cooperación. Hasta aquí el hombre permanece empoderado por su creatividad, conciencia profesional y reflexión crítica y es el asociado ideal para comprender el aumento de la racionalidad industrial.

Con la incorporación de la flexibilidad en la empresa moderna se avanza hacia la codificación de las actividades y la disminución de las zonas ambiguas de los procesos que favorecen la autonomía de los ejecutantes y desmontan los lugares de poder de los distintos grupos profesionales o más calificados. Esta autonomía del grupo de ejecución es la condición de eficacia de la organización y genera una flexibilidad necesaria para resolver los distintos problemas que se presentan mediante una negociación colectiva.

Linhart (1997), asimismo, pone el acento sobre las políticas de descompartimentalización entre la fabricación, el mantenimiento, la alimentación y el control de calidad, con lo que se logra una transversalidad funcional en la empresa, así como el trabajo en grupos de proyectos dentro de la empresa.

Las empresas capitalistas tradicionales no están preparadas para el uso de una economía de datos, los procesos de fabricación de productos están acompañados de modelos de negocios que mantienen muchas pérdidas de información que no se utilizan para disminuir costos y aprovechar la información provista por los clientes. De ahí que surgen nuevas formas de negocios que fundamentalmente capitalizan la información: las plataformas, que son infraestructuras digitales que vinculan dos o más grupos (Srnicek, 2018). Y las empresas de diversas ramas incorporan plataformas que se expanden rápidamente en el sistema económico, modificando fuertemente la organización empresarial, las relaciones internas de la empresa y la organización del trabajo en sentido estricto.

Las plataformas funcionan como intermediarias entre distintos grupos, pero aseguran la información sobre gran cantidad de datos y un control de las reglas de juego. Es decir, operan como un nuevo tipo de empresa que se caracteriza por ofrecer la infraestructura de la interacción entre distintos grupos, construir efectos de red entre los usuarios y centralizar las posibilidades de interacción (Srnicek, 2018). Según este autor, existen distintos tipos de plataformas; en este caso, se trata de las *plataformas industriales* (producción de *hardware* y *software* o Industria 4.0, donde cada componente en el proceso de producción se puede comunicar con máquinas de ensamblaje y otros componentes sin la participación de gerentes y trabajadores) y las *plataformas de productos* (transformación de productos en servicios que incluye alojamientos, transportes, vehículos, electrodomésticos, etc., es decir, particularmente bienes duraderos).

La incorporación de la inteligencia artificial plantea nuevas formas de gerenciamiento. Cambia el concepto de fábrica porque conviven operaciones físicas con secuencias manejadas por masas de datos tratadas informáticamente que condicionan conductas; sustancialmente, se pasa de cadenas mecanizadas de procesos que pasan delante de los trabajadores a módulos que se desplazan con autonomía en forma organizada como si fueran un cuerpo de baile (Sadin, 2020).

b) *El de las relaciones sociales dominantes*

Según Linhart (1997), la incorporación el *management* participativo construyó un espacio homogéneo al interior de la empresa, aumentando la racionalidad de la información y la armonía de los distintos enfoques dentro de la misma. La conformación de grupos transversales, con participación de diferentes disciplinas y con personal de distintas jerarquías, ayudan al intercambio y a la conformación de consensos, tomando conciencia del papel del resto de los trabajadores y de los niveles de dificultad de la tarea. De ahí surgen los proyectos, los objetivos, las misiones instalando la cooperación por sobre las lógicas corporatistas profesionales, lo que implica limar el poder de los distintos grupos profesionales y sus jerarquías cognitivas en pos de la cooperación en un proyecto común.

La incorporación de la flexibilidad dentro de la empresa erosionó el poder de los grupos profesionales, pero se mantuvieron zonas de ambigüedad donde pudieron concentrar poder y ofrecer resistencia a la incorporación de tecnologías de homogeneización que los desestabilizaran. Se da la situación contradictoria donde se pierde en parte la autonomía profesional asalariada, centrada en ciertos conocimientos específicos que concentran el poder y al mismo tiempo una resistencia desde dentro de estas situaciones de alta estabilidad a la incorporación de los cambios –como la unificación de sistemas operacionales, racionalización de actividades, etc.– que puedan lesionar esas situaciones conquistadas dentro de la empresa, que se acrecientan con la incorporación del robot en algunas esferas de la producción, mientras que otras mantienen los mecanismos operacionales anteriores a esa tecnología. Al interior de la corporación los grupos de trabajadores se dividen en células, islas, proyectos y módulos que trabajan con cierta autonomía y valoran la polivalencia en su seno. Por eso, Laville (1993) habla de la aparición de nuevas figuras profesionales en funciones que aseguran el aumento de la productividad y de la calidad; y De Tersac (1992), cuando señala los límites de la automatización, se refiere a las zonas de incertidumbre creadas por la tecnología avanzada y toda la autonomía dejada a los asalariados. Su investigación muestra que la automatización del trabajo es incompleta, parcial y que lo que sucede es un esfuerzo de racionalización y coordinación conjunta, y que si bien hay una sumisión de los trabajadores a las reglas, aparece la creación de reglas de ejecución necesarias por parte de los trabajadores, es decir, una autonomía y regulación conjunta del trabajo.

Desde el momento en que los mecanismos automatizados se convierten en el parámetro de referencia, surgen estrategias que se repiten en cualquier estadio del modelo productivo. La copresencia del robot y el trabajo humano produce la necesidad de administrar adecuadamente los tiempos de trabajo de los robots y de las personas y las asimetrías de poder entre ellas (Sadin, 2020).

Además, ya no se trata de que realicen una sola operación, sino que puedan responder a un sinnúmero de maniobras y por un lapso de tiempo prolongado. Son robots que pueden reaccionar, tomar iniciativas y resolver problemas programados por la inteligencia artificial (Sadin, 2020).

Tal vez una preocupación adicional son los robots que reemplazan a los trabajadores más calificados, particularmente en el sector de servicios médicos, bancarios, financieros, contables, jurídicos, etc. En general, funcionan bajo la forma de aplicaciones de ayuda que resuelven las demandas con la menor intermediación posible y por los caminos más pertinentes. Estos mecanismos ponen en cuestión la sociabilidad y el intercambio social, invadiendo con gran velocidad muchas de las acciones que hasta aquí nos referían a la comunidad (Sadin, 2020).

c) *La organización del trabajo en sentido estricto*

La idea de modelo de organización (de la producción) reposa sobre tres conjuntos de hipótesis y de tesis. En principio, el modelo es el que articula íntimamente las dimensiones técnicas, sociales y económicas de un universo de producción y esto en la construcción misma de normas y de reglas que definen esas dimensiones (Veltz y Zarifian, 1993). Por un lado, la incorporación de criterios de los "*modelos de management*" o del "*modelo japonés*", y por el otro, la producción eficiente no resulta jamás de una "optimización" de la combinación productiva guiada por criterios simples como los costos, sino mucho más complejos que incluyen la escala de producción, la diversidad de productos y los nichos de mercados y calidades; esos dilemas y sus reglas constituyen lo que se puede caracterizar como una "*teoría específica de la eficiencia*", de la productividad en sentido largo o todavía una "*micro-economía*" particular (Veltz y Zarifian, 1993). La incorporación del "*just in time*" y el "*flujo tirado*", así como la disminución de los stocks, la relación con los círculos de calidad y el acortamiento de los plazos de producción son pruebas de la búsqueda de eficiencia y modificación de los modelos organizacionales toyotistas, que de alguna manera reconducen todo el proceso de trabajo. En este sentido, la gestión de la producción asistida por computadora y la racionalización de las órdenes para que sean coherentes con los distintos flujos de producción, combinan las funciones generando un nuevo camino organizacional (Linhart, 1997).

Por otra parte, existen diferencias en las modificaciones de estas organizaciones en las industrias de armado y en las industrias de procesos: en las primeras predominan las incorporaciones del tipo flexibilización de la producción, cierta horizontalización de las tareas y la polifuncionalidad, mientras que en las segundas los procesos de informatización son más intensivos, pero no se expanden con tanta facilidad a las industrias en serie.

Así, el modelo de organización en sentido más estricto es fundamentalmente el que reúne las dimensiones sociales y las dimensiones cognitivas de un universo de producción. Son los ingenieros, los organizadores, los managers y los obreros los que enfrentan los problemas prácticos para lograr la eficiencia, para elaborar modelos de tipo de posición y de resolución de sus problemas, que se van instalando y funcionan como referentes para otros casos, en parte en forma consciente y en parte inconsciente (Veltz y Zarifian, 1993).

De manera que el modelo de organización es, por un lado, un esquema de tipo cognitivo, y por otro lado, un esquema de tipo de organización social (estructuras jerárquicas y formas de ejercicio de poder y de influencia, reglas que rigen las relaciones entre actores, la coordinación y el tratamiento de conflictos, etc.). En definitiva, una "estructura" que combina los dos conjuntos, el de las representaciones y el de las realizaciones en acto (Veltz y Zarifian, 1993).

La transición entre dos modelos es un proceso para nada lineal sino discontinuo, por crisis y mutaciones, en el curso de períodos bisagra, discontinuidades históricas que caracterizan la evolución de esas estructuras sociocognitivas (Veltz y Zarifian, 1993).

La idea de modelo no implica –para estos autores– una racionalidad inmutable ni una racionalidad homogénea de los actores. Ella significa simplemente que el autor de la cuestión de la eficiencia –central y siempre abierta– organice un conjunto de principios jerárquicos, encarnados en las formas diversas que la de los manuales de organización, los sistemas compatibles, los reflejos de acción, los organigramas, etc., y termine por dominar la escena en un período dado y devenga un polo de referencia comprendido por aquellos que lo contesten.

En fin, se comprende que un modelo no puede ser rebatido sobre un conjunto de técnicas manageriales. Este es el punto de equilibrio de un juego de fuerzas que se juegan en el espacio de la organización productiva y no solamente en la superestructura gestionaria. Veltz y Zarifian son más partidarios de analizar las *líneas de fractura* que se producen en el modelo clásico o estabilizado –porque indican potenciales cambios– que de plantear un cambio estructural y profundo que implante un nuevo modelo.

Con la inteligencia artificial, el cambio de la concepción de la empresa convierte la dinámica gerencial en vacía y evanescente ya que son los propios sensores inteligentes los que operan resolviendo las demandas de los clientes y la dificultad de establecer un equilibrio de poderes y saberes entre las máquinas y los hombres. Son todos dispositivos automáticos que responden en tiempo real, de ahí –como señala Sadin (2020)– la preocupación por los cargos más calificados y la necesidad de regirlos con leyes, normas y certificaciones, tratando de evitar al máximo la incertidumbre. Se planifica, se establecen objetivos y medios y se distribuyen responsabilidades y misiones estrictas con el fin de evitar el error, que no obstante esto, puede ocurrir, porque las ordenes vienen enunciadas por sistemas de experticias superiores que se imponen en todo momento.

Países centrales y periféricos

En los países centrales la adopción de los modelos artesanales, tayloristas, fayolianos, fordistas, toyotistas, el modelo sueco, tuvieron adaptaciones fragmentarias y parciales como el *lean production* o producción magra o ligera, la japonización y lo que algunos autores definen como *"de flujo tenso"*, porque se utilizan los mecanismos informáticos para asegurar la sucesión de secuencias en el trabajo, manteniendo el control de los trabajadores en forma creciente, pero a distancia y con mayor autonomía aparente de los trabajadores. Esta *cadena invisible* que vincula los trabajadores, también los obliga a la aceptación de formas de servidumbre voluntaria para asegurarse algo cada vez más escaso: el empleo; y, llamativamente, marca la desaparición del sindicalismo quitándole todo rol en el proceso productivo (Durand, 2004).

Otros autores circunscriben estos modelos más cerrados solo a tramos o sectores productivos de alta competitividad, dejando para el resto diferentes formas de hibridez que plantean ventajas como la participación en las decisiones de la empresa y dificultades como pérdida del ritmo de trabajo entre las distintas secuencias y el aumento de la conflictividad y del estrés de los trabajadores.

Linhart (2013a; 2013b; 2016) señala que los dos modelos, el taylorista-fordista y el moderno, tienen una dimensión fundamental que es la de negar la capacidad profesional de los trabajadores para evitar que dejen su huella en el trabajo, en la definición de las misiones, en los modos de trabajo y en los medios técnicos para alcanzarlos. Ambos modelos tienen por objetivos excluir a los trabajadores del trabajo, ya sea tratándolos como robots como destacando sus limitaciones humanas. Entre los regulacionistas, el centraje está en las innovaciones organizacionales e institucionales, a nivel micro-macro y los mecanismos que traban la generalización de estas innovaciones en todo el sistema (Murray *et al.*, 2004).

La visión inglesa de la incorporación de nuevos elementos al modelo productivo no hablan de una consolidación sino de la hibridez. Por ejemplo, Jürgens, citado por Wood (1989), subraya las insuficiencias en las transferencias del modelo japonés en Occidente: solo ciertos elementos seleccionados son retenidos: resolución de problemas por los círculos de calidad, crecimiento de la producción, gestión de la producción (JAT) etc. Otros autores, como Cavestro (en Wood, 1989), ven la emergencia de una nueva diversidad de tareas de la microelectrónica y automatización en general; por ejemplo, a través de las actividades de diagnóstico en los problemas imprevisibles nacidos de la complejidad de los sistemas automáticos programables. Dicho de otra manera, la dimensión intelectual del trabajo obrero crece, también los conocimientos tácitos ya existentes.

Wood (1989), después de haber debatido los conceptos de neofordismo y posfordismo, sugiere reponer el debate sobre sus bases. Los conceptos de fordismo y de taylorismo son muy frecuentemente mal definidos; por ejemplo, el fordismo no llega a todas las industrias, todas las empresas y todos los talleres.

En estas generalizaciones se aumenta la imagen de ruptura de los cambios presentes o porvenir. Muchas teorías predicen las transformaciones mayores del trabajo, parecen pasar muy rápido del sistema de producción a la infraestructura económica en el capitalismo y viceversa. Hay que admitir la importancia de la flexibilidad sin que ella induzca a un cambio fundamental en el modo de regulación, o alternativamente, que los cambios en las instituciones económicas o políticas no implican las transformaciones del proceso del trabajo o de esos modelos de consumo tal como al final de la producción de masa. Asimismo, se puede decir que con la internacionalización, la informatización y las telecomunicaciones, la concepción escapará cada vez más a la fábrica y el taller. Se asiste a la centralización de algunas funciones (particularmente estratégicas) y a la descentralización de otras funciones ligadas al nivel operacional, los cuales se aproximan al nivel decisional de los interesados hasta los asociados a aquellos para aumentar sus compromisos profesionales.

Entonces, la idea de Wood (1989) es ver en el traslado occidental del modelo japonés y en los nuevos métodos de *management* del trabajo, un híbrido de las teorías y las prácticas existentes (fordismo y taylorismo) y de nuevos descubrimientos (*justo a tiempo*, control de calidad, análisis del valor ubicado en las relaciones proveedores-clientes). Pero algunas de las innovaciones no implican necesariamente el fin de la producción de masa. Más allá de estos cambios hacia la "japonización", lo que aparece como nuevo y no taylorista es el crecimiento de la formación y más particularmente una formación para el futuro que se distingue netamente de la formación-adaptación cercana al fordismo.

En tanto que las razones que plantea para diferenciar en las innovaciones, las releva de las técnicas organizacionales, lo que se desprende de los cambios técnicos. Wood (1989) concluye sobre las debilidades de los materiales empíricos que podrían estar en la base de diferentes interpretaciones en las teorías tomadas en parte: la justa interpretación se sitúa según él entre el retorno al oficio predicho por los partidarios de la especialización flexible y el control siempre más estricto sobre el trabajo denunciado por Bravermann. Esta es también la tesis de hibridación entre taylorismo-fordismo y nuevos elementos de organización del trabajo.

Como se señala más arriba, el comportamiento de los países periféricos no responde, en general, a los procedimientos de los modelos clásicos. Es necesario recurrir al concepto de capitalismo periférico (Di Filippo, 2004), que como este autor aclara es un capitalismo enmarcado en la visión centro-periferia, que constituye la primera concepción globalizante de las relaciones internacionales.

Justamente el mayor intento de consensuar modelos de acumulación y de producción en debate en los países periféricos latinoamericanos proviene de la *teoría institucionalista* que propone la convergencia entre la teoría regulacionista francesa y la escuela latinoamericana de desarrollo. Las categorías propuestas para el análisis son el modo de producción y el concepto de capitalismo periférico, las formas institucionales y sus consecuencias en un modo de regulación en paralelo a la estructura de poder y sus consecuencias sobre el proceso de ajuste de la pugna distributiva en el capitalismo periférico. Si bien no vamos a detallar todas estas propuestas porque exceden los límites de este trabajo, se considera un valioso aporte para reflexionar sobre las posibilidades de convergencia entre ambos esquemas teóricos para lograr un consenso académico y una postura integracionista latinoamericana.

La instalación y difusión de los modelos de producción en los países desarrollados y los periféricos tuvieron derivas diferentes, en estos últimos, con fuertes improntas de las inversiones extranjeras y las casas matrices de los productos que se instalaron para su producción en estos países.

Los países periféricos asiáticos han consolidado un modelo de producción y organización del trabajo y hay estudios sistemáticos que muestran sus modalidades más afianzadas. Todavía hay pocos estudios en los países periféricos latinoamericanos donde la coexistencia de modelos y el avance diverso de los nuevos modelos depende mucho de las ramas de actividad y el grado de instalación de empresas extranjeras que imponen sus propias formas productivas y organizacionales. Lo cierto es que en este contexto globalizado y muy heterogéneo en que se desarrollan actualmente estos países, es muy difícil establecer la evolución de su modelo de desarrollo y los mecanismos para superar el desequilibrio de su matriz productiva, ya demostrado en múltiples trabajos.

En 1992, Neffa *et al.* producen un avance sobre los cambios de paradigmas productivos en varios países latinoamericanos: Argentina, Brasil, México, Paraguay, Venezuela y Uruguay. Neffa, resumiendo los avances, señala que el paradigma productivo taylorista-fordista se expande de manera heterogénea y desigual dentro de los distintos sistemas nacionales, primero en los países más grandes y en las ramas con injerencia transnacional y en las grandes empresas de carácter nacional (públicas y privadas), pero con débiles resultados en los incrementos de productividad en las normas de producción y consumo y en el disciplinamiento de la mano de obra.

Las crisis sucesivas (1980/90) de los modos de regulación de la producción y de acumulación de capital, fueron en parte exógenas, pero también provocada por la crisis del modelo de desarrollo por sustitución de importaciones. Las empresas más dinámicas y competitivas incorporan innovaciones tecnológicas que les permiten aumentar la productividad, bajar los costos y mejorar la calidad. La incorporación parcial en versión latinoamericana del modelo japonés se produce especialmente en las empresas que deben competir en el exterior y hay una preocupación por el mejoramiento de la calidad, la calificación de los trabajadores y la flexibilización de la empresa, sin que esto signifique –como afirma Neffa– que haya un único, mejor e idéntico nuevo paradigma productivo nacional, que varía en cada país.

Estos estudios deben indagar si realmente en cada caso el grado de incorporación de nuevas tecnologías, la automatización de toda la cadena de producción y los niveles de robotización implican la aparición de nuevas formas de organización o si se trata solo de reorganizaciones cosméticas sobre la antigua modalidad de organización; si se rompe la cooperación obrera clásica y si aparecen nuevas formas de cooperación o si esta está puesta en cuestión de forma cada vez más radical y lo que surge son nuevas formas de sometimiento obrero; y si los sistemas de poder que se imponen en estas nuevas organizaciones aumentan la autonomía y creatividad de los trabajadores, una mayor precarización del empleo o una mayor sumisión aceptada para asegurarse la estabilidad en el empleo. Por último, es muy probable la renovación de las formas de resistencia obrera a las nuevas formas organizacionales de disciplinamiento en la producción y el trabajo, entonces es importante saber si estas tienden a la emancipación y la autonomía, a la mayor realización y satisfacción en el trabajo o implican nuevas formas de sometimiento.

La cooperación simple y ampliada puesta en cuestión por estos nuevos modelos, tiene que ver con la libertad de los sujetos y la formación de una voluntad común. En este sentido, la construcción de acuerdos, normas y reglas que encuadran la manera de ejecutar el trabajo se asocia directamente con la praxis como edificador de identidad social. La organización del trabajo administrada por los propios trabajadores, como es el caso de empresas cooperativas o empresas recuperadas, continúa la misma intensidad laboral –o incluso mayor– que la empresa capitalista, solo que ahora con un acotado trabajo ideológico que hace a los trabajadores producir más y mejor ya que no solamente participan, sino que son parte integrante y vital del proceso de recuperación. Sin embargo, en estas empresas, frecuentes en los sistemas donde coexisten las formas híbridas como los países periféricos latinoamericanos, la salud no tiene valor alguno, es vivida por estos trabajadores "*mientras dura*" y como favor de una providencial bendición. Lo que se prioriza es el ingreso y el empleo. Las enfermedades profesionales y accidentes de trabajo derivados de este contexto suelen ser vistas como daños asociados directamente y condicionados por la deficiencia y/o inexistencia de un paraguas de contención para estas especificidades producto de un proceso de exclusión social. Por causas diferentes se llega a resultados similares: la exclusión del empleo protegido y la precarización de la salud de los trabajadores.

Las nuevas formas de organización de la producción, que se implantan en algunos sectores de punta o con mayor grado de informatización, mantienen el objetivo de la reducción de los costos y la competitividad y afectan fundamentalmente tres esferas de interacción, la gestión de la producción, la organización del proceso de trabajo y las relaciones de empleo imponiendo flexibilización, estandarización y competencias de saberes, con un aumento de la autorregulación de los trabajadores y de los saberes y una transferencia de los riesgos hacia los trabajadores respecto de la seguridad del empleo, o sea, hay una menor estabilidad. Esto pone en cuestión los mecanismos institucionales del Estado y del sindicalismo, sobre todo en los países donde estas estructuras ya fueron socavadas por exigencias de alta competitividad que generaron tensiones y debilitamientos en las formas tradicionales de disciplinamiento en el trabajo y de defensa de los intereses de los trabajadores. Se requiere mucha creatividad, formación y nuevas formas de liderazgo para fortalecer los procesos de cooperación y autonomía de los trabajadores, el empleo estable y las protecciones del trabajo decente. En los países periféricos donde la coexistencia de modelos es más frecuente y la tensión y conflictividad mayor, es necesario contar con muchos y detallados estudios de caso para poder establecer la situación de cada sector y para diseñar políticas.

El modelo argentino

En las últimas dos décadas la economía argentina cambió su modelo de funcionamiento, con una mayor apertura de su economía y una especialización internacional todavía poco cristalizada, que demanda una creciente dotación de recursos naturales y una importante producción de bienes intermedios. La realización de análisis sistemáticos de estudios de caso tiene como objetivos repensar métodos y fundamentos, tanto de la revolución informática como la crisis ecológica con un criterio de sustentabilidad, modificando la arquitectura de los modos de producción y de desarrollo en función del medio ambiente y para lograr convergencias entre las posturas científicas.

Esto se refleja en varios tipos de procesos que el análisis específico de los sectores de actividad, los mecanismos de acumulación de capital y los cambios en la formación profesional están poniendo en cuestión, en el marco de la instalación cada vez más acelerada de la inteligencia artificial y las profundas transformaciones climáticas que afectan al planeta: por un lado, las transformaciones del sistema mismo de producción por la incorporación de tecnología más avanzada y sus formas de organización del proceso de trabajo y, por el otro, la lógica de la organización empresarial y la respuesta del colectivo de los trabajadores, tanto a nivel individual como societal.[2] Como señala Linhart (2013b), la sociedad se convierte en una caja de resonancia del trabajo, porque este es necesario para el funcionamiento y la existencia misma de la sociedad.

Estas crisis de los modelos de producción arrastran fuertes cambios en el proceso de trabajo, sus condiciones de trabajo y de salarios y en la relación de los trabajadores y sus representantes. Cambios muy importantes que no se abordan en este trabajo que está más focalizado en ver los elementos a tomar en cuenta para analizar el

---

2   Los análisis que sustentan este trabajo se basan en la observación científica sistemática de empresas de distintos tamaños y sectores de la Argentina. La registración se realiza con una ficha científica que asegura la comparabilidad y las variables recolectadas para identificar el modelo de organización y la descripción de las tareas, los perfiles de calificación y las condiciones de trabajo. (Panaia *et al.*, 2016).

modelo, sus convergencias y divergencias, es decir, la disputa y el rol de los profesionales en estos modelos y sus transformaciones, para repensar su formación.

Estos procesos no son homogéneos para todos los sectores, como señala el trabajo de Neffa (1992) citado más arriba, para varios países latinoamericanos, entre ellos la Argentina. Esta diferencia aparece también en otras miradas como la de los estudios que no toman en cuenta solo la rama de actividad, sino el concepto de trama (Yoguel *et al.*, 2003; Anllo *et al.*, 2009; Bisang *et al.*, 2009). Esto permite una visión más amplia que incluye no solo el modelo de producción, sino también las empresas núcleo de la trama con sus proveedores y clientes, las empresas asociadas o cooperantes y las empresas actuando colectivamente en sistemas auto-organizados (Preiss *et al.*, 2007, en Delfini *et al.*, 2007).

Según estos autores, el grado de desarrollo alcanzado por la trama dependerá de la importancia y eficiencia del proceso de interacción e integración del conocimiento tácito y codificado, y los componentes fundamentales para generar ventajas competitivas dinámicas. Hay tramas virtuosas y *muy competitivas* que incorporan permanentemente innovaciones y tramas *poco dinámicas* que tienen otros efectos en la innovación y el empleo. Estos autores llevan estudiadas varias tramas como la agroindustrial; la siderúrgica, el sector hidrocarburífero, la automotriz y el sector nuclear, en los que identifican sectores altamente concentrados y extranjerizados y diferentes círculos o anillos con diferentes grados de extranjerización y localismos.

Reflexiones finales

Dos principios que parecen atravesar todos los procesos productivos híbridos, que obligan a revisar el desarrollo desde una mirada sustentable. El primero es el impacto de la inteligencia artificial en los procesos de producción y organización del trabajo, que produce cambios profundos y perdurables a un nivel todavía inmensurable; el segundo es una grave crisis ecológica, en gran parte consecuencia de los modelos de desarrollo, que pone en riesgo el territorio y la sustentabilidad de los modelos de producción. Ambos implican riesgos y oportunidades nuevas que van desde la deshumanización del hombre hasta la generación de desigualdades cada vez más graves y que modifican profundamente la organización del trabajo, las condiciones de los puestos de trabajo, la producción y la preservación del sistema ecológico.

Por último, ¿cuál es el rol de los profesionales en este nuevo escenario? Nos dice Sadin (2020) que es evidente que el campo de las decisiones donde se mueven específicamente los profesionales es el que se ve más invadido por la incertidumbre, de ahí la cantidad de reglas, reglamentos y estatutos de los comportamientos profesionales y más específicamente en la actividad laboral responden a procesos de organización de proyectos, planificaciones y de innovación. Históricamente siempre se apela a herramientas que ayuden a la decisión, para que estas sean lo más racionales posibles. Estos dispositivos cada vez más certeros son originados en las innovaciones informáticas, que logran relacionar en tiempo real una gran cantidad de información y de situaciones, para establecer los comportamientos decisionales más adecuados. De ahí la exigencia de competencias flexibles de los profesionales con un alto grado de calificación, para que se pueda manejar con estos nuevos instrumentos. Estas innovaciones y objetivos organizados por la informática aparecen en todos los sectores de la producción y de los servicios (se puede pensar sin mucho esfuerzo en los cambios de la medicina en imágenes, las matemáticas, los contadores, la formulación farmacéutica, el diseño, las operaciones financieras y bancarias, etc.), convirtiéndose en auxiliares inseparables de la toma de decisiones, generando distintos espacios de incertidumbre según la actividad, pero con diagnósticos cada vez más inapelables. Y todo esto, sin siquiera plantear la posible destrucción de empleo que esto podría significar a futuro.

Si bien es cierto que persiste el sistema institucional y político y las estructuras de poder, cambia la relación con la norma –como dice Sadin (2020)– por tres circunstancias: son dispositivos que operan en forma automatizada y muy rápida; condicionan las actividades individuales y colectivas; y se les otorga el valor de objetivas. Es decir, se convierten en un sistema que define qué es verdad.

Lo que se puede deducir de las reflexiones de Sadin, es que lo que se pone en tela de juicio es la capacidad de decisión del profesional, experto o trabajador y queda en el espacio de la incertidumbre la posibilidad de autonomía y de creatividad.

Esto abre todo un debate sobre el uso de la inteligencia artificial y las técnicas informatizadas más avanzadas, todavía no saldada, que interpela especialmente a los profesionales en su rol y al mismo tiempo a las instituciones formadoras en su capacidad de preparar a los futuros profesionales para el ejercicio de sus saberes.

Cada país y cada rama se encuentra en estadios diferentes de la incorporación masiva de la tecnología informatizada y la inteligencia artificial y de los mecanismos que utiliza para su gerenciamiento. Desde la época de auge del *determinismo tecnológico*, siempre fue una preocupación el equilibrio de poderes entre el hombre y la máquina y también *la posibilidad de la conciencia* de mantener el poder, la autonomía y la creatividad del trabajador y el profesional. En algunos sectores o ramas hay coexistencia de ambos y alivio para las actividades más penosas, pero la coordinación y la decisión se mantiene en el trabajador y el profesional; en otros casos se habla de los "*gemelos digitales*", donde la precisión de las máquinas dotadas de sensores y videos, requiere la respuesta inmediata de los trabajadores, sin dejar margen para espacios de reflexión y la sensación es que todo debe funcionar como un ballet. Si los dispositivos se convierten en automáticos, son los que condicionan los procedimientos y las conductas, lo que ingresa a un ángulo de sombra son los profesionales de alta calificación, que deben ajustarse a los resultados proporcionados por los procesadores de información, donde no hay interacción, intercambio, conflictos, negociaciones ni vacíos no cubiertos.

Bibliografía

Anlló, Guillermo; Bisang, Roberto; Campi, Mercedes y Albornoz, Ignacio (2009). *Innovación y competitividad en tramas globales*. CEPAL.

Boyer, Robert y Freyssenet, Michel (2001). Los *modelos poductivos*. Lumen Humanitas-CEIL PIETTE/CONICET-IADE.

Boyer, Robert y Neffa, Julio César (2004). *La economía argentina y su crisis (1976-2001). Visiones institucionalistas y regulacionistas.* Miño y Dávila/Ceil-Piette.

Bisang, Roberto; Campi, Mercedes y Cesa, Verónica (2009). *Biotecnología y desarrollo*. CEPAL.

De Tersac, Gilbert (1992). *Autonomie dans le travail*. Presses Universitaires de France.

Di Filippo, Armando (2004). Regulacionismo y Escuela Latinoamericana de Desarrollo. La visión institucionalista al servicio de la integración latinoamericana. En Robert Boyer y Julio César Neffa, *La economía argentina y su crisis (1976-2001). Visiones institucionalistas y regulacionistas.* Miño y Dávila/Ceil-Piette.

Durand, Jean-Pierre (2004). La *chaine invisible. Travailler aujourd'hui : flux tendu et servitude volontaire.* Éditions Du Seuil.

Lash, Scott y Urry, John (1998). *Economías de signos y espacios*. Amorrortu.

Linhart, Robert (2003). *De cadenas y de hombres*. Siglo Veintiuno.

Linhart, Danièle (1993). À propos du post-taylorisme. *Sociologie du Travail*, 35(1), 63-74.

Linhart, Danièle (2013a). *¿Trabajar sin los otros?* Universitat de Valéncia.

Linhart, Danièle (2013b). Idéologies et pratiques manageriales : du taylorisme à la précarisation subjective des salariés. *Revista Sociedades e Estado*, 28(3), 519-539.

Linhart, Danièle (2016). Cuando la humanización del trabajo enferma a los trabajadores. *Teuken Bidikay*, 8, 25-38.

Murray, Gregor; Bélanger, Jacques; Giles, Anthony y Lapointe, Paul (2004). *L'organisation de la protection et du travail : vers un nouveau modèle?* Presses d' l'Université Laval.

Neffa, Julio César (1992). *Nuevos paradigmas productivos, flexibilidad y respuestas sindicales en América Latina*. Asociación Trabajo y Sociedad.

Panaia, Marta (Coord.) (2009). *Sociología del riesgo*. Miño y Dávila.

Panaia, Marta (Coord.) (2016). *Los métodos en Sociología del Trabajo*. CIPSA.

Pollmann, Christopher (2011). De l'accélération à la frénésie paralysante. *Temporalités*, 13. https://journals.openedition.org/temporalites/1564

Preiss, Osvaldo; Delfini, Marcelo y Borello, José (2007). Tramas productivas en la Argentina. Unidad y diversidad en sus trayectorias. En Marcelo Defini, Daniela Dubbini, Manuela Lugones e Ivana Rivero (Comps.), *Innovación y empleo en tramas productivas de Argentina*. Prometeo/UNGS.

Rosa, Hartmut (2010). *Accélération, un critique social du temps*. Le Découverte.

Sadin, Eric (2009). *Surveillance Globale. Enquête sur les nouvelles formes de contrôle*. CLIMAT (Flammarion).

Sadin, Eric (2020). *La inteligencia artificial o el desafío del siglo. Anatomía de un anti humanismo radical*. Caja Negra.

Sadin, Eric (2023). *Hacer disidencia. Una política de nosotros mismos*. Herder.

Srnicek, Nik (2018). *Capitalismo de plataformas*. Caja Negra.

Veltz, Pierre y Zarifián, Philippe (1993). Vers de nouveaux modèles d'organisation ? *Sociologie du Travail*, 35(1), 3-25.

Wood, Stephen (Ed.) (1989). *The Transformation of Work?* Univ. Win Hayman.

Yoguel, Gabriel; Milesi, Darío y Novick, Marta (2003). *Entorno productivo y ventajas competitivas: el caso de una trama siderúrgica*. UNGS Informe de Investigación N° 15.

El conocimiento del estudiantado: insumo valioso para planificar la enseñanza

*Jacqueline Moreno, Analía Chiecher, Paola Paoloni,
Daiana Schlegel y Leticia Concha*

El mundo evolucionó y la educación *encierra un tesoro*

En los últimos años se acrecentó el desarrollo tecnológico-científico, impactando en todas las áreas de nuestras vidas y propiciando cambios sustanciales en las maneras de pensar y de aprender. Tal es así que hoy resulta prácticamente imposible imaginar la vida cotidiana sin Internet, las redes sociales, los sistemas de información y comunicación o las plataformas virtuales de aprendizaje.

Como nunca antes, los ciudadanos del mundo vivimos colmados de datos e imágenes y estamos expuestos a un sin número de estímulos y fuentes de información de acceso inmediato e ilimitado, en cualquier momento y lugar. Desde las compras, el ocio y entretenimiento, los medios de comunicación, hasta las relaciones interpersonales, los entornos laborales, los sistemas económicos y la política se encuentran atravesados por las Tecnologías de Información y Comunicación (TIC) (Aguilar, 2012).

La educación no queda exenta de los impactos de esta nueva era. En un mundo de cambios constantes, ha sido testigo de las profundas transformaciones en las últimas décadas y si bien es ampliamente reconocida la incidencia que tienen las TIC para potenciar los procesos de enseñanza y aprendizaje, la realidad es que no siempre ha contado con los recursos necesarios para asirse de ellas a fin de aumentar y mejorar las oportunidades de aprendizaje. Es por ello que la incorporación de las TIC en el aula siempre ha generado muchas controversias.

Este proceso de incorporación de TIC se aceleró de manera considerable con la pandemia por Covid-19, provocando cambios en las prácticas educativas y promoviendo aprendizajes en el uso de tecnologías con objetivos educativos tanto en los docentes, como en los estudiantes (Chiecher, Moreno y Schlegel, 2022). Sin embargo, al mismo tiempo

33

y con la misma intensidad, se hicieron visibles muchas de las problemáticas relativas a la enseñanza y la incorporación de las TIC que ya estaban interpelando las prácticas educativas desde mucho antes de la pandemia (Álvarez *et al.*, 2020; Chiecher, Moreno y Concha, 2023; Macchiarola *et al.*, 2020).

Desde una mirada crítica, claro está que las discusiones ya no debieran girar en torno a la presencia o ausencia de las TIC en las prácticas de enseñanza. Por el contrario, los nuevos horizontes indican que se requieren formas renovadas de ver y promover el aprendizaje. De manera que el interés no debería estar centrado en la herramienta tecnológica en sí, sino en aquello que las personas que forman parte del ambiente educativo hacen con ella y los significados que le otorgan (Aguilar, 2012; Díaz Barriga, 2013).

Frente a este escenario de cambios constantes, sin dudas, quienes reciben el mayor impacto son las disciplinas científicas y tecnológicas y, por consiguiente, las prácticas profesionales que se transmiten en la formación universitaria, que exigen al estudiante o futuro profesional una sólida formación en ciencias básicas e informática. No obstante, hoy por hoy, más allá del aprendizaje del contenido técnico, hay otras competencias que se demandan –entre las que se encuentra el dominio de las TIC, por supuesto–.

Se trata de las denominadas competencias blandas o competencias transversales, que involucran, entre otros aspectos, la disposición para el aprendizaje permanente, el desarrollo personal, habilidades para trabajar en equipos multidisciplinares, así como también la capacidad para resolver problemas, tomar decisiones en contextos de incertidumbre y la flexibilidad para adaptarse a los cambios (Mastache, 2011). Especialmente lo que caracteriza estas competencias es que no están enfocadas en el trabajo que se hace, sino en cómo se trabaja, por lo que trascienden cualquier actividad y efectivizan el desempeño laboral en mundo que cambia rápidamente (Vera, 2021).

Las transformaciones producidas por las demandas del mercado actual a los profesionales, han incrementado la preocupación por la calidad de la educación en el nivel superior, generando grandes debates en torno a la formación ofrecida. En este sentido, más allá de la formación disciplinar, se evidencia la necesidad de considerar que la nueva sociedad está demandando otro tipo de profesionales y ponderando otras competencias, donde el desarrollo personal y la formación integral de la persona cobran cada vez más importancia (Martínez *et al.*, 2002).

En este contexto, la educación se posiciona como eje fundamental para el desarrollo y el bienestar de una sociedad. *Encierra en sí misma un tesoro*, tal y como lo expresa la frase que compone el título de este apartado, que es retomada del informe de Delors (1996) elaborado para la UNESCO. Desde un lugar esperanzador, vislumbra la clave para el desarrollo social, el progreso, el conocimiento, la inclusión y la mejora de la calidad de vida de las personas. En este sentido, su valor trasciende la mera adquisición de conocimientos, abarcando aspectos como el desarrollo personal, la ciudadanía activa y el progreso social.

Hacia un paradigma de aprendizaje autónomo y permanente

Tal y como se ha venido enfatizando desde el comienzo de este capítulo, en el contexto actual de la sociedad de la información y el conocimiento, se hace cada vez más necesaria la formación de individuos responsables, creativos, capaces de tomar decisiones y resolver problemas, autónomos, pero a la vez hábiles para trabajar en equipo, con habilidades para planificar y gestionar los conocimientos y por supuesto, preparados para adaptarse a los constantes cambios.

A los fines de dar respuestas a estas demandas, en los últimos años desde el ámbito psicopedagógico se sugieren nuevos rumbos para la educación, entre los que se encuentra la sustitución del paradigma de enseñanza y aprendizaje centrado en los contenidos, por otro centrado en los estudiantes (Gaeta González, 2014). Así, se destaca la necesidad de poner el acento en la implicancia y el compromiso de la persona que aprende y a la vez capacitarla para el aprendizaje autónomo y permanente. Es decir, promover en los estudiantes nuevas formas de pensamiento y acción más ajustadas a los tiempos actuales, donde se los capacite, pero para lograr un aprendizaje continuo a lo largo de toda la vida (Núñez *et al.*, 2006).

Estas perspectivas tienen su fundamento dentro del campo de la Psicología Educacional. Especialmente en la concepción del estudiante como parte activa y fundamental de cualquier proceso de aprendizaje. En efecto, este enfoque se sitúa en la persona que aprende –y sobre todo cómo–, en el contenido que aprende y, desde una perspectiva contextualizada y situada del aprendizaje, en las interacciones con los aspectos contextuales que se dan en las clases, entendidas éstas como lugares o ambientes complejos de aprendizaje y que tienen potencial influencia en el logro académico (Epstein 1989, citado en Huertas, 1997; Núñez *et al.*, 2006).

De allí emergen conceptos tales como "aprender a aprender", "aprender a pensar", "enseñar a pensar" vinculados al concepto de autonomía del estudiante y a las posibilidades de regular el propio proceso de construcción del aprendizaje (Valle *et al.*, 2009). Así, mientras que de los alumnos se espera la participación activa y comprometida en la autogestión de su propio proceso de aprendizaje, desde el punto de vista de quienes enseñan, se plantea la necesidad de brindar herramientas para que el alumno desarrolle competencias de un ciudadano autónomo, capaz de emitir juicios y tomar decisiones responsables. Esto involucra, entre otros aspectos, promover el reconocimiento de sus fortalezas y debilidades, la reflexión en torno a las propias metas, la resolución de problemas más allá del contexto áulico y la instrucción para el trabajo en equipo.

Tal panorama pone de manifiesto la relevancia que tienen aquellas líneas de investigación educativa orientadas al seguimiento continuo de las poblaciones estudiantiles y de sus experiencias de aprendizaje, con el fin de fortalecer y mejorar los procesos educativos. Especialmente, indagar acerca de las valoraciones de los estudiantes en relación con la formación que reciben, posibilita identificar no solo sus intereses, sino también las necesidades y expectativas genuinas, que muchas veces difieren de lo que las propias instituciones educativas perciben como problemáticas a atender.

Particularmente, en el contexto en el que se circunscribe el estudio que se presentará en este capítulo, el desarrollo de investigaciones destinadas al conocimiento de los estudiantes es crucial. Así, se comparten en este escrito, resultados de un relevamiento que analiza la implementación de una nueva carrera de Ingeniería en Energías Renovables en la Facultad de Ingeniería de la Universidad Nacional de Río Cuarto (UNRC) desde la perspectiva de la población estudiantil. El análisis de sus intereses, aspiraciones y expectativas, proporciona información valiosa para el diseño de propuestas didácticas relevantes, que apunten a una mayor participación y satisfacción del estudiantado y que se ajusten a su heterogeneidad.

La carrera de Ingeniería en Energías Renovables en la UNRC. Un relevamiento sobre la población estudiantil

En el año 2021 la Facultad de Ingeniería de la UNRC inició el dictado de la carrera de Ingeniería en Energías Renovables, destacándose como precursora en el área disciplinar a nivel nacional. La misma obtuvo su validación nacional por el Ministerio de Educación a fines del año 2020 (Resolución M. Nº: 1591/2020). En términos generales, el objetivo principal de la carrera es el de formar profesionales aptos para comprender, explorar, innovar y mantener fuentes sustentables de energía, de acuerdo con las necesidades de los individuos y de la comunidad, siendo capaces de crear, investigar y desarrollar nuevas tecnologías, producir y distribuir energías de fuentes renovables (Resolución. C.D. 323/2022).

Conocida la validación ministerial, la UNRC resolvió que en la Facultad de Ingeniería estaban dadas las condiciones para dar inicio al dictado de la carrera durante el ciclo lectivo 2021, de acuerdo al calendario académico aprobado para ese año. Al coincidir con el período de emergencia sanitaria, el inicio de las clases para la primera cohorte de inscriptos fue bajo la modalidad virtual.

Tras haber transitado los primeros años luego de la incorporación de la carrera Ingeniería en Energías Renovables a la oferta educativa de la UNRC, es de relevancia institucional atender a las características de su población estudiantil. Es por ello que, con el propósito de abordar esta necesidad, en el marco de las tareas que realiza el Laboratorio de Monitoreo de Inserción de Graduados (MIG)[1] en la Facultad de Ingeniería de la UNRC, se realizó durante el primer semestre de 2023, un estudio orientado a conocer las características y percepciones del estudiantado de la nueva carrera. En los siguientes apartados de este capítulo se presenta la instrumentación metodológica del relevamiento y los principales resultados.

Los datos obtenidos ofrecen una mirada descriptiva de la diversidad del estudiantado, así como de sus percepciones y valoraciones respecto de la nueva carrera. Asimismo, los resultados de la investigación quedan a disposición de las áreas de gestión de la Facultad de Ingeniería (UNRC) a los fines de constituirse en insumo para el diseño de estrategias políticas y académicas y su transferencia en el ámbito local.

---

1   El Laboratorio de Monitoreo de Inserción de Graduados (MIG) fue fundado en 2004 en la Facultad de Ingeniería de la Universidad Nacional de Río Cuarto, Argentina). Dependiente de Secretaría Académica de la mencionada facultad, tiene entre sus tareas la de relevar datos, de manera sistemática y permanente, sobre estudiantes, graduados y abandonadores de carreras de ingeniería. En este sitio *web* se puede acceder a mayor información sobre el Laboratorio MIG: https://www.ing.unrc.edu.ar/laboratorios/mig_rio4/inicio.php

Aspectos metodológicos de la investigación

Acerca del diseño del estudio. Se realizó una investigación no experimental, transversal y descriptiva (Hernández Sampieri y Mendoza-Torres, 2018). Durante el mes de abril de 2023 se asistió a clases de asignaturas correspondientes al primero, segundo y tercer año de la carrera de Ingeniería en Energías Renovables, con la finalidad de administrar una encuesta a los estudiantes destinada a recoger datos relativos a sus trayectorias académicas y laborales, además de sus valoraciones sobre la carrera.

Acerca del instrumento y las técnicas de recolección de datos. Los datos fueron recabados mediante un formulario de encuesta longitudinal que permite captar la temporalidad de las trayectorias académicas y laborales de los estudiantes (Panaia, 2006). Adicionalmente, se formularon una serie de preguntas abiertas, puntualmente enfocadas en explorar percepciones situacionales y valoraciones relacionadas con el contexto de enseñanza.

Procesamiento y análisis de los datos. Se realizaron análisis cuantitativos y cualitativos de acuerdo con la naturaleza de los datos disponibles. Puntualmente los ítems de respuestas abiertas fueron analizados desde una perspectiva cualitativa, mediante el *software* IRAMUTEQ, versión 0.7 Alpha 2 (Ratinaud, 2009). Se trata de un programa especializado para el análisis de datos cualitativos, particularmente corpus textuales. En este caso se apeló al análisis textual, a través de nubes de palabras, las que presentan las palabras según su frecuencia de mención. Estos resultados se complementaron con un análisis de las respuestas que permitiera identificar categorías emergentes.

Acerca de los participantes del estudio. Participaron de la investigación un total de 121 alumnos, de los cuales 13 ingresaron en la carrera en 2021, 32 lo hicieron en 2022 y 76 iniciaron en 2023. Del total de estudiantes que dieron respuesta a la encuesta, 62 (51%) eran varones y 59 (49%) mujeres, de un promedio de 19 años de edad.

En relación con la procedencia de los alumnos, el 53% informó ser de la ciudad de Río Cuarto, mientras que el resto proviene de otras localidades de la provincia de Córdoba (28%) o bien de localidades de otras provincias (19%).

Principales resultados

En este apartado se presentan los principales resultados, de acuerdo con cada una de las dimensiones estudiadas.

Motivos de la elección de la carrera

Los motivos por los que los estudiantes eligieron estudiar la carrera de Ingeniería en Energías Renovables se indagaron a través de una pregunta abierta: *"¿Qué te atrajo de la carrera?, ¿por qué la elegiste?"*. La Figura 1 muestra la nube de palabras resultante del análisis.

Figura 1. Nube de palabras sobre los motivos de la elección de la carrera (N=121).

Fuente: Elaboración propia.

La idea de sentido que emerge de los análisis indica que el atractivo de la carrera está principalmente en el interés de los jóvenes por temáticas vinculadas con las energías renovables. Además, destacan la salida laboral que perciben tiene la carrera, por ser novedosa y estar vinculada con el futuro y el cuidado del medio ambiente. Las siguientes respuestas de los estudiantes encuestados ilustran el sentido referido:

"Elegí la carrera por el interés en lo relacionado a la energía, cuidado del ambiente, solución de situaciones, diseño o mantenimiento de máquinas, la posibilidad de aportar algo a la calidad de vida y ambiente".

"La elegí por la amplia salida laboral que ofrece, otro factor es que era una carrera única y nueva".

"La elegí porque me pareció una carrera interesante e importante en un futuro".

Nivel de satisfacción y apreciación general sobre la carrera

Para indagar acerca del grado de satisfacción con la carrera se solicitó a los encuestados marcar un valor en una escala de *1 a 10*, donde 1 representa la valoración más negativa y 10 la más positiva. El valor promedio fue de 7.98, mientras que la categoría modal fue 8. En términos generales esto da cuenta de que el grupo encuestado indicó un alto grado de satisfacción respecto de la carrera. El valor mínimo seleccionado por los estudiantes fue 5 (4 estudiantes) y el máximo 10 (seleccionado por 14 estudiantes). La Tabla 1 presenta la distribución de las respuestas.

Tabla 1. Distribución de estudiantes según el grado de satisfacción indicado para con la carrera (N=121).

Satisfacción	Frecuencia	Porcentaje
5	4	3%
6	7	6%
7	28	23%
8	43	36%
9	24	20%
10	14	12%
Total	121	100%

Fuente: Elaboración propia.

Si especificamos el análisis según el año de ingreso, se puede observar que los valores de mayor satisfacción con la carrera se presentan entre aquellos estudiantes que han transitado más tiempo en la misma. La Figura 2 ilustra el sentido de lo aquí referido.

Este dato es interesante, ya que al tratarse de la cohorte 2021, que comenzó los estudios universitarios bajo la modalidad virtual durante la pandemia, podrían esperarse grados de satisfacción inferiores en comparación con el resto de las cohortes analizadas. En este sentido, considerando que transitaron de manera atípica el ingreso universitario, sin posibilidad de aprovechar de manera plena los espacios institucionales, imposibilitados del contacto cara a cara con docentes y compañeros, con nulas o insuficientes instancias prácticas, podría pensarse que estos estudiantes tendrían percepciones más negativas respecto del cursado de la carrera, tal como lo manifestaron otros estudios (Moreno y Chiecher, 2023; Schlegel, Moreno y Chiecher, 2022). Sin embargo, poseen una percepción más satisfactoria de la experiencia en la carrera que las cohortes que comenzaron recuperada la presencialidad plena.

Figura 2. Promedio de grado de satisfacción con la carrera según año de ingreso.

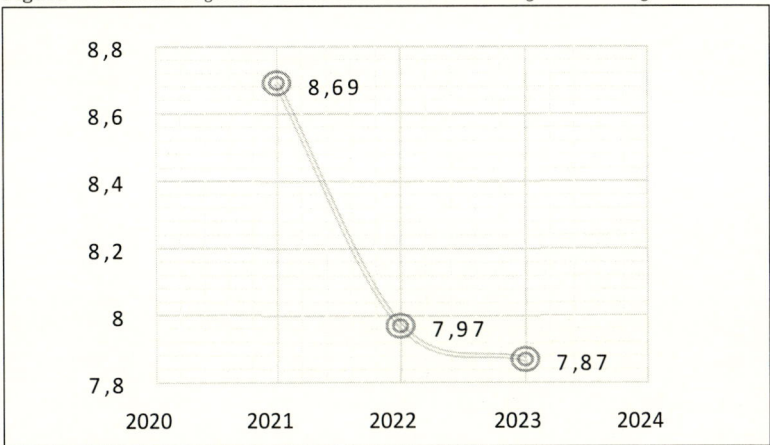

Fuente: Elaboración propia.

Para ampliar el conocimiento acerca las apreciaciones respecto de la experiencia en la carrera se formuló una pregunta a responder de manera abierta: "*¿cuál es tu apreciación sobre la carrera?*". El análisis de las respuestas arrojó como palabras más frecuentemente mencionadas las que se presentan con mayor tamaño en la Figura 3.

Figura 3. Nube de palabras sobre las apreciaciones acerca de la carrera (N=121).

Fuente: Elaboración propia.

La carrera fue calificada como agradable (28 sujetos), buena (20 estudiantes), muy buena (16 estudiantes), interesante (12 estudiantes), vinculada con la resolución de problemas del futuro (12 estudiantes) y completa (8 estudiantes). Las siguientes respuestas de los estudiantes encuestados ilustran los sentidos referidos:

"Muy buena, me parece una carrera completa y organizada".

"Es interesante y puede tener salida laboral aceptable".

"A mi parecer esta carrera es muy completa, te permite desarrollarte en gran variedad de áreas".

"Lleva mucho tiempo y esfuerzo, pero los contenidos se disfrutan y al final la carrera es muy necesaria para el futuro".

Apreciaciones sobre los profesores y sobre la enseñanza

Otro de los aspectos indagados fueron las valoraciones acerca de los profesores y la enseñanza recibida. Respecto de los docentes se les preguntó: *"¿cuál es tu apreciación sobre los profesores?"*. El análisis de las respuestas arrojó como palabras más frecuentemente mencionadas, las que se presentan en la siguiente nube de palabras.

Figura 4. Nube de palabras sobre las apreciaciones sobre los profesores (N=121).

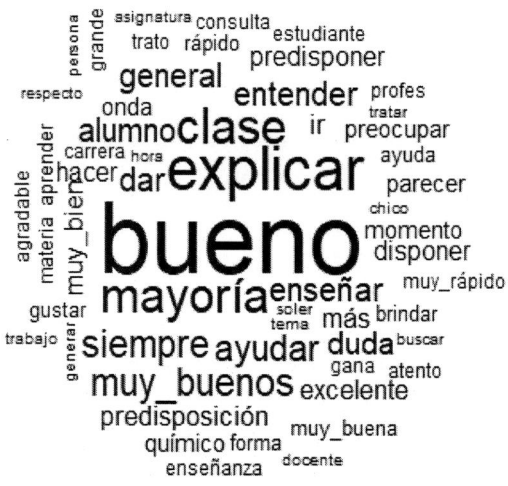

Fuente: Elaboración propia.

En general, prevalece una valoración positiva acerca de los docentes, quienes son percibidos, en su mayoría, como buenos profesores (38 menciones), muy buenos (12 menciones) –algunos los consideraron excelentes–, predispuestos a ayudar al alumno (11 menciones), resolver dudas, explicar (22 menciones) y dar ejemplos (10 menciones). A continuación, algunas respuestas en este sentido:

"En mi corta experiencia, todos excelentes profesores, a disposición de cada alumno, algunos brindando una gran contención más allá de su asignatura".

"En general nos ayudan con nuestras dudas y crean un ambiente de trabajo confortable".

"Excelentes profesionales apasionados por su trabajo, desarrollan clases dinámicas y enriquecedoras".

Asimismo, hacen excepciones en relación con algunos docentes que aparentemente no serían valorados en términos tan positivos, lo cual lo expresan de la siguiente manera:

"Hay de todo, docentes apasionados por enseñar y docentes que solo dan clase (por lo que parece) por motivos económicos exclusivamente".

"En su mayoría son muy accesibles y amables, se nota que les gusta lo que hacen y se preocupan por los estudiantes. Algunos pocos son soberbios".

Estas últimas percepciones reflejan dos características frecuentemente valoradas por los estudiantes en sus profesores. Una de ellas tiene que ver con la formación pedagógica para realizar propuestas ajustadas a los intereses y necesidades de los estudiantes. La otra, con la empatía, la amabilidad, la cordialidad en el trato, entre otras cualidades personales que, sobre todo los alumnos, aprecian –y demandan– de sus profesores.

Los estudiantes, en general, y sobre todo quienes recién ingresan a la universidad, esperan que sus docentes sean comprensivos, empáticos, pacientes, flexibles, amables, que se muestren cercanos, motivadores y que demuestren preocupación por ellos (Schlegel y Moreno, 2021).

También se indagó acerca de la calidad de la enseñanza recibida, mediante la pregunta *"¿cuál es tu apreciación sobre la enseñanza recibida?"*. El análisis de las respuestas obtenidas reveló que las palabras más frecuentemente mencionadas son aquellas que se muestran con mayor tamaño en la nube de palabras de la Figura 5.

Figura 5. Nube de palabras sobre las apreciaciones acerca de la enseñanza (N=121)

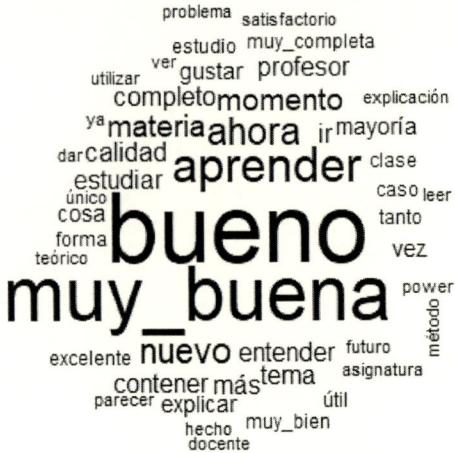

Fuente: Elaboración propia.

Los estudiantes tienen una valoración positiva respecto de la enseñanza recibida, ya que la mayoría la califica como buena (34 menciones) o muy buena (26 menciones), por medio de la cual lograron aprender (15 menciones) hasta el momento. También la describen como completa (7 menciones), con nuevos/as (10 menciones) contenidos, ideas, temas y conceptos, una enseñanza de calidad (7 menciones). Para algunos estudiantes estas valoraciones positivas son mencionadas en términos generales, aplicables a todas las materias (8 menciones), mientras que otros refieren solo a algunas de las asignaturas.

"Muy buena, aprendí a estudiar y a entender lo que estudiaba".

"Buena, aprendí muchas cosas, además de desarrollar una forma de pensar mejor, más eficiente y amplia".

"La enseñanza que por ahora estoy recibiendo es buena y por ahí estoy viendo cosas nuevas o en otros casos reforzando conocimientos".

En el caso de los estudiantes que marcan excepciones respecto de la valoración positiva de la enseñanza, señalan como obstáculos la velocidad con la que se enseña, el ritmo al que se avanza o la organización de los horarios:

"Los ritmos a veces suelen ser un poco rápidos y las horas a veces exceden lo usual, por otra parte, la enseñanza es muy buena".

"La enseñanza de por sí es muy buena, lo único que a veces van muy rápido en las explicaciones".

"Por el momento, van bien, algunas materias van rápidas y con poca explicación".

Trayectorias laborales paralelas a los estudios universitarios

Del total de estudiantes encuestados, 35 (29%) informaron haber trabajado en alguna oportunidad desde el inicio de la carrera hasta el momento de ser encuestados; los restantes 86 no lo hicieron, teniendo entonces una dedicación exclusiva al estudio (71%).

De los 35 estudiantes que declararon haber trabajado en alguna oportunidad durante el cursado de Ingeniería en Energías Renovables, siete iniciaron la carrera trabajando en 2021 y dejaron de trabajar durante 2022. Respecto de los 28 estudiantes que se encontraban trabajando en el momento de ser encuestados, la mayor parte (25) se desempeñaba solo en una actividad laboral, aunque tres de ellos tenían empleos simultáneos.

En cuanto al tipo de contrato de los trabajos declarados por los 28 estudiantes que se encontraban activos en el momento de ser encuestados, 14 de las actividades laborales se realizaban bajo la modalidad de contratos temporales, 15 eran actividades independientes en tanto que solo dos eran trabajos estables, en relación de dependencia. Muchas de estas actividades no estaban vinculadas a la carrera. Resta profundizar, en posteriores relevamientos, aspectos que permitirán obtener un panorama más completo sobre la situación de estos sujetos que, en paralelo a la trayectoria académica, transitan trayectorias laborales. En tal sentido, será importante conocer la cantidad de horas dedicadas al trabajo, la relación de dichas actividades con la carrera, entre otros aspectos.

Sugerencias de mejora desde la voz de los estudiantes

Otro de los aspectos que se indagó entre los estudiantes de la nueva carrera estuvo vinculado con aspectos susceptibles de modificación desde la institución, en términos de su organización, horarios, docentes, espacios institucionales, etc., para ayudar a una mejor experiencia de cursado. Las respuestas a dicha consulta eran libres y abiertas. El análisis de los datos permitió identificar categorías emergentes, las que son descriptas y ordenadas a continuación, según sus frecuencias de mención.

1) *Sugerencias relacionadas con la organización de horarios y de tiempos efectivos de cursada.* En esta categoría se integran sesenta

respuestas que sugieren mejoras relacionadas con la organización y distribución de los horarios de cursada, las cuales impactarían positivamente en el aprovechamiento del tiempo y la experiencia del cursado en la carrera. A su vez, dentro de esta temática se identifican al menos cuatro tipos de respuestas:

a) Aquellas que refieren a la consideración de diferentes franjas horarias de modo tal que se curse solo por la mañana o solo por la tarde. De acuerdo con lo expresado, esta organización posibilitaría mayor eficiencia en el aprovechamiento de los tiempos de estudio y las actividades personales. A continuación, algunos ejemplos en el sentido mencionado:

"Me gustaría poder cursar durante la mañana así aprovecho mejor el día".

"La cursada la mañana sería genial, ya que se dejaría la tarde para estudiar".

b) Aquellas que sugieren una mejor distribución de la carga horaria en los diferentes días de la semana para así aprovechar los tiempos de clase. Este punto es interesante, ya que plantean que horarios de clase más reducidos, pero, mejor distribuidos semanalmente, serían más aprovechables en términos de concentración, comprensión de temas complejos, lo cual redundaría en una mejor experiencia de aprendizaje. Además, posibilitaría combinar las actividades académicas con aquellas de ocio y vida social. A continuación, algunos ejemplos:

"Tal vez se podría mejorar los horarios de las asignaturas. Siento que no sirve tener cuatro horas seguidas de la misma materia".

"Los horarios muy mal distribuidos. Algunos días sólo se cursa dos horas y otros de 10 de la mañana a 20 horas".

c) Aquellas que sugieren reducir la carga horaria. En estas respuestas por lo general se menciona la preferencia de cursar seis años antes que cinco con tal de tener más tiempos disponibles para estudiar y para "vivir" en general. Compartimos algunos ejemplos:

"Disminuir las horas de cursado para tener tiempo de estudiar en casa y no tener que faltar para poder estudiar. Preferiría una carrera de seis años antes de no poder estudiar en mi casa. Tenemos días de once horas de cursado".

"Menos carga horaria".

d) Aquellas que proponen analizar la correspondencia entre las horas que efectivamente se cursan en algunas asignaturas comunes a otras carreras y las horas que establece el plan de estudios para dichas asignaturas. Estas respuestas insisten en que se cursan más horas de las que en definitiva les son reconocidas (noventa contra sesenta). A continuación, respuestas ilustrativas de esta categoría:

"Hay algunas materias que en el plan figuran con sesenta horas y al cursarlas las cursamos con otras carreras que cursan noventa horas y no nos reconocen las horas que cursamos. Materias: informática y electrónica básica".

"Hay materias que cursamos más horas de las que aparecen en el plan de estudios".

2) *Sugerencias relacionadas con mejoras necesarias en aspectos pedagógicos/didácticos de parte de algunos profesores.* En esta categoría se integran 33 respuestas que refieren a decisiones que el docente puede tomar dentro del contexto de su asignatura para brindar mejores oportunidades y experiencias de aprendizaje a los alumnos. Por ejemplo, tomar decisiones sobre el ritmo de trabajo en relación con los contenidos (demasiado rápido para la mayoría), ofrecer mayor flexibilidad en los horarios de consulta propuestos, implementar recreos en medio de un bloque de cuatro horas de clase consecutivas, atender a un uso más inteligente de TIC (por ejemplo, clases que no se limiten a leer todo un *PowerPoint*), atender a las preguntas de los estudiantes y poder darles respuesta, ser empáticos y desplegar estrategias de acompañamiento con quienes manifiestan que no comprenden, proponer tareas más genuinas y más prácticas (trabajos en laboratorio, visitas a empresas, etc.), implementar la grabación de clases o de clases de consulta que queden disponibles como material de trabajo.

"Estarían buenos más proyectos o laboratorios de la carrera".

"En clases de muchas horas permitir un recreo al medio para mejorar el cursado, yo creo que se necesita de un espacio así".

"Tener en todas las materias un apunte hecho por los profesores, visitar lugares, empresas".

"Consultas en horarios más accesibles y clase más interactivas".

3) *Sugerencias que refieren a la mejora en la disponibilidad, distribución y uso de recursos materiales que dependen de la Facultad y que optimizarían la experiencia de cursado.* En esta categoría se integran veinte respuestas que refieren a la necesidad de mejorar el uso de espacios físicos (como mayor disponibilidad de aulas o contar con espacios para estudiar, recrearse o descansar), mejorar la disponibilidad de recursos como aires acondicionados y sistema de calefacción. Algunos ejemplos en este sentido:

"Me gustaría que haya una biblioteca más y un espacio de descanso para los estudiantes".

"Podrían crearse más espacios dedicados a ingresantes donde se explique cómo funciona la universidad y que se otorguen métodos de estudio y ayudas".

"Lugar de descanso para el invierno, mayor cantidad de agua caliente".

4) *Sugerencias que refieren a la mejora en la disponibilidad, distribución y uso de recursos materiales que, si bien no dependen exclusivamente de la Facultad, podrían mejorar la experiencia universitaria.* Se integran aquí quince respuestas que destacan, por ejemplo, la necesidad de contar con mayor cantidad de menús en el comedor o de mejorar la disponibilidad de líneas de colectivos para trasladarse a sus lugares de residencia.

"Algo para cambiar sería la incorporación de un mayor número de menús en el comedor".

"El comedor se llena rápido".

"Un sistema de transporte mejor".

5) *Sugerencias orientadas a la mejora de la comunicación institucional.* Esta categoría integra siete respuestas que refirieron a mejorar la eficiencia del funcionamiento de la plataforma virtual de la UNRC, mejorar la forma de comunicar información importante dentro de la página institucional, etc.

"Un sitio *web* más eficiente".

"Mayor capacidad de gente conectada al aula virtual".

De los aspectos mencionados en las sugerencias, es interesante destacar aquellos que manifiestan la necesidad de reorganizar los tiempos, en lo que respecta a la distribución de las asignaturas y la carga horaria diaria. La gestión del tiempo por parte de los estudiantes es considerada una de las estrategias de manejo de recursos más importantes para el logro académico, puesto que posibilita los procesos de autorregulación del aprendizaje a través de la planificación, el establecimiento de metas, la organización y distribución de las tareas. Además, el manejo del tiempo está vinculado con el bienestar emocional, en contraposición con el estrés que genera la acumulación inmanejable de tareas, y es considerado una competencia profesional fundamental para la productividad y la competitividad de las organizaciones (Cladellas, 2008; Espín y Vargas, 2023; Moreno *et al.*, 2020; Pintrich *et al.*, 1991).

De acuerdo con los beneficios que produce la eficiente gestión del tiempo en el desempeño académico y en el bienestar emocional, sumado a su fuerte impronta como competencia para la autogestión en el mundo profesional, sería valioso poder abordar desde la institución esta necesidad percibida por los estudiantes. En efecto, se contribuiría a favorecer las trayectorias de logro a través de experiencias personales de aprendizaje más satisfactorias, conscientes y organizadas, además de promover una competencia transversal que será fundamental en el ámbito laboral.

Aportes finales. La importancia de la investigación educativa para la toma de decisiones

El mundo actual con toda su complejidad ha trasformado la manera en que las personas aprendemos. De allí que los paradigmas educativos actuales sugieran que, entre los principales objetivos de la enseñanza, no debe perderse de vista que se necesita educar para el cambio, la incertidumbre, la diversidad, la pluralidad y la complejidad, que son rasgos inherentes a las sociedades de hoy (Aguirre, 2012).

Siguiendo esta idea, las actividades de aprendizaje deben estar enfocadas en lo que los alumnos *hacen,* a través de la resolución de problemas, el diseño e implementación de proyectos, análisis de casos, contactos y prácticas con lugares y profesionales que abordan problemáticas reales del campo disciplinar. Las TIC deben formar parte de los recursos didácticos, tanto para generar espacios de interacción, como para facilitar la comprensión de los contenidos.

Al mismo tiempo los docentes pueden resignificar sus roles, convirtiéndose en facilitadores del aprendizaje autorregulado, diseñando propuestas relevantes y vinculadas a problemáticas actuales, mediando con una perspectiva crítica el gran cúmulo de información a la que los estudiantes se encuentran expuestos. Mientras, los estudiantes asumen un rol activo en el proceso de aprender; buscan información, elaboran preguntas, investigan, resuelven problemas y participan junto a otros en la construcción del conocimiento, asumiendo una postura autónoma y deliberada del aprendizaje.

La investigación educativa ofrece recursos para diseñar y enriquecer todas estas propuestas. Por un lado, aquellas que promueven la reflexión sobre la propia práctica de enseñanza; por el otro, las que llevan a cabo el seguimiento continuo de las poblaciones estudiantiles con el objetivo de conocer no solo su rendimiento académico, sino las percepciones acerca de las propias experiencias de aprendizaje en el aula.

Particularmente, el conocimiento del estudiantado, se convierte en un insumo valioso para la toma de decisiones institucionales. Permite a los educadores abordar los desafíos que representa el mundo profesional actual, pero también personalizar la enseñanza y crear contextos de aprendizaje que promuevan trayectorias académicas de logro.

Además, ofrecen recursos para la toma de decisiones respecto del plan de estudios; específicamente al conocer la relevancia atribuida a las asignaturas, las mayores dificultades a la que se enfrentan los estudiantes y los recursos que tienen para afrontarlas, la percepción respecto de la calidad de la enseñanza ofrecida, la identificación de las buenas prácticas docentes, entre otros. Todos ellos en conjunto, proporcionan información relevante no solo para evaluar el impacto y la calidad de la nueva carrera, sino también para contribuir a la elaboración de estrategias políticas y académicas. En este sentido, relevamientos de las características del presentado en este capítulo, proporcionan información actualizada para el diseño de propuestas didácticas relevantes, que apunten a una mayor participación y satisfacción estudiantil.

En el contexto de la UNRC esta investigación adquiere un valor particular, dado que presenta el análisis de un grupo de estudiantes que está participando en una oferta académica de reciente implementación, como lo es la carrera de Ingeniería en Energías Renovables de la Facultad de Ingeniería.

Haciendo una síntesis de los resultados obtenidos, los estudiantes perciben la carrera como interesante, actual y prometedora en cuanto a la salida laboral, por su amplia proyección al abordaje de problemas actuales y de los tiempos que vienen. En general, manifiestan un elevado grado de satisfacción con la carrera elegida, que aumenta, conforme más tiempo los estudiantes llevan en la UNRC.

Las apreciaciones acerca de los profesores y de la calidad de la enseñanza fueron bastante satisfactorias. Los estudiantes valoran la predisposición del cuerpo docente, la calidad de las explicaciones y los recursos empleados para facilitar la comprensión. No obstante, señalan respecto de algunos docentes, la necesidad de contar con más herramientas pedagógicas y didácticas, así como mantener un buen trato. Estas últimas son señaladas en los estudios como cualidades fuertemente demandadas a los docentes, sobre todo en el período del ingreso (Schlegel y Moreno, 2021).

En relación con las trayectorias laborales del estudiantado –paralelas a la formación académica–, se encontró que un grupo menor (29%) informó haber tenido empleo desde el inicio de la carrera hasta el momento de la encuesta, mientras que la mayoría (71%) se dedica exclusivamente al estudio.

Por fin, como aportes o sugerencias de mejora, se destacan aquellos referidos a la necesidad de reorganizar los tiempos, particularmente en lo que respecta a la distribución de las asignaturas y la carga horaria diaria. Los estudiantes manifiestan que, en ocasiones, la organización del horario semanal para el cursado, les afecta de manera negativa en la gestión de los tiempos de aprendizaje y de estudio. Considerando que la estrategia de gestión del tiempo es ampliamente valorada y necesaria para el buen desempeño académico, el bienestar emocional y que, además, es considerada como una competencia fundamental para la productividad en el mundo del trabajo, sería valioso revisar posibles alternativas para distribuir de manera más estratégica los horarios de cursado.

Para concluir, este estudio ofrece una imagen de la experiencia universitaria, intereses, motivaciones y expectativas de un grupo de jóvenes que llegaron a la universidad interesados en una nueva oferta académica. Dicha imagen otorga a la institución visiones más realistas de las necesidades del alumnado. Además, ofrece insumos valiosos, los cuales se constituyen en un fuerte punto de referencia en el momento de tomar decisiones y mejorar la calidad de la educación, especialmente en esta área disciplinar innovadora y en constante evolución.

Bibliografía

Aguilar, Marisol (2012). Aprendizaje y tecnologías de información y comunicación: Hacia nuevos escenarios educativos. *Revista Latinoamericana de Ciencias Sociales, Niñez y Juventud*, 10(2), 801-811. https://www.redalyc.org/articulo.oa?id=77323978002

Álvarez, Marisol; Gardyn, Natalia; Lardelevsky, Alberto y Rebello, Gabriel (2020). Segregación educativa en tiempos de pandemia: Balance de las acciones iniciales durante el aislamiento social por el Covid-19 en Argentina. *Revista Internacional de Educación para la Justicia Social*, 9(3), 25-43. https://revistas.uam.es/riejs/article/view/riejs2020_9_3_002

Chiecher, Analía; Moreno, Jacqueline y Concha, Leticia (2023). Retrato de los ingenieros egresados en pandemia. En Marta Panaia (Coord.), *Las profesiones en cuestión: Nuevas formas de inserción y relación laboral en la segunda modernidad* (pp. 31-58). Miño y Dávila Editores.

Chiecher, Analía; Moreno, Jacqueline y Schlegel, Daiana (2022). Actitudes y valoraciones de la virtualidad por docentes de ingeniería tras la pandemia. *Contex-*

tos de Educación, 22(32), 36-47. *http://www2.hum.unrc.edu.ar/ojs/index.php/contextos/article/view/1525*

Cladellas, Ramón (2008). La ausencia de gestión de tiempo como factor de riesgo psicosocial en el trabajo. *Intangible Capital*, 4(4), 237-254. https://upcommons.upc.edu/handle/2099/6957

Delors, Jacques (Ed.) (1996). *La educación encierra un tesoro. Informe a la UNESCO de la Comisión internacional sobre la educación para el siglo XXI.* Santillana. https://uom.uib.cat/digitalAssets/221/221918_9.pdf

Díaz-Barriga, Ángel (2013). TIC en el trabajo del aula. Impacto en la planeación didáctica. *Revista Iberoamericana de Educación Superior*, 4(10), 3-21. https://www.redalyc.org/articulo.oa?id=299128588003

Espín Rosales, Joselyn y Vargas Espín, Alba (2023). Procrastinación y estrés académico en estudiantes universitarios. *LATAM Revista Latinoamericana de Ciencias Sociales y Humanidades*, 4(1), 551-563. https://doi.org/10.56712/latam.v4i1.272

Gaeta González, Martha (2014). Autorregulación del aprendizaje y su promoción en el contexto del aula. En Paola Paoloni, María Cristina Rinaudo y Antonio González Fernández (Comps.), *Cuestiones en Psicología Educacional. Perspectivas teóricas, metodológicas y estudios de campo.* Sociedad Latinoamericana de Comunicación Social (SLCS). https://issuu.com/revistalatinadecomunicacion/docs/cde01

Hernández Sampieri, Roberto y Mendoza-Torres, Paulina (2018). *Metodología de la investigación: las rutas: cuantitativa, cualitativa y mixta.* Mc Graw Hill Educación.

Huertas, Juan Antonio (1997). *Motivación. Querer aprender.* Aique.

Macchiarola, Viviana; Pizzolitto, Ana; Pugliese, Verónica; Muñoz, Diego (2020). La enseñanza con modalidad virtual en tiempos del Covid-19. La mirada de los estudiantes de la Universidad Nacional de Río Cuarto. *Contextos de Educación*, 28(20). http://www2.hum.unrc.edu.ar/ojs/index.php/contextos/article/view/1086/1149

Martínez, Miquel; Buxarrais Estrada, María Rosa y Bara, Francisco (2002). La universidad como espacio de aprendizaje ético. *Revista Iberoamericana de Educación*, 29, 17-43. https://rieoei.org/RIE/article/view/949

Mastache, Anahí (2011). Los jóvenes estudiantes del siglo XXI: desafíos para la enseñanza. En Silvia Martínez (Comp.), *Democratización de la universidad. Investigaciones y experiencias sobre el acceso y la permanencia de los/las estudiantes* (pp. 167-202). EDUCO-Universidad Nacional de Comahue.

Ministerio de Educación (2020). Resolución M. N° 1591/2020 - Validez nacional por el Ministerio de Educación. https://www.ing.unrc.edu.ar/archivos/res1591-2020.pdf

Moreno, Jacqueline y Chiecher, Analía (2023). Educación virtual durante la emergencia sanitaria. Valoraciones de ingresantes universitarios de carreras de ingeniería. *Cuadernos de Investigación Educativa*, 14 (1). https://doi.org/10.18861/cied.2023.14.1.3276

Moreno, Jacqueline; Chiecher, Analía y Paoloni, Paola (2020). Trayectorias de ingresantes universitarios y estrategias de aprendizaje: sus implicancias en el rendimiento académico. *Revista Educación*, 44(2). https://doi.org/10.15517/revedu.v44i2.40055

Núñez, Juan Luis; Martín-Albo, José; Navarro, José y Grijalbo, Fernando (2006). Validación de la Escala de Motivación Educativa (EME) en Paraguay. *Revista Interamericana de Psicología*, 40, 391-398. http://www.redalyc.org/articulo.oa?id=28440314

Panaia, Marta (2006). *Trayectorias de Ingenieros Tecnológicos. Graduados y alumnos en el mercado de trabajo*. Miño y Dávila Editores.

Pintrich, Paul; Smith, David; García, Teresa y McKeachie, Wilbert (1991). *A manual for the use of the Motivated Strategies for Learning Questionnaire (MSLQ)*. National Centre for Research to Improve Postsecondary Teaching and Learning. University of Michigan.

Ratinaud, Pierre (2009). *IRAMUTEQ: Interface de R pour les Analyses multidimensionnelles de Textes et de Questionnaires* [Computer software]. http://www.iramuteq.org

Schlegel, Daiana y Moreno, Jacqueline (2021). Caras vemos, profesores... ¿nos conocemos? En Analía Chiecher (Comp.), *Enseñanza universitaria: de profesores que hacen magia y tareas que inspiran aprendizajes* (pp. 86-101). UniRío Editora.

Schlegel, Daiana; Moreno, Jacqueline y Chiecher, Analía (2022). Construcción del oficio de estudiante universitario en tiempos de virtualidad. En Ana Vogliotti (Coord.), *Innovación curricular en Educación Superior. Diseños, implementaciones, evaluaciones en y del currículo*. UniRío Editora. https://www.unirioeditora.com.ar/producto/innovacion-curricular-educacion-superior/

Universidad Nacional de Río Cuarto (2022). *Res. CD323-2022 - Plan de estudio de la carrera Ingeniería en Energías Renovables*. https://www.ing.unrc.edu.ar/carreras/resCD323-22_energias_renovables.pdf

Valle, Antonio; Rodríguez, Susana; Cabanach, Ramón; Núñez, José; González Pienda, Julio y Rosario, Pedro (2009). Metas académicas: Perspectiva histórica y conceptual e implicaciones educativas. *Electronic Journal of Research in Educational Psychology*, 7(3), 1073-1106. http://www.redalyc.org/articulo.oa?id=293121984008

Vera, Fernando (2021). Competencias blandas para la fuerza laboral del Siglo XXI. *Revista Electrónica Transformar*, 2(2), 20-29. https://www.revistatransformar.cl/index.php/transformar/article/view/20/12

Procesos formativos y factores pedagógicos en los primeros años de carreras de ingeniería de la Universidad Tecnológica Nacional. Ingeniería y Sociedad (2016-2023)[1]

Karina Ferrando, Omar Cura,
Olga Páez y Jorge Forno

Introducción

Los equipos de docentes investigadores en las Facultades Regionales de Avellaneda (UTN-FRA) y Bahía Blanca (UTN-FRBB) vienen estudiando procesos formativos en los primeros años de carreras de ingeniería en la Universidad Tecnológica Nacional. Las actividades se iniciaron con el Proyecto de Investigación y Desarrollo "Formación Inicial en Ingenierías y carreras tecnológicas" (FIIT I) entre 2016 y 2019, en el cual también participó la Facultad Regional Chubut. Para dar continuidad al mismo en 2020 se diseñó un segundo proyecto, denominado PID FIIT II, en el que a la UTN-FRA y UTN-FRBB se les sumó la Regional Trenque Lauquen (UTN - FRTL). En este marco, se planteó estudiar los aspectos pedagógicos que intervienen en los procesos formativos y el desarrollo de competencias genéricas durante el período 2020-2023. Participan del equipo nueve asignaturas de primer y segundo año de las carreras de ingeniería dictadas en las regionales integrantes del proyecto. En este artículo se presentan algunos resultados alcanzados para la asignatura Ingeniería y Sociedad en ambos estudios. La investigación se organiza en base a relevamientos realizados utilizando encuestas al inicio, mitad y final de cursado, donde todos los equipos docentes implementan los mismos cuestionarios. La primera etapa se realizó durante la pandemia por Covid-19, y sus resultados fueron presentados en avances anteriores (Cura *et al.*, 2021, 2022). Aquí se mostrarán los resultados de los años siguientes teniendo en cuenta los factores pedagógicos que posibilitan comprender qué aspectos son los más relevantes en los primeros años

---

1   Proyecto de investigación PID Inter facultades (Universidad Tecnológica Nacional – Avellaneda, Bahía Blanca, Trenque Lauquen – Provincia de Buenos Aires).

y en las instancias de aprendizaje inicial, con la intención de brindar a las asignaturas y facultades participantes resultados que permitan incorporar nuevas y mejores estrategias en la labor docente.

Proyectos interfacultad colaborativos

PID FIIT I (2016-2019)

Los objetivos generales de la investigación perseguidos por el equipo fueron:

1. Analizar las fortalezas y limitaciones de los procesos formativos en equipos colaborativos interfacultades (Avellaneda, Bahía Blanca, Chubut) en los primeros años de las carreras tecnológicas (2016-2019)
2. Evaluar la incidencia de experiencias didácticas inter-facultades en asignaturas semejantes de los primeros años desde un aprendizaje integrador, motivador y perdurable.

Debido a la complejidad y magnitud del proyecto se extendió un año más.

Al primer objetivo le corresponde el Eje 1 de trabajo que adopta un enfoque de investigación descriptiva. El Eje 2 cuenta con uno de cambio desde investigación acción.

Alrededor de 40 docentes investigadores analizaron las características de la población estudiantil y su situación académica en el inicio, mitad y final del cursado.

Se basaron en fuentes institucionales como el sistema de gestión académica "Sysacad" y propias, y sistematizaron la información en formularios *ad hoc*. Intercambiaron los resultados parciales y materiales pedagógicos en doce aulas virtuales. También generaron estrategias didácticas para la mejora formativa fortaleciendo la organización de contenidos, la metodología y la evaluación. Hubo experiencias locales e interfacultad.

PID FIIT II (2020-2023)

El interés por estudiar la incidencia de aspectos pedagógicos y la implementación de estrategias activas en el cursado de los primeros años de las carreras de ingeniería motivó a equipos docentes de las Facultades Regionales de Avellaneda, Bahía Blanca y Trenque

Lauquen de la UTN, a diseñar un Proyecto Interfacultad de Investigación y Desarrollo (PID). El mismo fue homologado por Disposición SCYT UTN 148/2019 bajo la denominación de PID UTN IFN 7736 "Formación inicial en Ingenierías y carreras tecnológicas: aprendizaje centrado en el estudiante con competencias y Tecnologías de Información y Comunicación" (2020-2022). En 2022 se solicitó un año de prórroga para completar el análisis de los períodos transcurridos durante la pandemia y el posterior retorno a la normalidad. Dicha prórroga fue otorgada por Disposición SCYT UTN N° 44/2022. Participan las asignaturas: Análisis Matemático I, Álgebra y Geometría Analítica, Física I, Química General, Ingeniería y Sociedad, Sistemas de Representación, Fundamentos de Informática, Inglés I y II e Ingeniería Mecánica I y II.

Son objetivos de este segundo proyecto:

1. Comprender la incidencia de los factores académicos en los procesos formativos de los estudiantes de los primeros años.
2. Establecer los aportes del aprendizaje activo, centrado en el estudiante, con incorporación de competencias y empleo intensivo de tecnologías de información y comunicación en los procesos formativos de los primeros años a través del trabajo colaborativo entre equipos docentes.

El PID FIIT II se organiza en dos ejes de trabajo:

Eje 1: estudio de factores pedagógicos que favorecen o dificultan el aprendizaje.

Eje 2: aprendizaje centrado en el estudiante con competencias y tecnologías de información y comunicación.

El primer eje tiene un enfoque de investigación descriptivo y busca establecer tendencias y correlaciones, como plantea Bisquerra Alzina (2007), sobre la incidencia de los factores pedagógicos.

El segundo eje se centra en el de cambio educativo y mejora, y estudia el impacto de las experiencias aprendizaje centrado en el estudiante y el desarrollo de competencias genéricas.

Ambos ejes son complementarios. Los resultados permiten incorporar nuevas mejoras de las que se estudia su impacto. El PID se realiza en el marco del enfoque de investigación-acción educativa (Latorre, 2000).

Los factores académicos comprenden un sinnúmero de variables que lo componen. Se busca apreciar la relación entre los "aspectos docentes" y "del estudiantado" en cada asignatura que participa del mismo.

Esto permitirá incorporar mejoras en el segundo eje de estudio. Factores en el aprendizaje del estudiantado.

- Modalidades de estudio que favorecen/dificultan su aprendizaje.
- Organización del tiempo.
- Apoyo académico: cátedra/tutorías/otros.
- Resultados de apropiación y desarrollo de competencias.
- Factores en la enseñanza del cuerpo docente.
- Comunicación con el estudiantado.
- Organización del proceso formativo.
- Protagonismo y centralidad en estudiantes.
- Actividades que favorecen/dificultan el aprendizaje.
- Recursos que favorecen/dificultan de aprendizaje.

Los equipos docentes de todas las asignaturas participantes, de UTN Avellaneda, Bahía Blanca y Chubut comparten desde 2016 estudios e innovaciones pedagógicas que luego transfieren a otros equipos en eventos académicos y publicaciones.

Se presentan algunos resultados alcanzados para Ingeniería y Sociedad en ambos estudios.

Aspectos metodológicos de la investigación

La metodología de trabajo es descriptiva de tipo cuali-cuantitativa, para lo cual se diseñaron instrumentos para la recolección de datos (planillas, formularios, encuestas). Se han registrado las percepciones de la población estudiantil al inicio, durante y a la finalización de la cursada, así como se han utilizado formularios de Google y los datos fueron tomados de la plataforma Moodle del campus virtual.

El trabajo del Eje 1 se organiza en base a relevamientos realizados utilizando encuestas a inicio, mitad y final de cursado. Para ello todo el cuerpo docente implementa los mismos cuestionarios, agregándole registros de observación de otras fuentes del cursado.

Los datos se agrupan en el Formulario 1, y son procesados para apreciar los resultados parciales con los análisis por equipos de asignatura y Regional. De allí surgen las tendencias y algunas correlaciones.

La población analizada corresponde a una muestra de estudiantes de cada asignatura en cada Facultad Regional, esto equivale a una, dos o tres comisiones, según la cantidad de docentes participantes de la investigación. De acuerdo con el tamaño de cada Facultad, esto podría ser equivalente a la totalidad de comisiones, la mitad o poco menos de la mitad. Bahía Blanca ofrece cada año ocho comisiones de la asignatura por año y es cuatrimestral (cuatro comisiones por cuatrimestre), Avellaneda tiene diecisiete comisiones y es de cursada anual, en tanto Chubut tiene sólo dos divisiones de cursada cuatrimestral.

A continuación, presentamos los análisis de los Formularios de los distintos "Ejes" propuestos en ambos PID FIIT (Ver Anexo).

Para el formulario 1, en ambos PID FIIT se presenta como coincidencia uno de los cuadros, el cual se puede observar solamente en la Figura 1, éste se denomina Ítem 1. "Situación del alumnado" en el primer PID, y en el PID II como ítem II, bajo el nombre de "Situación académica 2020-2022".

El Eje 2 cuenta con el Formulario 2, en el que se registran las actividades realizadas, las competencias genéricas desarrolladas, los recursos tecnológicos implementados y los resultados parciales. Su análisis permite evidenciar los logros y las dificultades para su mejora en el siguiente curso.

Un tercer instrumento, el Formulario 3, diseñado para registrar más detalles, fue finalmente integrado al 2 para simplificar la operatividad del trabajo.

El trabajo colaborativo se desarrolla a través de la interacción de los equipos en diez aulas virtuales y en reuniones periódicas de trabajo virtuales, tanto de asignaturas como de equipos por Facultades. Un Equipo de Coordinación articula el trabajo por disciplinas y áreas tanto a nivel de cada regional como interfacultad.

El Formulario 2 del segundo PID difiere como se puede apreciar en la Figura 5 en tanto se centra en las y los estudiantes.

Factores pedagógicos y permanencia

Autores como Canales y de los Ríos (2007) señalan que los factores que inciden en la permanencia de los y las estudiantes son los contextuales, los institucionales, los pedagógicos y los personales. Los factores académicos son aspectos constitutivos del proceso de enseñanza y aprendizaje, donde interactúan docentes y estudiantes e intervienen en forma activa y relevante. Nuestro trabajo, profundiza principalmente sobre los factores académicos porque es lo que está al alcance del grupo de docentes investigadores, aun cuando puedan ampliar su estudio.

El equipo PID determinó analizar estos factores y definió ocho por su relevancia: las y los estudiantes y sus aprendizajes; organización del proyecto formativo; secuencia de temas; actividades de aprendizaje; actividades de evaluación; recursos y materiales didácticos; espacio virtual y aprendizajes; contextos de interacción entre estudiantes y docentes. Estos factores están enmarcados en la virtualización educativa planteada por Maggio (2021).

Aprendizaje centrado en el estudiante, competencias genéricas y tecnologías de la información y la comunicación

El aprendizaje centrado en el estudiante implica la organización de los procesos formativos para que el estudiantado sea protagonista y descubridor de sus aprendizajes, desde su propio interés y motivación. Ello exige que la organización curricular y la programación promuevan el desarrollo de experiencias activas que articulan los saberes conceptuales, prácticos y actitudinales en una interacción permanente entre estudiantes y profesores, en relación con problemáticas crecientes de la profesión. Cukierman (2018) señala que las características del aprendizaje centrado en el estudiante son: la sujeción a un aprendizaje más activo que pasivo, un énfasis en el aprendizaje profundo y la comprensión, un incremento en la responsabilidad del estudiante, un incremento en el sentido de la autonomía del estudiante, una interdependencia entre profesores y estudiantes, respeto mutuo en la relación estudiante-profesor, y un abordaje reflexivo al proceso de enseñanza y aprendizaje tanto de profesores como estudiantes.

Según Latorre (2000) la investigación acción en los ámbitos formativos comprende una indagación práctica realizada por el profesorado, de forma colaborativa, con la finalidad de mejorar la práctica educativa a través de ciclos de acción y reflexión.

Este PID se encuadra en el marco de la formación por competencias y tiene en cuenta las nuevas orientaciones que el Consejo Federal de Decanos de Ingeniería (CONFEDI, 2023) viene aportando, para que las experiencias formativas consideren a la competencia como la capacidad de articular eficazmente un conjunto de esquemas (estructuras mentales) y valores, permitiendo movilizar (poner a disposición) distintos saberes, en un determinado contexto con el fin de resolver situaciones profesionales.

La Asociación Iberoamericana de Instituciones de Enseñanza de la Ingeniería (ASIBEI 2016) estableció las 10 competencias de egreso de profesionales de la ingeniería en Iberoamérica, que sustentan teóricamente en parte este Proyecto. Estas son:

Competencias tecnológicas:

1. Identificar, formular y resolver problemas de ingeniería.
2. Concebir, diseñar y desarrollar proyectos de ingeniería.
3. Gestionar, planificar, ejecutar y controlar proyectos de ingeniería.
4. Utilizar de manera efectiva las técnicas y herramientas de aplicación en la ingeniería.
5. Contribuir a la generación de desarrollos tecnológicos y/o innovaciones tecnológicas.

Competencias sociales, políticas y actitudinales:

6. Desempeñarse de manera efectiva en equipos de trabajo.
7. Comunicarse con efectividad.
8. Actuar con ética, responsabilidad profesional y compromiso social, considerando el impacto económico, social y ambiental de su actividad en el contexto local y global.
9. Aprender en forma continua y autónoma.
10. Actuar con espíritu emprendedor.

Ingeniería y Sociedad, marco institucional y contextual

A partir de 1995 se fueron incorporando a las carreras de ingeniería en la Argentina, y en relación con los procesos de reforma en los diseños curriculares, asignaturas con contenidos introductorios y complementarios como Introducción a la Ingeniería o Ingeniería y Sociedad. El propósito de estas asignaturas es brindar una enseñanza de la profesión más contextualizada, que permita a quienes egresan con la comprensión de su actividad profesional en el marco de las vinculaciones sociales, culturales, económicas y ambientales.

Ingeniería y Sociedad se incorporó en la UTN como materia de carácter obligatorio en el primer año de las carreras de Ingeniería para todas las especialidades. Su dictado es en algunas Regionales anual y en otras cuatrimestral, y pertenece al área de ciencias sociales.

Se trata de una asignatura "homogénea", lo que significa que sus contenidos son similares para todas las especialidades. Desde este espacio curricular se propone trabajar en torno a la articulación de las relaciones entre la sociedad, la tecnología y el trabajo profesional, orientando al estudiantado a analizar los problemas en perspectiva de su futura profesión.

Las ciencias sociales intentan dar cuenta de la relación existente entre el entorno social, en el nivel del desarrollo tecnológico y la actividad de las y los profesionales de ingeniería, de manera que plantean como objetivo general contribuir a proveerlos de una perspectiva amplia que contemple las relaciones entre las variables sociales y el desarrollo tecnológico.

Es importante, como señala el Libro Rojo de CONFEDI (2018), que quien egrese de las carreras de ingeniería posea una adecuada formación científica, técnica y profesional que lo habilite para aprender y desarrollar nuevas tecnologías, con actitud ética, crítica y creativa para la identificación y resolución de problemas en forma sistémica, considerando aspectos políticos, económicos, sociales ambientales y culturales desde una perspectiva global, tomando en cuenta las necesidades de la sociedad.

En consonancia con este perfil, el espacio curricular de Ingeniería y Sociedad contribuye a desarrollar las competencias genéricas de egreso sociales, políticas y actitudinales. Por un lado, la capacidad para la comprensión de la realidad en la cual se insertan sus producciones, las interrelaciones entre su actividad profesional, la ciencia y la tecnología, proponiendo actuar de modo ético y comprometido con el medio. Por otro lado, se promueven actividades que permitan desarrollar habilidades de análisis, comunicación y pensamiento crítico en el estudiantado. Finalmente, se ofrecen herramientas para despertar el espíritu emprendedor, el trabajo en equipo y la toma de decisiones.

La asignatura, en UTN Avellaneda, está estructurada en cuatro unidades que se organizan en dos bloques. Se realizan dos evaluaciones globalizadoras parciales; una al final del dictado de la segunda unidad y otra al finalizar la cuarta unidad. La cursada se cierra con un trabajo práctico integrador final en donde el estudiantado elabora una investigación por equipos utilizando como marco teórico alguno de los contenidos de la asignatura. El trabajo culmina con una exposición oral final. Desde hace años en Ingeniería y Sociedad, en esta Regional, se emplea el enfoque de los estudios sociales de la ciencia y la tecnología, conocido también por CTS, como marco teórico.

Los aportes del enfoque CTS al estudio de los problemas regionales son variados y en los últimos años han generado una vasta producción académica en torno a cuestiones como las tecnologías para la inclusión social y el desarrollo sustentable. Este enfoque constituye una propuesta fuertemente democratizadora e impulsa la participación pública de los ciudadanos en las decisiones que sustentan el desarrollo de la ciencia y la tecnología.

Es importante brindar una formación integral para evitar que profesionales de la ingeniería adquieran una mirada artefactual de la tecnología, la cual considera a esta última solamente su naturaleza material ya sea como solamente máquinas, o productos industriales. Automóviles, teléfonos y computadoras serían ejemplos de la visión artefactual de la tecnología tal como la describe Osorio (2002).

Según Pacey (1990), estas definiciones se corresponden con la tradicional visión de túnel de la ingeniería, al considerar que la tecnología empieza y termina en la máquina. También el autor, aclara que esta perspectiva tradicional constituye un defecto de la formación profesional que considera a la utilidad como el fundamento del hacer tecnológico, dejando de lado a los factores sociales, culturales y organizacionales que intervienen en la elaboración de una tecnología.

En el contexto actual se considera que cada profesional de ingeniería, en función de la multiplicidad de cuestiones ambientales, sociales y económicas que coexisten debe considerar que la aplicación del conocimiento científico y tecnológico no es suficiente, sino que debe tener en cuenta el entorno social y los problemas locales o regionales para los cuales diseñar soluciones ingenieriles.

La asignatura Ingeniería y Sociedad en el marco de la adecuación curricular de la Universidad Tecnológica Nacional de 2023

La formación desde Ingeniería y Sociedad exige atender a los desafíos que las profesiones tecnológicas enfrentan en la actualidad.

En el marco de las adecuaciones curriculares para carreras de ingeniería, desde CONFEDI sostienen que la nueva propuesta de estándares para la acreditación es más flexible, innovadora y acorde a las demandas de la sociedad y a los cambios paradigmáticos que se han dado en los últimos años.

Son pilares de esta propuesta el enfoque de enseñanza basado en competencias y el aprendizaje centrado en el estudiante, cuyas características ya hemos comentado.

Tobón (2013) considera que la formación del siglo XXI exige un sistema socioformativo complejo con acento en la inter y transdisciplinariedad a fin de lograr que la ciudadanía se desempeñe en forma competente frente al mundo cambiante. Afirma el autor que competencia es "un saber hacer razonado para hacer frente a la incertidumbre; manejo de la incertidumbre en un mundo cambiante en lo social, lo político y lo laboral dentro de una sociedad globalizada y en continuo cambio".

Para Tobón *et al.* (2010) las competencias: "son actuaciones integrales para identificar, analizar y resolver problemas del contexto en distintos escenarios, integrando el saber ser (actitudes y valores), el saber conocer (conceptos y teorías) y el saber hacer (habilidades procedimentales y técnicas)".

La finalidad de Ingeniería y Sociedad es ofrecer una visión social de la práctica de la ingeniería que promueva en el estudiantado el desarrollo de una actitud crítica de las condiciones de producción, uso y acceso de la ciencia y la tecnología en la sociedad, desde una perspectiva tanto profesional como ciudadana.

Este propósito es, al mismo tiempo, acorde al perfil de egreso que se establece en la normativa vigente de la UTN que busca formar: profesionales que posean una adecuada formación científica, técnica y profesional que le habiliten a aprender y desarrollar nuevas tecnologías, con actitud ética, crítica y creativa para la identificación y resolución de problemas en forma sistémica, considerando aspectos políticos, económicos, sociales, ambientales y culturales desde una perspectiva global, tomando en cuenta las necesidades de la sociedad.

Son objetivos de la asignatura, según los lineamientos de adecuaciones curriculares que rigen desde 2023:

- Analizar críticamente las relaciones entre la ciencia y la tecnología para comprender las potencialidades y los impactos del conocimiento científico y tecnológico en pos del bienestar individual y colectivo.
- Interpretar la ciencia y la tecnología desde los paradigmas actuales y comprender el vínculo que tienen con el desarrollo y la sostenibilidad, en el contexto nacional e internacional actual.
- Comprender el carácter transformador de la ingeniería en la construcción de una sociedad más inclusiva, equitativa y solidaria, incluyendo aspectos relativos a la perspectiva de géneros.
- Analizar el desempeño de la ingeniería desde el punto de vista de la ética, la responsabilidad profesional y el compromiso social, considerando el impacto económico, social y ambiental de su actividad en el contexto local y global.

Comportamiento de los factores pedagógicos y las estrategias activas (2016-2023)

Se presentan los resultados de los dos proyectos inter facultad, analizando el comportamiento de los factores pedagógicos y las estrategias activas que se están desarrollando en general, en las asignaturas participantes de ambos PID y luego en Ingeniería y Sociedad en estos últimos años. En cada caso los valores corresponden a una, dos y hasta tres comisiones por asignatura, dependiendo del tamaño de cada Facultad, esto representa la totalidad de cursos o, en otros casos, la mitad.

Algunos resultados generales de la investigación Proyecto PID I durante el período 2016-2019

Los resultados del estudio de los dos Ejes son los siguientes.

Tendencias formativas en primeros años UTN Avellaneda, Bahía Blanca y Chubut

Al analizar los resultados parciales del trabajo del Eje 1, referido a las características de la población estudiantil de primer año 2016-2019, se aprecia que éstos presentan semejanzas en los procesos de ingreso a las carreras tecnológicas en las tres Regionales, aunque con aspectos diferenciados por pertenecer algunos a una ciudad-región de baja densidad poblacional (Chubut), mediana (Bahía Blanca) o muy poblada (Avellaneda). Tomando datos por muestreo de las tres Regionales, se aprecia que el 35% son estudiantes mujeres y que el 45% proviene de carreras técnicas de nivel secundario, aunque esto varía cada año en cada unidad académica.

Con los datos de inicio de 2019 se han consolidado las tendencias en motivaciones para estudiar ingeniería y cómo se proyectan hacia el futuro, se evidencian aspectos parecidos, aunque diferenciados en las proporciones de cada motivo: ejercer la profesión, ser alguien en la sociedad, tener una empresa, ser innovador-creativo, investigar.

Se evidencia bajo nivel de actividad laboral en estudiantes de primer año en el turno mañana: 14% Avellaneda y 8% Bahía Blanca. También en el turno tarde: 10% Bahía Blanca al igual que en Chubut. Por la noche se destaca Avellaneda con el 45% y el 15% en Bahía Blanca y Chubut.

Por otra parte, el 60% del alumnado considera que tiene un dominio básico de la lengua inglesa, el 20% superior y un 20% alto nivel. Casi la totalidad del estudiantado afirma tener acceso a computadora personal y con un 40% en nivel básico y un 47% nivel alto.

La encuesta tomada a mitad cursado ha resultado un elemento enriquecedor por los datos que brinda. Tomando como referencia los resultados de varias encuestas 2016-2019 de asignaturas de las tres áreas, un alto porcentaje del estudiantado del turno mañana y tarde señala que asiste regularmente a clase. Si bien ello es corroborado por el cuerpo docente, éstos también afirman que hay comisiones donde se evidencia la ausencia de estudiantes de modo temporal. En el turno noche la irregularidad en la asistencia es mayor, especialmente en UTN Avellaneda, principalmente por las características de la población estudiantil que trabajan, hay cursantes de edad más avanzada que deben cuidar a familiares o hay casos donde influye la distancia y los medios de transporte.

En cuanto a las actividades de aprendizaje, el 70% considera que el intercambio con docentes en las clases es lo que más le ayuda a aprender, luego los trabajos en grupos en clase (59%) y fuera de clase (56%) y las consultas a profesores (57%) Las actividades que despiertan mejor motivación son los ejemplos (62%); los análisis de casos resultan las mejores actividades para relacionar contenidos (59%) y para resolver problemas (49%) y para fijar contenidos lo más apropiado son las Guías de Trabajos Prácticos y las actividades de Integración de cada Unidad: (54%). Además, el 84% consideró que el campus es un buen complemento de las clases presenciales y el 51% destacó el valor del correo electrónico para comunicarse con el profesor.

En Ingeniería y Sociedad, las comisiones cuentan con bajo nivel de recursantes, alrededor del 12%, con algunas oscilaciones según el turno. El cursado resulta intenso, pero con carácter más motivacional por mayor vinculación con las carreras. Ello hace que el alumnado manifieste un cursado con mayores niveles de asistencia, cumplimiento de las tareas y empeño en los aprendizajes. Así, dejan el cursado alrededor del 12% de inscriptos y quienes cursan alcanzan la regularidad en Ingeniería y Sociedad en promedio el 78% con algunos resultados mayores en el turno mañana. De estos, el 85% alcanza la Aprobación Directa. En el caso de estudiantes libres la mayoría son por inasistencia a clase en las tres Regionales.

Experiencias de mejoras didácticas

Respecto de las experiencias formativas para la mejora de los aprendizajes, basadas en Investigación Acción Didáctica (ver planillas en Anexo), se aprecia que varias asignaturas de las tres Regionales vienen diseñando, implementando y evaluando de modo íntegro diversas experiencias de mejoras didácticas.

Ingeniería y Sociedad de UTN Avellaneda y Bahía Blanca viene efectuando una actividad sobre Desarrollo Sostenible y casos industriales locales, realizando un trabajo de investigación grupal que luego se intercambian. En el primer año participaron tres comisiones de cada Facultad y en 2017, se acrecentó. Gran motivación despertó el trabajo de campo, su exposición y envío a compañeros de otras localidades con devoluciones enriquecedores. Se presentaron los resultados parciales en varios eventos académicos y se continúa desarrollando esta actividad motivadora y formativa.

Los equipos de las Redes Tutoriales, durante 2016, conocieron los sistemas de trabajos locales con intercambios y encuestas a los integrantes, apreciando coincidencias y diferencias que se presentaron en congresos. En 2017, se intensificó dicho análisis sobre fortalezas y dificultades con un intercambio entre tutores de las tres Facultades, a través de un foro virtual para poder compartir experiencias, dudas y actividades. En 2018 se han intercambiado informes sobre mejoras en los sistemas regionales y se buscaron aspectos comunes, como fortalezas y dificultades, para efectuar una acción conjunta. En 2019 se analizaron los 4 años de trabajo y se presentaron los resultados en Congresos afines sobre Ingreso Universitario.

Algunos resultados para la asignatura Ingeniería y Sociedad en UTN Avellaneda y Bahía Blanca

Ingeniería y Sociedad PID I

A lo largo de los tres años y medios los equipos fueron incorporando herramientas y estrategias promoviendo el protagonismo del estudiantado en los aprendizajes y en la evaluación.

Si bien en Avellaneda el cursado es anual y en Bahía Blanca es cuatrimestral, en ambos casos al inicio de las clases la población estudiantil se efectúan actividades diagnósticas donde se evidencian sus características iniciales. Se presentan resultados del período estudiado entre 2016 y 2019. En este período se realizó un relevamiento de 110 estudiantes promedio por año de Proyecto en Avellaneda y 120 estudiantes promedio por año de Proyecto en Bahía Blanca.

En Avellaneda se aprecia que quienes cursan provienen en su mayoría, de ciudades de la zona sur del conurbano bonaerense cercanas a Avellaneda y en contados casos de localidades más lejanas o de la zona sur de la Ciudad de Buenos Aires. En Bahía Blanca el 55% corresponde a Bahía Blanca y Punta Alta, el 40% a ciudades de la región hasta 200 km y el resto más distante.

En ambos casos entre el 38 y 45% provienen de Escuelas Técnicas, el resto de bachilleratos. En Avellaneda es bajo el porcentaje de población estudiantil del turno mañana que trabaja, y por la noche ronda el 60%. En Bahía Blanca sólo el 10% lo hace por la mañana y el 25% por la noche.

Respecto de la elección de la carrera, se comparten motivaciones similares entre estudiantes de ambas facultades, con leves variaciones, destacándose:

- el 57% sostiene que desea ejercer la profesión,
- el 21% tener una salida laboral,
- el 16% beneficiar a la sociedad,
- el 12% porque es una carrera pensada desde pequeño,
- el 8% por elección de carreras por ser de UTN,
- el 7% por ser elección pensada personalmente, y
- el 7% por la utilidad de la profesión.

En algunos casos eligieron dos o tres motivaciones.

Respecto de las fortalezas iniciales para el aprendizaje, se observa:

- buena disposición y cierto interés inicial por comprender y cumplir con las condiciones de cursado universitario,
- aprecio y respeto por la convivencia entre estudiantes y con el cuerpo docente,
- cierto conocimiento de cultura general,
- manejo básico de herramientas informáticas y
- motivación por alcanzar Aprobación Directa en todas las asignaturas.

Entre las dificultades, se destaca:

- falta de nivel de conocimientos especialmente en el área de Exactas y Naturales,
- problemática en la comprensión de textos académicos y en la redacción de ideas,
- actitud de cierta omnipotencia para cursar todas las asignaturas,
- bajo nivel en inglés,
- falta de tolerancia a los fracasos naturales, poca concurrencia a las clases de apoyo iniciales.

Frente a preguntas sobre las características de la cursada, señalan que las actividades que más les ayudan a aprender son:

- las clases prácticas y aplicadas, con casos y ejemplos en Ingeniería y Sociedad y empleo de conceptos.,
- trabajar en equipo,
- resolver ejercicios en clase entre todos,
- ejercitación en casa,
- consulta a profesores,
- exposición en clase, aunque al principio no resulta así.

En cuanto a las actividades que menos les ayudan, señalan:

- la lectura de textos difíciles,
- tener que explicar textos sin ayuda,
- los textos teóricos,
- no poder consultar a los profesores.

Los datos surgen del relevamiento realizado en 110 estudiantes promedio por año de Proyecto en Avellaneda y 120 estudiantes promedio por año de Proyecto en Bahía Blanca.

Respecto del aula virtual, hay estudiantes que consideran que hacer tareas en este formato es más difícil e incómodo. En otros casos se señala que les ayuda porque presentan las actividades sin horario.

En UTN Avellaneda en Ingeniería y Sociedad se desarrollaron estrategias para la presencialidad con el apoyo virtual a partir del empleo de numerosas herramientas colaborativas digitales, el uso del portafolio, la producción de videos y su evaluación.

En UTN Bahía Blanca en Ingeniería y Sociedad se adecuaron y diseñaron nuevas tareas de aprendizaje, y en algunas comisiones todas las actividades se realizaron en equipo. Entre las estrategias se encuentra el análisis de la evolución de productos tecnológicos, cotejo de saberes con los investigadores de la facultad, la vinculación de problemáticas sociales con temas de Ingeniería empleando los Objetivos del Desarrollo Sustentable, el análisis de casos de ética profesional, la presentación de emprendimientos profesionales supuestos y trabajo integrador personal. Cabe aclarar que no se presentan resultados de UTN Trenque Lauquen porque en esa facultad no participan del proyecto equipos docentes de esta asignatura.

Como resultado del estudio de Tendencias formativas (ver planillas en Anexo) 2016-2019 de Ingeniería y Sociedad, Eje 1, como se puede observar en el Gráfico 1, en Avellaneda alcanzó la regularidad en promedio el 53% del total de la matrícula, el 17% desaprobó y el 30%

perdió el cursado por inasistencia. En el turno noche hay más inasistencias. En Bahía Blanca, regularizó la cursada el 63%, desaprobó el 5% y se registra un 32% de inasistencias (este dato en particular refleja la totalidad de estudiantes inscriptos a cursar la asignatura en ese período en ambas Facultades).

Se aprecian tendencias semejantes y cercanas en las comisiones estudiadas de ambas facultades. En Avellaneda se trabajo con un promedio anual de 110 estudiantes, mientras que en Bahía Blanca el promedio de estudiantes relevados cada año es 120 para este primer Proyecto.

Gráfico 1. Comparación de la regularidad alcanzada en las Regionales Avellaneda y Bahía Blanca (2016-2019).

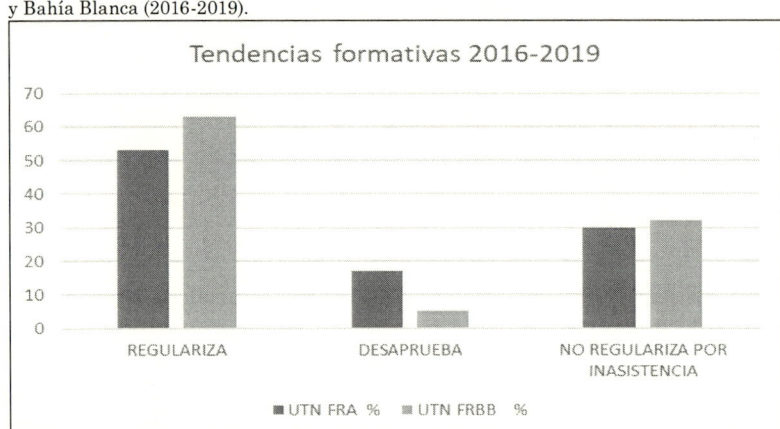

Fuente: Elaboración propia.

Respecto del Eje 2, Mejoras Didácticas, (ver planillas en Anexo) el cuerpo docente de Ingeniería y Sociedad de Avellaneda y Bahía Blanca, luego de analizar las características del cursado de sus estudiantes, incorporó acciones propias de mejora formativa en cada Comisión de sus Facultades.

Asimismo, compartieron un breve trabajo de investigación sobre "Ingeniería y desarrollo sustentable local" analizando industrias o pymes de la zona de cada Facultad Regional con planteos críticos. De esta experiencia participaron 3 Comisiones de Avellaneda y 3 de Bahía Blanca

Inicialmente se consideró relevante el tema de medio ambiente y luego derivó en el de Desarrollo Sostenible, también conocido como DS.

La temporalidad de los cursados fue un límite, como se mencionó al inicio, ya que Avellaneda cursa de forma anual y Bahía Blanca cua-

Las profesiones y los modelos productivos

trimestral. Se entendió como pertinente implementar la actividad en la última parte del segundo cuatrimestre de Avellaneda, coincidiendo con la finalización cuatrimestral de las otras Regionales.

Se propuso que la experiencia permita el desarrollo, aplicación e integración de contenidos como temas de DS, su incidencia en el sistema productivo, profesión de Ingeniería y el empleo de la metodología científica en casos locales.

Los objetivos fueron:

* Aplicar los contenidos de investigación científica y DS en una actividad práctica.
* Cotejar contenidos en situaciones de desarrollo sustentable local.
* Desarrollar capacidades iniciales de investigación en relación a la ingeniería.
* Realizar una presentación oral de cada trabajo utilizando recursos tecnologías de información y comunicación.
* Generar procesos de trabajo colaborativo en ingeniería por el intercambio con estudiantes y docentes de otras Regionales del PID interfacultad FIIT.

La Guía de Trabajo, fruto del intercambio entre docentes, establecía dos etapas.

En la Primera Etapa se propuso realizar un estudio sobre Desarrollo Sustentable local en base al método científico.

Implicó poner en juego tareas, capacidades y temas de aprendizaje, vinculados con los objetivos cognoscitivos de la experiencia. Luego, se desarrollaron actividades de enriquecimiento por el intercambio formativo entre estudiantes. Entre los temas de estudios propuestos figuraban: procesos productivos que incorporan tecnología para disminuir la contaminación en cualquiera de sus formas; situación de industrias y pymes de la zona en relación con el DS; residuos tóxicos, productos de las industrias locales; problemáticas locales de medioambiente, infraestructura, tecnología y sociedad vinculados con la ingeniería.

La Guía de Trabajo especificaba el trabajo de investigación grupal, teniendo en cuenta: diseño y programación de acciones; consulta bibliográfica; observación, recolección y registro de datos; trabajo con documentos; tablas y cuadros; entrevistas; análisis comparativo; redacción de un informe; elaboración de propuestas; exposición oral y debate.

La Segunda Etapa propicio un trabajo de intercambio inter facultad que incluyó el análisis compartido de los trabajos realizados por los diferentes grupos.

Mientras finalizaba la primera etapa iba comenzando la segunda referida al intercambio y análisis de los trabajos por los otros equipos de estudiantes de las dos Facultades. Ello se efectuó en el marco de un clima de suma expectativa e interés en ambas Facultades, por una parte, motivada por los equipos docentes, por otra, por ser una experiencia innovadora para la población estudiantil, al poder enviar sus trabajos a otros de otras ciudades que iban a leer y analizar sus producciones.

Se intercambiaron los informes de los distintos grupos de las dos Regionales y se les entregó una segunda Guía de trabajo, referida a esta segunda etapa de la experiencia.

Los trabajos presentados en 2016 fueron:
- En UTN Avellaneda: Industria Repicky; Aysa y potabilización del agua en Buenos Aires; Industria Sygnus y herramientas diamantadas; Recuperación de fábrica Durax; Establecimiento industrial Las Marías y desarrollo sustentable; Drogas para el sector veterinario.
- En UTN Bahía Blanca: Contaminación ambiental; Energía eólica Punta Alta, Parques eólicos Bahía Blanca, Potabilización del agua; Dique Paso Piedras, Sistemas ferroviario, Sistema de seguridad aduanera, Tecnología y educación; y Urbanización visión 2050.

En 2017, los trabajos que realizaron fueron:
- En UTN Avellaneda: Industrias Diapsa; Industrial Ganpel; Empresa Andreani; Industria Unilever; Archroma; Politécnico, Compañía Fabril Financiera, Control de tráfico aéreo; Empresa Reciclar; e Industria San Francisco.
- En UTN Bahía Blanca: Seguridad portuaria; Crisis hídrica; Unión Industrial Bahía Blanca; Polo Petroquímico Bahía Blanca; Bahía verde, Empresa Aguas Bonaerenses Sociedad Anónima ABSA, y Terrazas verdes.

2018 fue el año de mayor cantidad de trabajos elaborados por la población estudiantil:
- En UTN Avellaneda: Empresa de plásticos IMAR, FARADAY SAI-CyF; PEIX, Micro ómnibus Quilmes S.A.; TEL Autoperforantes; Puente vehicular sobre Arroyo Las Piedras; La historia de una Pyme en el mundo de la moda; Hospital Fiorito; Edificio UTN Ave-

llaneda, Fonsecca; Cristalería Cattorini; Ferrum; Kollor Presss; Inducor; Residuos conurbano bonaerense.
- En UTN Bahía Blanca: Aprovechamiento de energías renovables; ABSA; Contaminación del aire; Contaminación del mar argentino; Potabilización de agua; Diseño biocimático; Huella de carbono, y Salud y tecnología.
- Este año, se agregó un trabajo de UTN Chubut cuyo título fue "Evolución tecnológica".

En 2019 se presentaron los siguientes trabajos:
- En UTN Avellaneda: Potabilización del agua en Buenos Aires; Industria Unilever; Reciclar, Edificio UTN FRA, Residuos conurbano bonaerense.
- En UTN Bahía Blanca: Parque eólico en Tornquist, El sistema ferroviario en Bahía Blanca, Huella de carbono, Parque Industrial Bahía Blanca, Provisión de agua y Empresa Aguas Bonaerenses Sociedad Anónima ABSA.

En Avellaneda se presentaron aproximadamente 15 producciones cada año y en Bahía Blanca 9.

Las mismas se intercambiaron en formato digital y luego los equipos de estudiantes efectuaron una devolución analítica que fue leída en las propias facultades.

Cada año el estudiantado valoró de modo positivo la experiencia.

Algunos resultados generales de la investigación Proyecto PID II durante el período 2020-2023

Factores pedagógicos en primeros años de Ingenierías

Los equipos docentes entre 2020 y 2023 fueron realizando las actividades programadas, durante los primeros años en el contexto de la virtualización por Covid-19 y posteriormente en el retorno a la presencialidad. La mayoría de las asignaturas participantes implementaron las encuestas de inicio y de mitad de cursado y también se efectuaron registros de seguimiento de los y las estudiantes. En trabajos anteriores (Cura *et al.*, 2021, 2022), se detallaron aspectos vinculados con la etapa de restricciones de presencialidad, pero posterior a ello, paulatinamente se continuaron las actividades de modo híbrido, en parte virtual y con paulatino retorno a la presencialidad.

El equipo PID FIIT II no tuvo dificultades para desarrollar su trabajo, sino que permanentemente se adaptó a las situaciones. Docentes y estudiantes fueron respondiendo en esta segunda etapa al adecuarse nuevamente las normativas y procedimientos de cursado. Se comentan tendencias de los ocho factores pedagógicos que estudia el PID FIIT II. Salvo para cuestiones relativas a inscripción y aprobación, donde se ofrecen datos relativos a la población total de estudiantes inscriptos en la asignatura (Avellaneda tuvo un promedio de 580 estudiantes inscriptos por año, se observa una gran disminución de inscriptos año a año, mientras en que Bahía Blanca hubo un promedio de 285 bastante regular año a año. Ver Gráfico 2) para el resto de los casos, en Avellaneda se trabajó con un promedio anual de 200, mientras que en Bahía Blanca el promedio de estudiantes relevados cada año es de 140.

Hábitos de la población estudiantil

Con algunos matices en cada Facultad, los y las estudiantes que fueron consultados sobre qué hábitos de estudios tienen, respondieron: estudiar de día (72%), hacer resúmenes de las clases/textos (54%) y estudiar luego de las clases (46%). Con menores porcentajes señalaron estudiar de noche (44%) y estudiar con música y TV (41%). Estos datos no fueron tan diferentes entre la época de pandemia y la nueva presencialidad, pero se apreció que en la primera etapa mencionada fue más compleja que en la segunda.

Respecto de qué actividades les ayudan a aprender, en la nueva presencialidad se obtuvieron valores similares a la etapa de la virtualidad: el 83% señaló hacer ejercicios y trabajos prácticos, el 50% el trabajo en equipo y la consulta a profesores y el 42% la lectura de textos y apuntes. En cambio, se modificó la percepción sobre clases por Zoom, ya que durante la pandemia fue positiva en un 57%, un porcentaje considerable, en cambio en la presencialidad bajó al 18%, evidenciando que no es una modalidad valorada mayoritariamente en primer año.

Los factores que más dificultades presentan para aprender son: las distracciones y desconcentraciones, 89%, las clases largas, 46%, y la complejidad del contenido, el 45%. Se aprecia una gran continuidad de valores en las etapas estudiadas.

LAS PROFESIONES Y LOS MODELOS PRODUCTIVOS

Organización del cursado

Respecto de la organización del cursado, el 64% respondió que conocieron los objetivos planteados y el 59% que la organización de las actividades les pareció adecuada, aumentando el porcentaje respecto del período durante la pandemia. Respecto de la virtualización, el 58% señaló que le resultó fácil o bien, El 49% consideró adecuada la secuencia de las actividades formativas y el 65% que le resultó pertinente todas las actividades y materiales organizados en el aula virtual.

Secuenciación de los contenidos

Respecto de los temas de aprendizaje, se observa una continuidad en relación con los datos relevados en años anteriores. El 38% señaló que los temas estaban muy bien organizados, el 51% bien organizados y el 21% algo organizados. Sobre la progresión en la complejidad de los temas, el 12% señaló muy adecuado, el 57% adecuado, el 24% poco adecuado y el 7% inadecuado. Respecto de qué temas fueron más fáciles y difíciles de aprender, se aprecia diversidad de respuestas y en función de ello se pudieron incorporar ajustes y mejoras en cada asignatura.

Actividades de aprendizaje

La explicación por parte de docentes resultó la actividad más apreciada por el estudiantado, corroborando lo que se señaló en la pandemia cuando se valoraban significativamente "las clases por Zoom". En este caso llegó a ser el 63%, evidenciando la necesidad o la costumbre del encuentro en el aula. Esa actitud, en cierto modo receptiva y pasiva, es modificada por los equipos docentes desde el enfoque ACE.

Siguiendo con las actividades de aprendizaje y, en segundo lugar, se destacan los trabajos prácticos y las actividades aplicadas, con el 58%. Este dato es coincidente con la época de pandemia y muestra cómo este tipo de tareas resultan instancias apreciadas por el estudiantado.

También se destaca la comunicación e intercambio con el cuerpo docente, especialmente en sus dudas y consultas. Los resultados fueron similares en tiempos de virtualización plena, y aquí alcanzó a ser del 53%. Otra instancia relevante de aprendizaje fue el trabajo en equipo y en casi igual porcentaje el trabajo en forma personal, con porcentajes del 43% y 42% respectivamente, en promedio.

En cuanto a las dificultades, la situación más reiterada fue la de clases largas y expositivas, con el 54%, el 44% la complejidad del tema y otros, con el 35% y 36% hacer las actividades en forma grupal o personal, respectivamente.

Actividades de evaluación

Respecto a la evaluación, hay situaciones diversas. En algunos casos consideraron adecuadas las actividades prácticas y de ejercicios y también los trabajos de resolución de problemas que habían realizado. La mayoría valoró que los trabajos de evaluación se entreguen en formato virtual. En algunas respuestas se consideraron positivamente las actividades de evaluación en equipo, y en otras las realizadas individualmente, pero con acompañamiento de los equipos docentes. En cuanto a las actividades de autoformación, como por ejemplo las autoevaluaciones, en algunas respuestas fueron destacadas por su utilidad, mientras que en otros casos indicaron que no fue posible realizarlas. Las tareas de coevaluación, en general, tuvieron buenos resultados, y se destacó el valor de trabajar en equipo y evaluar en conjunto a otros equipos.

En cuanto a las dificultades, plantean situaciones similares a las del tiempo de pandemia: mucho material de preparación, textos extensos, preguntas y ejercicios complejos, poco tiempo, entre otros.

Recursos pedagógicos

Los recursos empleados fueron numerosos y muy variados según cada asignatura en la presencialidad plena, teniendo en cuenta que se incorporaron nuevas experiencias. Se valoró que los materiales estén todos digitalizados y no tengan que fotocopiar los mismos, continuando con incorporaciones realizadas durante la pandemia. Se consideró positivamente la organización de documentos, videos y páginas Web en las aulas virtuales. Al respecto, valoraron la posibilidad de acceder permanentemente a estos materiales.

Entre las dificultades se reiteró la consideración de lo extenso de algunos materiales de aprendizaje y también de algunas guías de ejercicios y trabajos. Según los contenidos de las asignaturas participantes en el proyecto, las dificultades fueron más técnicas o de interpretación de materiales o consignas.

Aula virtual y herramientas digitales

El aula virtual fue sumamente valorada en su incorporación como espacio permanente de aprendizaje y trabajo por parte del estudiantado. En algunas respuestas se indicó que las aulas virtuales no se usaban de manera frecuente en la Educación Secundaria. Considerando a todas las asignaturas, se observa que el 41% señaló que el aula virtual es una herramienta muy importante para aprender, el 45% que es relevante y el 14% algo práctico. El 44% señaló que utiliza mucho más Internet que antes, el 39% más y el 35% algo más. El 18% emplea más vídeos y simulaciones que antes, el 54% bastante más y el 19% algo más que antes. Estos últimos valores están cercanos al tiempo de la pandemia.

Uno de los factores principales de los aprendizajes se vincula a la comunicación con el cuerpo docente. En general, el 15% ha señalado que la comunicación fue muy buena, el 55% buena, el 28% regular y el 2% mala. Lo que más les ayudó fue que los y las docentes respondan sus consultas, el seguimiento y el interés por acompañarlos en su proceso formativo. Respecto a la comunicación entre estudiantes, el 23% señaló que fue muy buena, el 33% buena, el 38% regular y 6% mala.

En Avellaneda se trabajó con un promedio anual de 200 estudiantes, mientras que en Bahía Blanca el promedio de estudiantes relevados cada año es de 140.

Algunos resultados para la asignatura Ingeniería y Sociedad en UTN Avellaneda y Bahía Blanca

Ingeniería y Sociedad PID II

Con relación al PID FIIT II (2020 -2023), Formación Inicial en Ingenierías y carreras tecnológicas. Aprendizaje centrado en el estudiante con competencias y tecnologías de información y comunicación, el análisis realizado en UTN Avellaneda durante los años 2020 y 2021, en contexto de emergencia sanitaria, propició una exhaustiva exploración por parte del equipo docente del uso de recursos que ofrecen los diferentes entornos virtuales, sin perder de vista un enfoque basado en competencias, con aprendizaje centrado en el estudiante.

En esos años, al inicio de cursada, y en función del contexto impuesto por la emergencia sanitaria, se realizó un relevamiento de la población estudiantil que permitió conocer la situación en cuanto a equipamiento, conectividad, situación familiar y laboral. Se observó que era dispar el acceso a dispositivos y conexión, lo cual también ha sido contemplado en la organización, diseño y entrega de tareas.

El estudiantado considera, en primer lugar, que mejora su aprendizaje con explicaciones de sus docentes, y, en segundo lugar, con la realización de ejercicios y/o actividades. Asimismo, manifiesta que las distracciones o no tener concentración perjudican su aprendizaje. Respecto de la pregunta qué les ayudó a estudiar mejor en la pandemia, optaron por las clases sincrónicas y las propuestas de diversos materiales colocados por docentes en el aula.

Desde la mirada docente, al ser conscientes de la existencia de situaciones personales y colectivas difíciles que se sumaron a la imposibilidad de realizar lecturas y actividades en presencia de docentes y pares, dentro del PID nos propusimos trabajar en la incorporación de propuestas innovadoras en el aula, utilizando los recursos de la plataforma Moodle, así como herramientas de Google, incorporando nuevos instrumentos de evaluación de desempeño.

En 2022 se retornó a la presencialidad, y en este período, como metodología de enseñanza, en 11 de los 17 cursos de Avellaneda hemos combinado las actividades en los espacios del aula física semanales con actividades presentadas en el aula virtual. En este año, el relevamiento al inicio de cursada mostró resultados similares, a los de 2020 y 2021, en lo que respecta a qué condiciones contribuyen a su mejor aprendizaje o a qué lo dificulta, y aquellas actividades que le resultaron favorables al estudiar en pandemia.

Todas las propuestas pedagógicas que hemos presentado en estos años han tenido buena recepción, logrando una mayoría de estudiantes que manifiestan como positiva su experiencia a lo largo del año, asimismo cabe destacar que un porcentaje elevado de quienes finalizan la cursada logran la aprobación directa.

En Avellaneda la cantidad de inscripciones a la asignatura, entre el año 2020 a 2023, disminuyó en un 40%. En tanto, en Bahía Blanca se observa un leve aumento en la matrícula en 2021 respecto a 2020, y disminución de matrícula hacia 2023. Sin embargo, a lo largo de los cuatro años se aprecia una regularidad en las cantidades. En Avellaneda se presenta una disminución sostenida siendo más marcada en 2023, tal como se puede apreciar en el Gráfico 2 que muestra números absolutos de registros de inscripción de cada año.:

Gráfico 2. Comparación de la Inscripción del inicio de cursada en Regionales Avellaneda y Bahía Blanca (2020-2023).

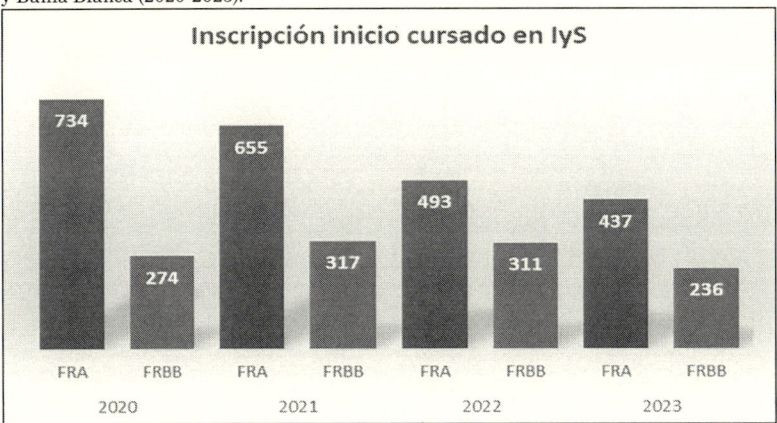

Fuente: Elaboración propia.

Como se puede observar en los gráficos 3 y 4, en lo que respecta a la situación laboral de estudiantes en ambas regionales, en Avellaneda en 2020 la diferencia entre quienes no trabajan y sí lo hacen es significativa respecto a los otros años posteriores, en los cuales se registran valores similares. A partir de 2021 aparecieron otras situaciones particulares como trabajo con discontinuidad, que se grafican bajo el rótulo de Otros. En 2023, se observa un aumento de quienes no trabajan. En Bahía Blanca se observa una marcada diferencia entre quienes trabajan y no, que se mantiene durante los tres años. Así como se ve que en 2020 era un poco más la cantidad de estudiantes que trabajan, y que disminuye paulatinamente hacia 2022.

Gráfico 3. Situación laboral de estudiantes Facultad Regional Avellaneda (2020-2023).

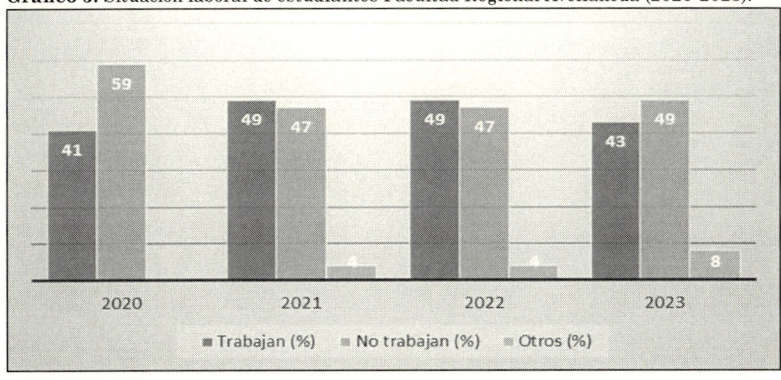

Fuente: Elaboración propia.

Gráfico 4. Situación laboral de estudiantes Facultad Regional Bahía Blanca (2020-2023).

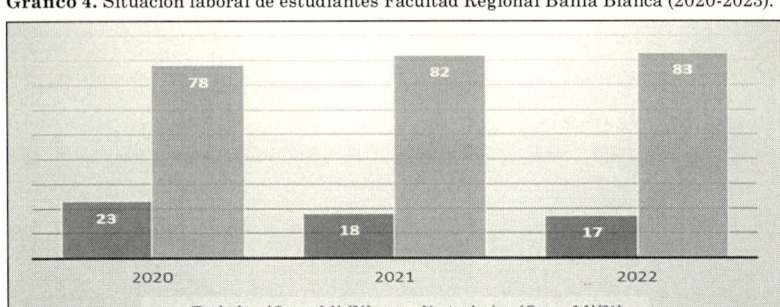

Fuente: Elaboración propia.

Con relación a los gráficos 5 y 6, viendo el acceso al uso de computadora personal, en ambas regionales nos pareció importante explorar en el cómo era el acceso a los diferentes recursos. En Avellaneda hemos observado que el acceso personal o compartido era importante para el conjunto de estudiantes. En Bahía Blanca sólo consideraron relevante observar si accedían o no a una computadora.

Gráfico 5. Acceso al uso de la computadora personal en FRA (2020-2023).

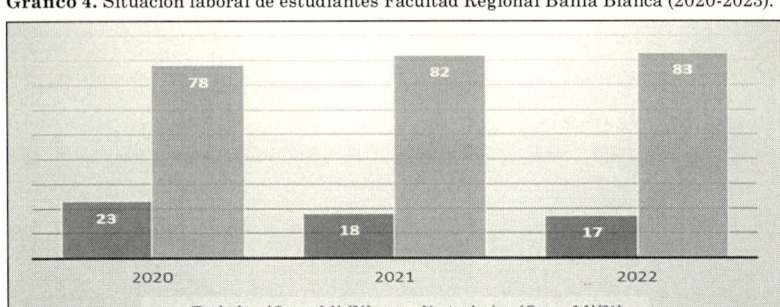

Fuente: Elaboración propia.

Gráfico 6. Acceso al uso de la computadora personal en FRBB (2020-2023).

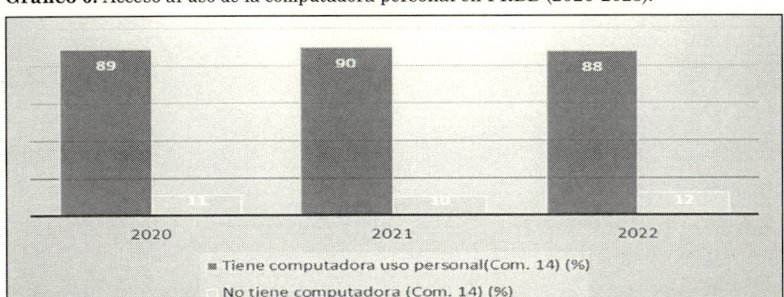

Fuente: Elaboración propia.

En cuanto a la "Conexión de acceso internet", como se puede observar en el gráfico 7, se vincula con cuál es el acceso a los diferentes recursos tecnológicos con los que contaban en 2020, que se vincula con el uso de computadora en cada hogar.

Gráfico 7. Conexión a internet en su casa en UTN Avellaneda (2020-2023).

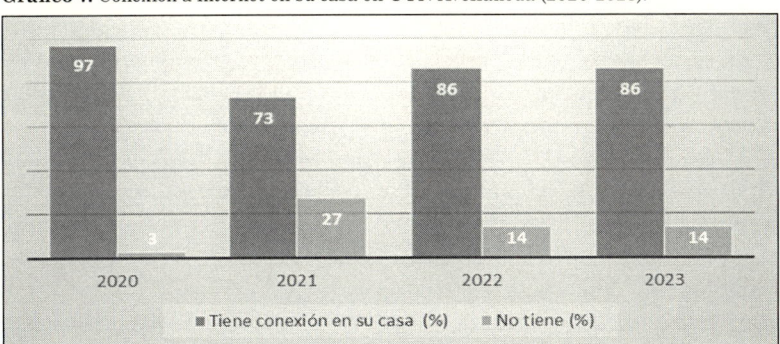

Fuente: Elaboración propia.

Finalmente presentamos el total de aprobaciones considerando también a quienes están ausentes, abandonan o quedan libres. En Avellaneda los valores no varían significativamente a lo largo de los cuatro años, y en función de los resultados del PID FIIT I, se mantienen los porcentajes de quienes desaprueban.

En Bahía Blanca si bien los porcentajes de aprobación son más altos en 2020 y 2021, se registra un porcentaje menor hacia 2022, como se puede ver a continuación, en el gráfico 8. (En este caso puntual, en lo que refiere a datos de aprobación, corresponden a la totalidad de estudiantes inscriptos a la asignatura en el período, ver Gráfico 2).

Gráfico 8. Aprobación en ambas Regionales (2020-2023)

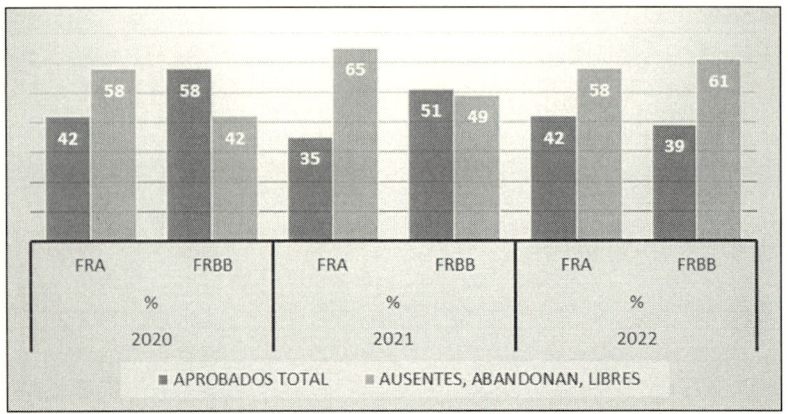

Fuente: Elaboración propia.

Conclusiones

En este trabajo presentamos algunos de los resultados del Proyecto de Investigación y Desarrollo "Formación Inicial en Ingenierías y carreras Tecnológicas" (FIIT I) entre 2016 y 2019, se mencionan a continuación algunas de las fortalezas y limitaciones de los procesos formativos que se han detectado para Ingeniería y Sociedad:

Un buen porcentaje del estudiantado no tiene hábitos de lectura, ni análisis de textos, les cuesta elaborar síntesis y presentar adecuadas reflexiones. Manifiestan tener poca capacidad de análisis, cuentan con dificultades para la presentación y desarrollo de informes (aunque también hay quienes se destacan).

Se observa alguna tendencia a la dispersión y desconcentración, no siempre brindan atención y relevancia a los contenidos de la asignatura, aunque se busca la participación y la motivación profesional.

La baja carga horaria, y las clases que no se dictan debido a feriados, finales y asuetos, atenta contra la posibilidad de consolidar un proceso que les permita pensar, reflexionar, construir un pensamiento crítico personal, etc.

En la carrera Ingeniería Pesquera dictada en la UTN Chubut, la materia se dicta en el segundo cuatrimestre del primer año de la carrera y no es correlativa de ninguna materia, esto junto con el hecho que estudiantes con vocación por una ingeniería tienen en general fuertes preconceptos de "utilidad" que condicionan su interés por una materia de contenido sociológico/técnico, lo cual les lleva a poner más atención y dedicación en el resto de las materias, supuestamente más útiles. El aspecto de no ser correlativa con ninguna materia posterior cercana favorece esta situación. En la práctica, donde el estudiantado debe dar una clase grupal sobre textos seleccionados de libros, artículos de revistas, etc. la falta de conocimientos previos de historia y filosofía, la falta de capacidades para la interpretación y asociación, y la falta de tiempo dedicado a la preparación de la misma impide armar clases ricas en conocimiento y un debate profundo del tema. Además, no leen los textos previamente, actúan como simples espectadores y no emiten opiniones ni preguntas sobre los temas de exposición. Es difícil generar el debate en ese contexto.

En Bahía Blanca y en Avellaneda, se implementan las clases prácticas tipo aula taller, lo que alienta al espíritu crítico mediante la comprensión cognitiva y facilita los aspectos socioformativos y participativos.

La estructura de la cátedra y el temario, acompañan al crecimiento del aprendizaje, logrando un tema integrador que justifica los temas iniciales, los cuales sirven como base para alcanzar un razonamiento basado en las herramientas aprendidas.

El establecimiento de fechas tempranas y tardías de los trabajos prácticos colabora para comenzar a corregir la falta de ordenamiento académico de cada estudiante y generar la responsabilidad de cumplir ciertas pautas cuando comienza a relacionarse con la sociedad.

Se aprecia buena disposición al trabajo en equipo, respeto y buena convivencia entre estudiantes y docentes, aplicación en los informes y trabajos prácticos, interés por actividades referidas a la profesión, aprecio por integrar contenidos con temas de las ingenierías y con la presencia de profesionales. La posibilidad de disponer del aula virtual permite trabajar de manera complementaria a las clases presenciales, presentando diferentes propuestas relacionadas a los ejes temáticos vistos, tales como blogs temáticos, vídeos, películas, noticias presentes en diferentes medios.

En Avellaneda se avanzó bastante en la organización de contenidos y la aceptación de los temas por parte del estudiantado al adoptar el enfoque CTS como eje organizador de todo el programa de la asignatura. Se implementó la elaboración de trabajos monográficos para facilitar la acreditación final de la materia. La experiencia ha tenido mayor o menor éxito a lo largo de este tiempo, dependiendo del grado de compromiso de estudiantes y la colaboración de docentes de otras asignaturas, en los casos en que los trabajos pretendían alcanzar, además, una función integradora. Colabora en este proceso, la utilización de redes sociales, como Facebook (hasta 2021), que permite a cada estudiante compartir información relacionada con la tecnología, la ciencia y la ingeniería. También se utilizan videos documentales cortos como disparador al inicio de las unidades temáticas y se ha incorporado material documental online como parte de la bibliografía obligatoria. Se brindan también clases de consulta presenciales y la mayoría de los equipos docentes ofrece el contacto asincrónico a través del uso del correo electrónico.

En Bahía Blanca se propone la continuidad de actividades motivacionales y participativas que promuevan el protagonismo e interés por los temas; el fortalecimiento del aprendizaje a través de un mayor seguimiento de estudiantes, especialmente en el desarrollo de los trabajos prácticos, la implementación de actividades de articulación con las asignaturas de ciencias básicas y las materias integradoras, y la promoción de actividades conjuntas con el Programa de Lecto-comprensión actividades conjuntas para desarrollar las competencias de lectura y redacción de textos, acrecentar las actividades vinculadas con la profesión como el proyecto "Ingeniería y Parques Industriales"

Respecto de los resultados del proyecto de investigación interfacultad PID UTN IFN 7736 Formación inicial en Ingenierías y carreras tecnológicas: aprendizaje centrado en el estudiante con competencias y tecnologías de información y comunicación (2020-2023), se presentan teniendo en cuenta los factores pedagógicos que posibilitan comprender qué aspectos son los más relevantes en los primeros años y en las instancias de aprendizaje inicial. A lo largo de tres años y medio un equipo de investigación de cerca de cuarenta docentes de nuestras facultades viene participando de esta experiencia de estudio y mejora compartida que tiene proyectos anteriores, y que permite comprender los procesos formativos, intercambiar los avances, transferir metodologías y vincularse con otros equipos similares. En el caso de Ingeniería y Sociedad, el trabajo se centró en la UTN Avellaneda y la UTN Bahía Blanca.

Los factores pedagógicos han posibilitado dilucidar qué aspectos son los más incidentes en los primeros años y en las instancias de aprendizaje inicial, brindando numerosos aportes a las asignaturas y facultades participantes para tener en cuenta dichos resultados e incorporar nuevas y mejores estrategias.

Durante el desarrollo del proyecto, el aprendizaje y la evaluación centrada en el estudiante, las metodologías activas y el uso intensivo de las herramientas tecnologías de información y comunicación -temas centrales del PID- atravesaron tres etapas. A pocos meses del inicio de la experiencia, la pandemia por Covid-19 obligó a enfrentar cuestiones que no estaban previstas. Finalmente, en la nueva etapa de la presencialidad y frente a la implementación de los nuevos diseños curriculares, se debió abordar un escenario diferente para el aprendizaje que completó un recorrido de experiencias en conjunto. Estas experiencias resultaron relevantes para quienes conforman los equipos de investigación del PID FIIT ya que permitieron revisar sus prácticas, conformar comunidades de aprendizaje, transferir conocimientos entre ellos y a otros equipos y generar instancias que posibilitaron para el estudiantado mejoras en el proceso de aprendizaje. Los datos obtenidos en los relevamientos fueron determinantes para conocer las condiciones de la población estudiantil e implementar mejoras en los procesos formativos frente al contexto cambiante en el que se desarrolló la actividad docente.

Considerando también el PID FIIT I, se han presentado algunos resultados obtenidos para la asignatura Ingeniería y Sociedad en el período comprendido entre 2016 y 2023.[2]

Las características del estudiantado en las dos Facultades Regionales son similares en cuanto a percepción de obstáculos y fortalezas para el aprendizaje en el pasaje del nivel secundario al universitario.

Los datos relevados y analizados desde los PID FIIT I y II permiten señalar que la reflexión sobre la práctica entre equipos docentes en proyectos interfacultad resulta una valiosa estrategia para incorporar la función investigación a la de docencia, compartir análisis, generar mejores actividades didácticas e incidir indirectamente en los aprendizajes del estudiantado.

Bibliografía

Asociación Iberoamericana para la Enseñanza de Ingeniería (ASIBEI) (2016). Competencias y Perfil del Ingeniero Iberoamericano, Formación de Profesores y Desarrollo Tecnológico e Innovación (Documentos Plan Estratégico ASIBEI). Giordano Lerena, R. (Comp.). 1ª ed., Bogotá, D. C. ISBN: 978-958-99255-8-4.

Bisquerra Alzina, Rafael (2007). *Metodología de la investigación educativa*. Madrid.

Canales, Andrea y de los Ríos, Danae (2007). Factores explicativos de la deserción universitaria. *Revista Calidad de la Educación,* (26), 173-201.

---

2   En 2023 finalizará el PID FIT II y se elaborarán conclusiones de todas las asignaturas participantes de las tres Facultades Regionales integrantes Avellaneda, Bahía Blanca y Trenque Lauquen. Cabe mencionar que la mayoría de los equipos docentes investigadores ha propuesto participar de un nuevo proyecto junto a otras Facultades de UTN para profundizar el estudio y mejora de la formación por competencias, el mismo se ha presentado en la convocatoria 2023 y se encuentra en etapa de evaluación externa.

CONFEDI (2023). Primeras Jornadas de Actualización sobre procesos de autoevaluación y acreditación de carreras de Ingeniería. Panel Mastache, A.; Kowalski, V.; Cukierman.U. ; Buenos Aires, CONFEDI, 12/5/2023.

CONFEDI (2018). Libro Rojo de CONFEDI. https://confedi.org.ar/download/documentos_confedi/LIBRO-ROJO-DE-CONFEDI-Estandares-de-Segunda-Generacion-para-Ingenieria-2018-VFPublicada.pdf

Cukierman, Uriel (2018). *Aprendizaje centrado en el estudiante. Un enfoque imprescindible para la educación en Ingeniería.* UTN FRBA.

Cura, Omar; Ferrando, Karina; Gericó, Adrián; Pagella, Mercedes; Vanoli, Verónica (2021). *Factores pedagógicos y aprendizaje centrado en el estudiante en tiempos de COVID-19* (UTN FRA-FRBB-FRTL). En VIII JEIN. Santa Fe, UTN FRSF.

Cura, Omar; Ferrando, Karina; Vanoli, Verónica (2022). *Factores pedagógicos en la nueva presencialidad: investigación colaborativa* (UTN FRA-FRBB-FRTL). En VIII IPECYT. San Nicolás, UTN FRSN.

Ezcurra, Ana María (2011). *Igualdad en educación superior: un desafío mundial.* Universidad Nacional de General Sarmiento.

Latorre, Antonio (2000). *Investigación acción: conocer y cambiar la práctica educativa.* Narcea.

Maggio, Mariana (2021). *Educación en pandemia. Guía de supervivencia para docentes y familiares.* Paidós.

ONU (2015). *Informe 2015 sobre los Objetivos de Desarrollo del Milenio.* http://www.un.org/es/millenniumgoals/pdf/2015/mdg-report-2015_spanish.pdf.

Osorio, Carlos (2002). *La educación científica y tecnológica desde el enfoque en ciencia, tecnología y sociedad. Aproximaciones y experiencias para la educación secundaria.* En Sala de Lectura CTS + I. Ciencia, tecnología, sociedad e innovación. https://rieoei.org/historico/documentos/rie28a02.PDF

Pacey, Arnold (1990). *La cultura de la tecnología.* Fondo de Cultura Económica.

Tobón, Sergio (2013). *Formación integral y competencias: pensamiento complejo, currículo, didáctica y evaluación.* Ed. ECOE.

Tobón, Sergio *et al.* (2010). *Secuencias Didácticas: aprendizaje y evaluación de competencias.* Pearson-Prentice Hall.

UNESCO (2021). Ingeniería para el desarrollo sostenible: resumen. Ingeniería para el desarrollo sostenible: resumen - UNESCO Biblioteca Digital.

Anexo

Figura 1. Formulario 1: Situación académica y características de la población estudiantil (2016-2019).

UNIVERSIDAD TECNOLOGICA NACIONAL
FACULTADES REGIONALES AVELLANEDA, BAHIA BLANCA Y CHUBUT
PID FIIT "Formación Inicial en Ingenierías y carreras Tecnológicas" (UTN IFN 3922)

Formulario 1: Situación académica y características de los alumn(2016) y 2019)

Asignatura: Año y Comisión: 2do   Facultad Regional: FRA / FRBB / FRCH

Profesor/a: Turno: Mañana / Tarde / Noche

Situación del alumnado		AÑO 2016				AÑO 2017				AÑO 2018				AÑO 2019			
		N°				N°				N°				N°			
Al inicio	Inscriptos																
	Ingresantes																
	Recursantes																
	Condicionales																
	CURSANTES	N°		N°		%		%		N°		%		N°		%	
		Aprob	Desap	Aus		Aprob	Desap	Aus		Aprob	Desap	Aus		Aprob	Desap	Aus	
		%	N°	%	%	N°	%	N°	%	N°	%	N°	%	N°	%	N°	%	N°	%
En el cursado	1er. Parcial																
	Recuperatorio																
	2°. Parcial																
	Recuperatorio																
	3er. Parcial																
	Recuperatorio																
		N°		N°		%		%		N°		%		N°		%	
Final del cursado	Regulares																
	No Regulares																
	Aprobación Directa																
	Aprobación Indirecta																
	Sin rendir																
	Desaprobados																
	Libres inasistencia																

Figura 2. Formulario 1: Factores académicos de aprendizaje (2020-2022).

UNIVERSIDAD TECNOLÓGICA NACIONAL
Facultades Regionales de Avellaneda, Bahía Blanca y Trenque Lauquen
PID FIIT II "Formación Inicial en Ingenierías y carreras tecnológicas
Aprendizaje centrado en el estudiante con competencias y TIC"

Asignatura: Cursado: Anual/Cuatrimestral   Comisión: Turno: M – T – N
Profesores: Facultad: FRA – FRBB – FRTL   Año 2020/2021/2022

Formulario 1. Factores académicos de aprendizaje (2020-2022)

I. FACTORES ACADÉMICOS DEL PROCESO DE ENSEÑANZA Y APRENDIZAJE (2020-2022)

Factor	Problema y pregunta de investigación
1. Estudiantes de primer año y aprendizajes	¿Cómo influyen las características de los estudiantes en sus aprendizajes?
Iniciación	Datos 2020:
Hábitos de estudio	2020:
Otros aspectos	2020:

2. Competencias, RA (objetivos) y aprendizajes	¿Cómo influyen las competencias/RA en los aprendizajes de los estudiantes?
¿Son adecuadas las competencias/RA planteadas?	Datos 2020:
¿Desarrollan las competencias/RA los estudiantes?	2020:
Otros aspectos	2020:

3. Secuencia de temas	¿Cómo influye la organización de los contenidos en los aprendizajes de los estudiantes?
Los temas, ¿están organizados progresivamente de menor a mayor complejidad? ¿Cómo aprenden los estudiantes en dicha progresión?	Datos 2020:
¿Se interrelacionan los temas? ¿Interrelacionan los temas los estudiantes?	2020:
Otros aspectos	2020:

Figura 3. Formulario 2: Evolución de las prácticas docentes y redes tutoriales entre 2016 y 2019.

UNIVERSIDAD TECNOLÓGICA NACIONAL
FACULTADES REGIONALES AVELLANEDA, BAHIA BLANCA Y CHUBUT
PID FIIT "Formación Inicial en Ingenierías y carreras Tecnológicas"

Formulario 2: Evolución de las prácticas docentes y redes tutoriales entre 2016 y 2019

Asignatura: Año:
Comisión: Turno
Se busca percibir la evolución, continuidad, mejoras y problemáticas que plantea la enseñanza en los primeros años, analizando las características que fueron adoptando las programaciones, organización de contenidos, metodologías didácticas y modalidades evaluativas, teniendo en cuenta los resultados obtenidos con estos procesos.

3.1. Organización y Programación de la asignatura

3.1.1. Programas y organización de la enseñanza.
Valorar y comentar cuánto considera que han influido los siguientes aspectos en la organización de las Planificaciones y de la enseñanza entre 2016-2019:

	Mucho	Bastante	Poco	Nada
1.Evaluación Diagnóstica				
2.Evaluaciones de cátedra, acuerdos de Unidades Departamentales				
3.Nuevos contenidos				
4.Características de los alumnos				
5.Mayor articulación entre teoría y práctica				

LAS PROFESIONES Y LOS MODELOS PRODUCTIVOS

Figura 4. Formulario 2 3.3: Acciones didácticas (2016 y 2019).

Tipos de actividades realizadas		Actividades que promueven mejores resultados de aprendizaje	Actividades que no logran los resultados esperados
1. Actividades de inicio, saberes previo, motivación			
2.Actividades de desarrollo	Exposición de temas		
	Exposición con recursos multimediales		
	Guía de lectura de textos y comentarios		
	Análisis de casos		
	Visitas de profesionales		
	Resolución de problemas		
	Trabajos grupales		
	Otros		
Emplea recursos virtuales	Aula Virtual UTN FRBB		
	Página web		
	Correo electrónico		
3. Actividades de cierre e integración			
Comentar interrelaciones no señaladas			

3.3. Acciones didácticas

3.3.1. Principales actividades didácticas en clases teóricas
Señalar las principales actividades de enseñanza que se emplearon en las clases teóricas entre 2015 y 2018 y cuáles logran o no buenos aprendizajes

Figura 5. Formulario 2. Competencias, resultados de aprendizaje, actividades centradas en el estudiante y tecnologías de información y comunicación (2020-2023).

UNIVERSIDAD TECNOLÓGICA NACIONAL
Facultad Regional Avellaneda, Bahía Blanca y Trenque Lauquen
PID FIIT II

Formulario 2. Competencias, resultados de aprendizaje, actividades centradas en el estudiante y TIC – 2020-2023

Asignatura: Nivel: año   Comisión:
                    Turno: M – T – N
Profesores: Carrera:

Objetivo: principal:
Determinar la vinculación entre los resultados de aprendizaje, las metodologías activas, el desarrollo de competencias genéricas del Ingeniero y el empleo de herramientas TIC en el cursado 2020.
1.Resultados de Aprendizaje /u Objetivos de la Asignatura 2020-2023: (RA: operación+contenido+problema+contexto). Ejemplos: Aplicar los modelos desarrollo del siglo XIX y XX en la evolución de sistemas tecnológicos vinculados con la energía. (Ing.y Soc.) Efectuar mediciones de piezas mecánicas utilizando calibres y micrómetros (Lab.Física)

Una aproximación exploratoria al fenómeno del abandono en la Facultad de Ciencias de la Comunicación de la Universidad Nacional de Córdoba

Cecilia Blanco

Introducción

Las estadísticas existentes contrastan la evolución en el tiempo de la cantidad de estudiantes por año con la cantidad de egresados por carrera según año, algo que no permite explicar el desbalance existente entre los ingresantes a la universidad y los que egresan. Una visión cuantitativa sobre ingresantes *versus* graduados solo da cuenta de los stocks y nada dice sobre los flujos de movilidad de y entre estas poblaciones, así como tampoco sobre sus causas (Panaia, 2013). Contrariamente a ser lineal, el trayecto desde el ingreso al egreso está atravesado por múltiples factores, algunos de carácter institucional y otros de carácter personal. Con Lujambio *et al.* (2017) se trata de fenómenos sobre los que se conoce poco y sobre los que hay que indagar.

En ese trayecto no lineal se puede vislumbrar la problemática del abandono, aspecto poco abordado que requiere de un tratamiento específico. Rué (2014) ha señalado, a nivel general, que las instituciones han demostrado ser incapaces de obtener resultados sólidos relativos a este problema. Asimismo, Cortés *et al.* (2019) indicaron que el abandono es un tópico con peso en gran parte de los centros universitarios latinoamericanos, en tanto que Ávila (2019) alertó que, si el tema de la deserción no es tratado eficaz y eficientemente por las universidades, tendrá consecuencias tanto para la economía de los centros de trabajo como para la continuidad de los programas académicos. Panaia (2013), por su parte, ha expresado con claridad el problema de la ausencia de registros académicos relativos a las condiciones que definen a un alumno abandonador. Mientras que para clasificar alumnos y graduados existen parámetros administrativos claros, esto no ocurre al momento de clasificar poblaciones de abandonadores. Los estudiantes abandonadores son poblaciones movedizas y transicionales, hecho que dificulta su caracterización. Según Simone *et al.* (2013), se trata de poblaciones en transición con propensión a abandonar los estudios, aunque con la posibilidad de reinsertarse en la universidad por un largo período de tiempo. Esto implica que los criterios de definición son siempre temporales. Pero, además, que para relevar los casos que se corresponden a estas poblaciones se presentarán dificultades operativas.

La decisión de no continuar una carrera universitaria es conceptualizada por Panaia (2013) como abandono de los estudios, entendiendo que la misma es consecuencia de un proceso que empieza a forjarse con anterioridad. La autora ha entendido que la decisión de abandonar una carrera universitaria se da en el marco de las trayectorias educativas de los estudiantes, es decir, procesos en los que pueden identificarse momentos de interrupción de carrera capaces de generar bifurcaciones que modifican radicalmente la orientación de tal proceso, algo que amerita una mirada particular. Para la investigadora resulta decisorio analizar, en las trayectorias, los elementos significativos que dan cuenta del proceso, tales como los ingredientes, los cuales pueden tener diferentes momentos o secuencias, y son puestos en marcha por diferentes motores. Esta articulación de elementos delimita los cambios de orientación reconocidos como bifurcaciones (Panaia, 2013, pp. 32-33). Esta perspectiva es característica de los estudios cualitativos, longitudinales y biográficos relativos a las trayectorias educativas y laborales de graduados universitarios de los Laboratorios de Monitoreo de Inserción de Graduados (MIG).

Panaia, desde esta perspectiva, ubica al abandono de los estudios entre el imprevisto y la indecisión, entendiendo que, así como en muchos jóvenes no hay una decisión precisa relativa a continuar los estudios universitarios, tampoco hay una decisión muy racional relativa a abandonar una carrera. A excepción de aquellos casos en los que aparecen vocaciones tempranas o un proyecto definido según metas, es raro encontrar estudiantes que hayan desarrollado una toma de decisión racional sobre su ingreso a la universidad o sobre su abandono.

Como ya se adelantó, el problema de la deserción universitaria ha sido reconocido como un fenómeno que puede provocar pérdidas cuantiosas tanto en lo social como en lo humano y en lo económico (Parrino, 2005). Ahora bien, lo importante es estudiar las causas de esa deserción.

En el plano social, una de las causas de mayor peso es la dificultad económica que mantienen los estudiantes para financiar la carrera de grado, siendo cada vez más los que se ven obligados a trabajar para costear sus estudios, con la sobreexigencia que eso conlleva, la cual repercute en mayores niveles de abandono académico (Anreychuck, 2009 en Chiecher, 2013, p. 86). Panaia (2013) ha señalado cómo, en Argentina, las luchas contra las permanentes crisis económicas y bajos salarios es una constante que acecha las trayectorias educativas de distintas cohortes de ingresantes a las carreras. En este sentido, el miedo al desempleo y a la pérdida de la estabilidad laboral es una sombra que acecha posibles decisiones de abandonar una carrera. A su vez, otro factor que incide negativamente es el relativo a los extensos horarios de trabajo que exigen las necesidades de subsistencia o de sostenimiento de cierto nivel económico, fundamentalmente cuando hay responsabilidades familiares.

En el plano institucional, aparecen factores contextuales antecedentes tales como el desajuste estructural entre la enseñanza primaria y secundaria, y factores relativos al sistema universitario como las deficiencias en los dispositivos institucionales destinados a garantizar la retención, la permanencia y el egreso de los estudiantes en los tiempos esperados. También se evidencian factores como la ausencia de políticas dirigidas a revertir la deserción aulas adentro (Andreychuck, 2009, en Chiecher, 2013, p. 86). En tal sentido, siguiendo a Panaia (2013), es necesario analizar las medidas que toma la institución frente a los fracasos que facilitan el abandono de la carrera por parte de los estudiantes. Resulta así importante estudiar cuál es el criterio que adopta la institución, si punitivo, controlador o expulsor y cuáles y cómo actúan los órganos académico-pedagógicos de la universidad, los administrativos, los estudiantiles y los de investigación. Un control represivo o poco frecuente, o muy centrado en lo formal, puede provocar rechazo y abandono antes que la recuperación del estudiante.

En el plano académico, pueden destacarse cuestiones tales como expectativas creadas respecto de la carrera elegida que luego no se cumplen, dificultades para adaptarse a las exigencias del aprendizaje de la carrera, escasa o nula orientación vocacional, entre otras (Andreychuck, 2009, en Chiecher, 2013).

En el plano vocacional, muchos jóvenes ingresantes debieron enfrentarse a un proceso de elección precipitada de la carrera, en función de algún mandato que los obligó a seguir estudiando apenas concluido el secundario, sin ninguna apoyatura psicopedagógica; o bien en función de alguna obligación heredada de la familia de origen estudiando alguna carrera tradicional, independientemente de cualquier tipo de inclinación personal (Andreychuck 2009, en Chiecher, 2013).

En el plano personal, se pueden mencionar diferentes aspectos y dimensiones. Por un lado, cuestiones relacionadas con acontecimientos vitales de los sujetos, tales como nacimiento de hijos, casamientos, mudanzas, enfermedades de familiares o propias, entre otros (Panaia, 2004, 2006). Por otro lado, las metas –tanto académicas como de proyecto de futuro– del estudiante al iniciar la carrera (Huesta y Castaño, s/d, en Chiecher, 2013). Panaia, además, ha señalado la relevacia de estudiar los antecedentes familiares y los tipos de títulos de sus progenitores, de indagar sobre si la decisión de ingreso fue pasiva, llevada por la inercia de la continuidad o premeditada e incluso si hubo o no cambios de rumbo en relación con las trayectorias esperadas según el origen familiar. Para la autora es necesario conocer si existe una mística familiar, si hay progenitores o familiares en la misma actividad que ayudan a la consulta, a la pertenencia, a la continuidad o que, por el contrario, contribuyen a sumergirse en la soledad y la incomprensión de quien se siente diferente (Panaia, 2013, p. 22). Relevar toda esta información contribuiría a encontrar claves sobre las decisiones relativas al abandono universitario.

Otro aspecto relevante es reconocer el tipo de abandono de que se trate: a) un abandono circunstancial que se da en función de necesidades o dificultades que pueden ser superadas y que, una vez resueltas, la persona decide la reinserción en la universidad para continuar y culminar sus estudios; b) un abandono por decepción con la carrera que implica, en ocasiones, la toma de conciencia de la existencia de otra carrera que aparece como más afín a sus expectativas, o de otra orientación dentro de una misma carrera; c) un abandono por decepción, el cual se da en relación con la modalidad institucional, debido a la falta de transparencia, por la presión disciplinaria, por la inestabilidad de la gestión, por la extensión de la carga horaria. En estos casos las personas tienden a valorar otras opciones como la presencia de la misma carrera en otra institución –pública o privada– en la que estas dificultades no se evidencian; d) el abandono por rechazo, que tiene relación con el sentimiento negativo del estudiante por la institución. Esto podría generar un rechazo al estudio y a la condición propia de estudiante, algo que puede derivar en una negativa tanto a volver a la institución como a considerar la posibilidad de insertarse en cualquier otra institución universitaria (Panaia, 2013).

A su vez, la experiencia de los Laboratorios de Monitoreo de Inserción de Graduados (MIG) ha permitido establecer un criterio técnico para identificar a los grupos de abandonadores. En principio, son abandonadores quienes no cuentan con registros administrativos relativos a la actividad académica en los últimos dos años. Se entiende por actividad académica a la inscripción personal a cursada y/o a exámenes finales (Simone *et al.*, 2013).

Simultáneamente, algunos criterios para evaluar la situación de posibles grupos de abandonadores son, desde el punto de vista académico, la cantidad de años cursados, el número de materias regularizadas y el número de materias aprobadas (Simone *et al.*, 2013).

Ahora bien, ¿cómo saber cuándo el abandono es definitivo? Los MIG de Argentina han elaborado un criterio técnico para reconocer a aquellos abandonadores que superaron el umbral de tiempo durante el cual todavía aquellos pueden retornar a la universidad. Para los MIG, las cohortes de alumnos con un lapso mayor a diez años entre el momento del ingreso a la carrera y el momento en que se hace el relevamiento, se encuentran en un punto de no retorno al sistema universitario (Simone *et al.*, 2013).

Otro punto relevante en el estudio sobre abandono universitario es estudiar la motivación de los estudiantes para comprender el porqué del abandono de una carrera universitaria (Panaia, 2013). Esto implica indagar sobre las causas que aquel atribuye a la definición de abandonar la universidad. Es relevante reconocer si el abandono se debe a hechos externos (horarios de trabajo, crisis económicas, ofertas de trabajo, entre otras) o internos (mudanzas, enfermedades familiares, casamientos, nacimientos, mayores responsabilidades en el trabajo), si tiene algo que ver con las decisiones tomadas por la institución (cambio de planes, impedimento de mesas de exámenes, no aprobación de situaciones de irregularidad, cambios de horarios, cambios de cargas horarias, no reconocimiento de equivalencias, etc.), entre otros aspectos.

Objetivo de indagación

En el presente trabajo se propone responder a la solicitud realizada por la Secretaría de Coordinación de Asuntos Académicos de la Facultad de Ciencias de la Comunicación (FCC) de la Universidad Nacional de Córdoba (UNC) para realizar un acercamiento exploratorio, cuantitativo y sincrónico (no longitudinal) sobre algunos aspectos relacionados con el abandono de carrera de sujetos pertenecientes a diferentes cohortes de ingresantes a la carrera de la Licenciatura en Comunicación Social de la FCC de la UNC. En principio, el interés de la FCC fue el de conocer sólo el comportamiento de dos variables: última materia cursada, rendida y aprobada y última materia regularizada no rendida, haciendo énfasis en cuestiones institucionales que pudieran estar afectando la decisión de abandonar. Teniendo en cuenta que estos aspectos son reducidos, hemos incorporado algunas otras variables y, particularmente, aquellas relacionadas con las motivaciones que llevaron a los estudiantes a abandonar la carrera universitaria.

Algunos datos que justifican la indagación

Este pequeño y limitado trabajo cobra relevancia a partir de los datos vertidos en los Anuarios Estadísticos de la Universidad Nacional de Córdoba (UNC), que muestran las grandes diferencias entre cantidad de ingresantes en la Licenciatura en Comunicación Social de la FCC y cantidad de egresados por año. La cantidad de estudiantes de la FCC, otrora Escuela de Ciencias de la Información (ECI) de la UNC ha sido sostenida entre los años 2000 y 2022, contando la matrícula con un total de 4.625 en el año 2000 y un total de 4.871 en el año 2022, con un pico de 7.677 estudiantes en el año 2005 y otro pico de 6.341 en 2019. Mientras tanto, la cantidad de nuevos inscriptos por año ha sido significativamente menor, no superando en promedio los 1.500 por año. En cuanto a la evolución del egreso entre 2000 y 2022, el promedio en veintitrés años es de 325 comunicadores, con un pico de 544 en 2012 y unos mínimos de 181 en 2001 y 250 en 2022. Siendo el promedio de estudiantes, en estos 23 años, de 5.710, el promedio de graduados en este mismo período es de 325. Esto muestra que el promedio de egreso en veintitrés años de la Facultad de Ciencias de la Comunicación es de apenas un 5,69%.

Tabla 1 y Gráfico 1. Evolución de la Matrícula y el Egreso FCC UNC, años 2000-2022

Años	Estudiantes	Egresados	Nuevos inscriptos
2000	4.625	246	1.333
2001	5.664	181	1.265
2002	5.926	249	1.353
2003	6.145	241	1.279
2004	6.621	266	1.584
2005	7.677	264	1.268
2006	6.226	259	1.268
2007	5.198	261	737
2008	5.684	223	1321
2009	5.677	268	1.411
2010	5.776	388	1.419

Años	Estudiantes	Egresados	Nuevos inscriptos
2011	5.580	417	1.448
2012	5.437	544	1.391
2013	5.439	463	1.356
2014	5.329	419	1.546
2015	5.345	367	1.572
2016	5.485	483	1.566
2017	5.424	424	1.353
2018	5.488	257	1.405
2019	6.341	290	1.357
2020	5.872	348	731
2021	5.498	372	750
2022	4.871	250	820

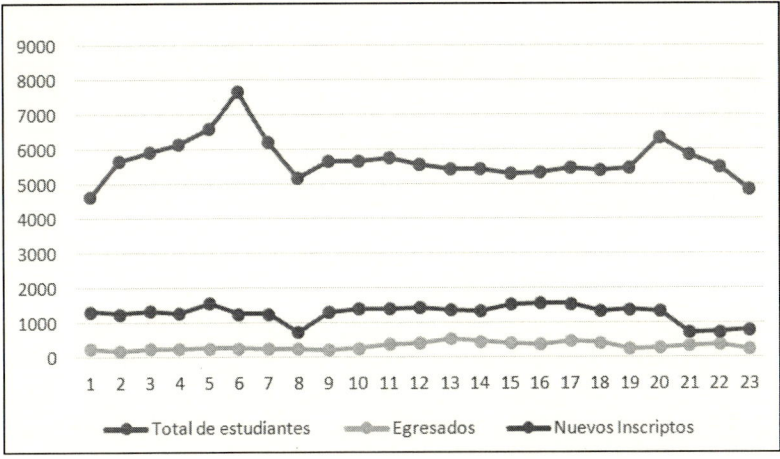

Fuente: elaboración propia, con base en los Anuarios Estadísticos de la UNC, año 2023.

El abordaje de las personas para la exploración

El objetivo de este trabajo fue indagar una serie de aspectos como año de inscripción a la carrera, orientación elegida de la licenciatura, año de inicio de la orientación de la carrera, última materia rendida y aprobada, año en que rindieron esa última materia, última materia cursada no rendida, motivos de abandono de la carrera. A su vez, el estudio contempló la elaboración de una serie de preguntas abiertas para que las personas se explayaran sobre los motivos del abandono de carrera y sobre qué consideran ellos que sería relevante como política institucional para prevenir el abandono y favorecer el proceso que culmina con la aprobación del Seminario de Trabajo Final.

Desde el punto de vista técnico, primero se elaboró un cuestionario autoadministrado con preguntas relativas a los aspectos mencionados. Luego, se lo envió vía e-mail a un total de 1.051 sujetos de distintas cohortes de ingresantes a la carrera. Se utilizaron los mails de una base de datos expedida por el Sistema Guaraní y suministrada por el Despacho de Alumnos de la FCC. Para la extracción de la base de datos, el criterio de selección de casos fue que los estudiantes hubieran aprobado un mínimo de 38 materias a lo largo de su trayectoria académica.

El cuestionario fue respondido por 274 personas. El mismo estuvo abierto durante el período de tiempo abril-septiembre de 2023. Una vez cerrado, se importaron los datos a un programa de análisis estadístico de datos. Luego de templar la base, se realizó un análisis descriptivo del comportamiento individual de cada variable.

Algunos datos generales muestran que solo 274 sujetos de un total de 1.051 respondieron el cuestionario y que, de ese subtotal, no todos rindieron 38 materias a lo largo de su trayectoria académica. Incluso, que un porcentaje de ellos abandonó sus estudios en tercer año del ciclo básico. Esto da cuenta de la necesidad de realizar un abordaje específico de la problemática del abandono en la Facultad, para contar con bases de datos sólidas.

A continuación, se presentan datos agregados en relación con los aspectos trabajados. Se espera profundizar este trabajo con el análisis detallado de las respuestas cualitativas brindadas por los sujetos a las preguntas abiertas, y la incorporación de un andamiaje teórico que le dé mayor sustento y sentido a este análisis.

Algunos datos recabados

Año de inscripción a la carrera

Del total de 274 sujetos, un 71% forma parte de las cohortes de ingresantes de entre el año 1993 y el año 2004. Solo un 30% forma parte de las cohortes de ingresantes de entre los años 2005 y 2012. El dato llamativo es que el 96,3% de estos sujetos se inscribió en la carrera, al menos, entre 13 y 30 años atrás.

Tabla 2. Año de inscripción a la carrera

	Año inscripción	Frecuencia	Porcentaje	Porcentaje válido	Porcentaje acumulado
Válido	Entre 1993-1998	68	24,8	25,4	25,4
	Entre 1999-2004	121	44,2	45,1	70,5
	Entre 2005-2010	69	25,2	25,7	96,3
	Entre 2011-2012	10	3,6	3,7	100
	Total	268	97,8	100	
Casos perdidos		6	2,2		
Total		274	100		

Fuente: Elaboración propia.

Elección de la orientación dentro de la carrera

De un total de 274 sujetos, un 30% se inclinó hacia la orientación Gráfica; un 26% hacia Institucional, un 19% hacia Radio, un 13% hacia Audiovisual y un 12% a Investigación.

Gráfico 2. Orientación elegida de la carrera

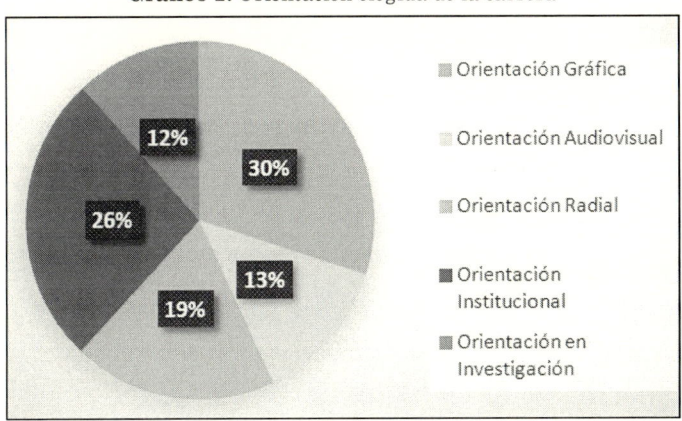

Fuente: elaboración propia.

Año de inicio de la orientación de la carrera

El 54,5% dio inicio a la carrera entre los años 2000 y 2005. Mientras tanto, un 28% entre 2006 y 2011. Llama la atención que el 82% de los sujetos dio inicio entre 1994 y 2011. Son cohortes de ingresantes que iniciaron la orientación de la carrera entre 29 y 12 años atrás.

Tabla 3. Año de inicio de la orientación de la carrera

	Año de inicio	Frecuencia	Porcentaje	Porcentaje válido	Porcentaje acumulado
Válido	Entre 1994-1999	24	8,8	9,8	9,8
	Entre 2000 y 2005	110	40,1	44,7	54,5
	Entre 2006 y 2011	68	24,8	27,6	82,1
	Entre 2012 y 2017	42	15,3	17,1	99,2
	Entre 2018 y 2022	2	0,7	0,8	100
	Total	246	89,8	100	
Casos perdidos		28	10,2		
Total		274	100		

Fuente: Elaboración propia.

Última materia que cursaron y aprobaron

Un 19% de un total de 274 sujetos indicó que la última materia que rindió y aprobó fue Epistemología de las Ciencias Sociales; un 17% indicó no recordar cuál fue la última materia rendida y aprobada, aunque reconoció que regularizó el Seminario de Trabajo Final. Lo anterior significa que estas personas están en condición de realizar el trabajo final de la licenciatura. Un 8,4% cursó, rindió y aprobó como última materia Movimientos Estéticos y Cultura Argentina, de tercer año del ciclo básico, algo que vuelve inviable su reinserción para concluir la Licenciatura. Un 5,8% señaló que la última materia rendida y aprobada fue Análisis de la Comunicación II, un 5,5% Seminario Opcional, un 5% Idioma y un 4,7% Semiótica.

Los grupos de sujetos que estarían más cercanos a la reinserción para desarrollar su trabajo final de la licenciatura son los que rindieron Epistemología de las Ciencias Sociales (materia de quinto año de las especializaciones en comunicación radiofónica, comunicación gráfica, comunicación audiovisual y comunicación institucional, y de quinto año de la especialización en Investigación), los que rindieron Análisis de la Comunicación II (materia de quinto año de las especializaciones Institucional, Gráfica, Radio, Audiovisual y cuarto año de la especialización Investigación). También aquellos que hayan rendido idioma (obligatorio para todas las orientaciones en quinto año) y/o algún seminario opcional (la mayoría entre cuarto y quinto año de la licenciatura, para todas las orientaciones). Al no haber correlatividades en estos años, esto permite señalar que esta reinserción sería posible. Ahora bien, habría que descartar el 82% de estos estudiantes que dejaron de mantener actividad académica en la institución entre 12 y 29 años atrás.

Tabla 4. Última materia rendida y aprobada

Materia	Frecuen-cia	Porcen-taje	Porcentaje válido	Porcentaje acumulado
	3	1,1	1,1	1,1
Análisis de la Comunicación I	5	1,8	1,8	2,9
Análisis de la Comunicación II	16	5,8	5,8	8,8
Análisis Institucional II	4	1,5	1,5	10,2
Antropología Sociocultural	5	1,8	1,8	12
Comunicación Institucional	1	0,4	0,4	12,4
Derecho de la Información	9	3,3	3,3	15,7
Dirección Televisiva	3	1,1	1,1	16,8
Economía	4	1,5	1,5	18,2
Economía y Comunicación	6	2,2	2,2	20,4
Epistemología de las Ciencias Sociales	52	19	19	39,4
Estadística Aplicada	1	0,4	0,4	39,8
Historia Argentina Contemporánea	1	0,4	0,4	40,1
Idioma	13	4,7	4,7	44,9
Informática II	1	0,4	0,4	45,3
Lenguaje III y Producción Televisiva	1	0,4	0,4	45,6
Metodología de la Investigación Aplicada	3	1,1	1,1	46,7
Movimientos Estéticos y Cultura Argentina	23	8,4	8,4	55,1
Movimientos Sociales	1	0,4	0,4	55,5
Narración Televisiva	1	0,4	0,4	55,8
No recuerda	47	17,2	17,2	73
Planificación y Evaluación de Proyectos en Comunicación Social	2	0,7	0,7	73,7
Política y Comunicación	11	4	4	77,7
Políticas de Comunicación y Cultura	2	0,7	0,7	78,5
Producción Audiovisual	1	0,4	0,4	78,8
Producción Gráfica	4	1,5	1,5	80,3
Producción Radiofónica	1	0,4	0,4	80,7
Producción Televisiva I	3	1,1	1,1	81,8
Producción Televisiva II	2	0,7	0,7	82,5
Redacción Periodística I	1	0,4	0,4	82,8
Redacción Periodística II	1	0,4	0,4	83,2
Seminario de Cultura Popular y Masiva	1	0,4	0,4	83,6
Seminario de Estética Radiofónica	1	0,4	0,4	83,9
Seminario de Relaciones Internacionales	1	0,4	0,4	84,3
Seminario de Teoría Crítica	1	0,4	0,4	84,7
Seminario Nuevas Tecnologías	1	0,4	0,4	85
Seminario Opcional	15	5,5	5,5	90,5
Seminario Optativo	5	1,8	1,8	92,3
Problemas de la Sociedad Contemporánea	1	0,4	0,4	92,7

Materia	Frecuencia	Porcentaje	Porcentaje válido	Porcentaje acumulado
	3	1,1	1,1	1,1
Semiótica	11	4	4	96,7
Taller de Fotografía Periodística	3	1,1	1,1	97,8
Taller de Lenguaje y Producción Audiovisual	1	0,4	0,4	98,2
Taller de Medios de Comunicación Institucional	1	0,4	0,4	98,5
Taller de Producción Gráfica	1	0,4	0,4	98,9
Teorías Latinoamericanas de la Educación	1	0,4	0,4	99,3
Teorías Sociológicas I	2	0,7	0,7	100
Total	274	100	100	

Fuente: Elaboración propia.

Año en el que rindió y aprobó la última materia

El 33,6% de 274 sujetos aprobó la última materia entre 1999 y 2011. Esto significa que no tienen actividad académica en la Facultad desde hace doce años o más. Técnicamente, este porcentaje de ingresantes estaría en el punto de no retorno al reingreso universitario para la finalización de la carrera. Esto implica que las políticas institucionales de la FCC para lograr la reinserción y la graduación de abandonadores deberían enfocarse en un 66,4% de estos ingresantes.

En porcentajes absolutos, un 31,4% rindió la última materia entre 2012 y 2017, o lo que es igual, mantuvo actividad académica normal hasta hace seis años atrás. Otro 35% la rindió entre los años 2018 y 2023.

Tabla 5. Año de la última materia rendida y aprobada.

		Frecuencia	Porcentaje	Porcentaje válido	Porcentaje acumulado
Válido	Entre 1999-2005	27	9,9	12,1	12,1
	Entre 2006-2011	48	17,5	21,5	33,6
	Entre 2012-2017	70	25,5	31,4	65
	Entre 2018-2023	78	28,5	35	100
	Total	223	81,4	100	
Casos perdidos		51	18,6		
Total		274	100		

Fuente: Elaboración propia.

Última materia que cursaron y no rindieron

Tomar en cuenta la última materia cursada, aunque no rendida, permite inferir si existen o no algunas barreras de tipo institucionales y/o académicas en relación con la decisión de continuar o no la carrera por parte de los estudiantes. En el caso que nos convoca, el 47,4% de los sujetos, de un total de 274, indicó haber regularizado el Seminario de Trabajo Final (seminario de quinto año de todas las orientaciones y última materia de la carrera), aunque sin haberla rendido. Es decir, cerca de la mitad de los estudiantes elaboró un proyecto de tesis para regularizar la materia, aunque no logró desarrollar el plan para contar, al cabo de seis meses o un año, con el manuscrito de una tesis de licenciatura. Esto es lo que le hubiera permitido a ese grupo de estudiantes entregar su tesis en Secretaría Académica, para la posterior conformación de un tribunal evaluador, de la instancia de defensa de tesis y lograr la ansiada graduación. Otro 10,6% señaló que la última materia que cursó y no rindió es Epistemología de las Ciencias Sociales. Un 6,2% cursó y no rindió Análisis de la Comunicación II. Un 2,9% que cursó y no rindió Derecho de la Información.

Mientras tanto, un 5,5% dice no recordar cuál fue la última materia cursada y no rendida. Un 4,4% indicó que no hubo ninguna materia más cursada, luego de la última rendida y aprobada.

Tabla 6. Última materia cursada y no rendida.

Materia	Frecuencia	Porcentaje	Porcentaje válido	Porcentaje acumulado
	7	2,6	2,6	2,6
Análisis de la Comunicación II	17	6,2	6,2	8,8
Análisis Institucional II	2	0,7	0,7	9,5
Antropología Sociocultural	1	0,4	0,4	9,9
Comunicación Institucional	3	1,1	1,1	11
Cursó y rindió todas las materias	1	0,4	0,4	11,4
Derecho de la Información	8	2,9	2,9	14,3
Derecho de la Información y Seminario de Trabajo Final	1	0,4	0,4	14,7
Economía y Comunicación	4	1,5	1,5	16,2
Epistemología de las Ciencias Sociales	29	10,6	10,6	26,8
Historia Argentina y Movimientos Estéticos	2	0,7	0,7	27,5
Idioma	3	1,1	1,1	28,6
Informática II	1	0,4	0,4	29
Lingüística	1	0,4	0,4	29
Movimientos Estéticos y Cultura Argentina	9	3,3	3,3	32,3

Materia	Frecuencia	Porcentaje	Porcentaje válido	Porcentaje acumulado
	7	2,6	2,6	2,6
No Aplica	2	0,7	0,7	33
No hubo	12	4,4	4,4	37,4
No recuerda	15	5,5	5,5	42,9
Opinión Pública y Medios Masivos de Comunicación	1	0,4	0,4	43,3
Planificación y Evaluación de Proyectos en Comunicación Social	2	0,7	0,7	44
Política y Comunicación	8	3	3	47
Producción Gráfica	1	0,4	0,4	47,4
Producción Gráfica y Movimientos Estéticos	1	0,4	0,4	47,8
Producción Televisiva I	1	0,4	0,4	48,2
Producción Televisiva II	1	0,4	0,4	48,6
Relaciones Públicas	1	0,4	0,4	49
Seminario de Redacción y Producción Periodística	1	0,4	0,4	49
Seminario de Trabajo Final	130	47,4	47,4	96,4
Seminario del Ciclo Introductorio	1	0,4	0,4	96,8
Seminario Nuevas Tecnologías	1	0,4	0,4	97,2
Seminario Opcional	3	1,1	1,1	98,1
Semiótica	3	1,1	1,1	99,2
Taller de Medios Institucionales	1	0,4	0,4	100
Total	274	100	100	

Fuente: Elaboración propia.

Motivos de abandono de los estudios y/o de la realización de la tesis

El análisis de los datos agregados permite mostrar algunas tendencias en relación con los motivos que llevaron a estos sujetos o a abandonar los estudios. Si bien las razones económicas o laborales son mencionadas por 193 sujetos de 274, y casi la mitad del total (un 47%) aduce dificultades para organizar su tiempo libre, sin embargo, entre 33% y el 41% de ellos hacen mención a dificultades para encontrar un director de tesis, para encontrar un grupo para hacerla y para encontrar el tema. Los motivos personales como los cambios repentinos de domicilio, de ciudad, provincia o país y el nacimiento de un/a hijo/a y la necesidad de cuidar a los niños aparecen como tendencias para un 30% de los sujetos, que, en su mayoría, son mujeres.

A continuación, se presentan, de manera detallada, los motivos aducidos por estos sujetos para abandonar la carrera y/o para no realizar la tesis de finalización de sus estudios:

1) Motivos laborales y/o económicos (un 71% de 274 sujetos).
2) Dificultad para organizar el tiempo libre (un 47% del total).
3) Dificultad para encontrar un director de tesis (un 41% del total).
4) Dificultad para encontrar un grupo para hacer la tesis (37% del total).
5) Dificultad para encontrar un tema de tesis (33% del total).
6) Mudanzas, cambio repentino de domicilio, de ciudad, de provincial o de país (30% del total).
7) Nacimiento de un/a hijo/a. Necesidad de cuidar a los niños (un 30% del total).

Tabla 7. Motivos de abandono de la carrera (tendencias).

	Frecuencia	Porcentaje
Motivos laborales y/o económicas	194	71%
Mudanzas, cambio de domicilio repentino, de ciudad, de provincia o de país	83	30%
Nacimiento de un/a hijo/a. Necesidad de cuidar a los niños	82	30%
Enfermedad personal o de un familiar	40	15%
Dificultad para aprobar una materia de la orientación elegida	47	17%
Dificultad para encontrar director de tesis	113	41%
Dificultad para encontrar un grupo para hacer la tesis	101	37%
Dificultad para encontrar un tema de tesis	90	33%
Dificultad para organizar el tiempo libre y reconectar con la Facultad	129	47%
Otro	39	14%
Total	274	100%

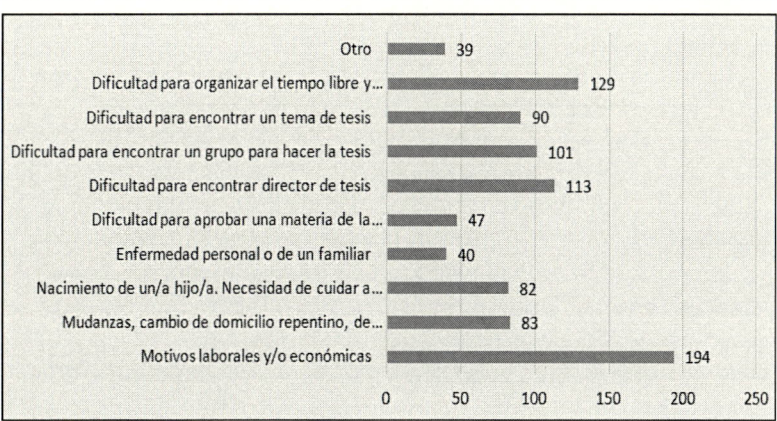

Fuente: Elaboración propia.

Algunas reflexiones finales

Como hemos observado en esta pequeña indagación, se puede inferir que existen factores institucionales que obstruyen la permanencia de los estudiantes en el sistema. En tal sentido, parecieran aparecer algunas dificultades con el Seminario de Trabajo Final. Además, estos datos son refrendados luego con la voz de los estudiantes cuando describen las motivaciones que los llevaron a abandonar la carrera universitaria. Ellos mencionan como elementos decisorios para abandonar la carrera factores académico-institucionales como la dificultad para encontrar un director, un grupo y un tema para llevar a cabo la tesis. Esto resultaría en un desafío para la institución, que, tal vez, podría tomar estos planteos para trabajar internamente con el gabinete psicopedagógico, la secretaría académica y las cátedras para reasegurar condiciones que faciliten a los estudiantes contactar con posibles directores, definir temas de tesis relevantes y conformar equipos de trabajo duraderos.

Ahora bien, los factores institucionales mencionados no necesariamente son definitorios en la decisión de abandonar una carrera universitaria. Esta indagación muestra que no podemos basarnos solo en las materias cursadas y no rendidas para comprender el fenómeno del abandono. En la indagación aparece un factor clave como el económico. Este factor se convierte en decisivo, teniendo en cuenta que la mayoría de los estudiantes de la FCC de la UNC trabajan mientras realizan la licenciatura, y en este análisis, el 70% de los casos indicó ese motivo. Por otra parte, también aparecen con fuerza los factores personales tales como mudanzas, los cambios de domicilio, de ciudad, provincia o país y el nacimiento de hijos y/o necesidad de cuidar de los niños. Lo que no deja de sorprender es que el nacimiento de un niño y la necesidad de cuidar de los hijos es un factor que afecta muy particularmente a las mujeres y en menor medida a los varones.

Como puede observarse, estos datos provisorios permiten inferir que el abandono es multicausal y que requiere de un abordaje integral. En tal sentido quedan, para próximos análisis, los datos cualitativos vertidos por los sujetos encuestados en relación con la pregunta abierta: ¿Podría contarnos con más detalle los motivos concretos que impidieron que usted pudiera continuar con los estudios?

Más allá de estas disquisiciones, entiendo que explorar el tema del abandono de estudiantes de la FCC de la UNC para fundamentar las decisiones de política institucional en pos de prevenir o reducir el abandono, requiere de un trabajo de envergadura. Tomar en consideración tan pocas variables, tales como las solicitadas para realizar este trabajo, no permite comprender con integralidad las causas del abandono.

Entiendo que para desarrollar un plan completo de prevención sería relevante empezar a discutir la posibilidad de abrir un Laboratorio de Monitoreo de Inserción de Graduados (MIG) en la Facultad. Esto permitiría conformar un equipo de trabajo que, a mediano plazo, llevaría a cabo el seguimiento en tiempo real de posibles abandonadores, aplicando entrevistas cualitativas, biográficas y longitudinales, con el objetivo de comprender el complejo proceso que deriva en la decisión de abandonar una carrera, conformado por secuencias, motores, decisiones y consecuencias. A su vez, esto permitiría obtener datos comparables con lo que efectivamente ocurre con las diferentes cohortes de graduados, a quienes también se les aplicaría estas entrevistas. Pero, además, con la posibilidad de obtener datos comparables a nivel nacional, tanto de abandonadores como de graduados.

Bibliografía

Ávila, Deissy (2019). La percepción sobre la deserción universitaria de los estudiantes activos de la Licenciatura en Ciencias Sociales de la Universidad del Tolima. *Ideales*, 9, 83-89.

Chiecher, Analía (2013). Abandonar ingeniería en la Universidad Nacional de Río Cuarto. La experiencia desde la voz de los protagonistas. En Marta Panaia (Coord.), *Abandonar la universidad con o sin título* (pp. 81-110). Miño y Dávila Editores.

Cortés, Sebastián; Álvarez, Paolo; Llanos, Marianela y Castillo, Loreto (2019). Deserción universitaria: La epidemia que aqueja a los sistemas de educación superior. *Perspectiva*, 20(1), 13-25. https://doi.org/10.33198/rp.v20i1.00017.

Lujambio, Vanessa; González, Solana y Passarini, José (2017). Programa de Apoyo al Egreso de la Facultad de Veterinaria. *InterCambios*, 4(2), 79-84.

Panaia, Marta (2013). *Abandonar la universidad con o sin título*. Miño y Dávila Editores.

Panaia, Marta (2006). *Trayectorias de ingenieros tecnológicos: graduados y alumnos en el mercado de trabajo*. Miño y Dávila Editores.

Panaia, Marta (2004). Origen social y abandono de la carrera. *Boletín Trayectorias*, Nro.7, Laboratorio MIG, UTN, Regional General Pacheco.

Parrino, María del Carmen (2005). *Aristas de la problemática de la deserción universitaria*. Ponencia presentada en el V Coloquio Internacional sobre gestión en las universidades de América del Sur. Diciembre de 2005. Universidad Nacional de la Plata.

Rué, Joan (2014). El abandono universitario: variables, marcos de referencia y políticas de calidad. *REDU, Revista de Docencia Universitaria*, 12(2), 281-306.

Simone, Vanina; Iavorski Losada, Ivana y Wejchenberg, Darío (2013). La construcción de la población de abandonadores. En Marta Panaia (Coord.), *Abandonar la universidad con o sin título* (pp. 67-79). Miño y Dávila Editores.

Caracterización de la inserción laboral de egresados del área de Ciencia y Tecnología de la Universidad de la República

María Eugenia Bové, Lucía Cabrera, Nicolás Fiori,
Rodrigo Horjales y Carina Santiviago

Introducción

En el texto que sigue presentamos los resultados del trabajo conjunto entre el Programa de Respaldo al Aprendizaje, (Progresa) de la Comisión Sectorial de Enseñanza (CSE) y la División Estadística de la Dirección General de Planeamiento (DGPlan) de la Universidad de la República (Udelar) de Uruguay. Este trabajo tiene como objetivo caracterizar la inserción laboral de los/as egresados/as del Área de Ciencia y Tecnología de esta universidad. Tal objetivo fue propuesto durante el año 2023 con la idea de generar un trabajo conjunto que permita articular líneas de trabajo en curso en ambos programas.

La División Estadística de la Udelar tiene por cometido generar y brindar información estadística a los diferentes actores universitarios y a la sociedad sobre la realidad universitaria, así como coordinar con otros organismos nacionales e internacionales la medición de las estadísticas de educación universitaria. En particular, sus objetivos son elaborar información estadística sociodemográfica y socioeducativa de la realidad universitaria y fomentar la investigación estadística, desarrollando los conocimientos en el campo de la educación universitaria y difundir la información elaborada. Para dicho fin, despliega un importante conjunto de operaciones estadísticas de captura de datos, orientado a todas las poblaciones universitarias, es decir, estudiantes de grado y posgrado, egresados/as de grado y posgrado, docentes y funcionarios/as técnicos, administrativos y de servicio. En dicho marco es que desde el año 2015 se viene implementando el Programa de Seguimiento de Egresados (Ramírez *et al.*, 2014), con el objetivo de producir datos bajo un marco metodológico común y generar información respecto a las dinámicas de inserción ocupacional de todos los egresados/as de grado de la Udelar, en el transcurso de los primeros siete años posteriores al egreso.

El Progresa (CSE, 2015) es un programa central de la CSE que tiene como objetivo principal aportar a la democratización de la educación superior, específicamente fortaleciendo las trayectorias educativas de las/os estudiantes de la Udelar, tanto activos, como preingresantes, ingresantes y estudiantes en etapa de egreso. Una de las líneas desarrolladas para esto se centra en la Orientación Educativa y Vocacional (OEV), en cuyo marco se realizan actividades de enseñanza y se implementan dispositivos de información y apoyo. Además, se desarrollan líneas de extensión y actividades en el medio y líneas de investigación específicas vinculadas a la orientación. En este sentido, desde el año 2021 se viene realizando una indagación exploratoria a partir de casos de estudiantes que, habiendo egresado de carreras del Área de Ciencia y Tecnología, construyen trayectorias laborales que les alejan de la inserción laboral esperada: se trata de jóvenes egresados/as que, en áreas laborales sin problemas de desempleo, se definen a partir del no ejercicio de su rol profesional.

En el encuentro de estos dos antecedentes principales nos proponemos realizar una caracterización general de la inserción laboral de egresadas/os del Área de Ciencia y Tecnología de la Udelar a partir del análisis de los datos elaborados por el Programa de Seguimiento de Egresados. La elección del área científica tecnológica responde a la necesidad de aportar elementos que ayuden a comprender las dinámicas que están presentes en las trayectorias académicas y profesionales de sus egresados/as, así como en el análisis de los eventos de sus trayectorias vitales. Principalmente nos interesa poner de manifiesto que, lejos de existir un patrón común en las trayectorias de los/as egresados/as de dicha área, se verifican heterogeneidades que cuestionan y problematizan el imaginario social que prevalece respecto a este grupo de profesionales.

Como objetivos específicos nos propusimos la caracterización general del universo en función de variables estructurales como sexo y nivel socioeconómico (a partir de la asignación de becas que requieren un estudio socioeconómico específico y del nivel educativo de los padres), así como a través de variables vinculadas a la transición a la adultez (emancipación del hogar de origen, tenencia de hijos, unión conyugal); también la caracterización de la inserción laboral y el análisis de ésta en función de la satisfacción con el empleo, la relación con la formación y la evaluación de la elección de la carrera realizada.

En los apartados que siguen presentamos las características del diseño metodológico del trabajo realizado, así como sus definiciones y limitaciones. Presentamos también algunas características generales de los datos utilizados. Luego, continuamos con la presentación de resultados a través de la siguiente estructura: primero, describimos a la Udelar y a las diferentes facultades cuyos/as egresados/as fueron considerados para el estudio; tras ello, presentamos una caracterización general sociodemográfica de los/as egresados/as y, por último, el análisis específico de la inserción laboral, considerando principalmente la inserción efectiva, la satisfacción con el empleo, la vinculación del empleo con la formación y la evaluación de la elección de la carrera realizada. Cerramos este texto con una lectura integrada de los datos y con preguntas que toman forma a partir de los mismos.

Estrategia de trabajo y aproximación empírica

El trabajo siguió un diseño metodológico de tipo mixto con preponderancia del análisis cuantitativo. El alcance de la investigación es de carácter descriptivo-exploratorio, siendo la primera investigación sistemática que reúne en un mismo trabajo a los egresados/as del conjunto de facultades del Área de Ciencia y Tecnología. El análisis cuantitativo aplicado es de tipo descriptivo, y el cualitativo se basó en el análisis de entrevistas en profundidad realizadas por Progresa. En total se realizaron cuatro entrevistas semiestructuradas de final abierto a egresados/as de las carreras de Ingeniería Química (carrera compartida entre Facultad de Ingeniería y Facultad de Química) y de la Licenciatura en Bioquímica de la Facultad de Ciencias. El objetivo de las mismas fue conocer en profundidad y desde la perspectiva de los sujetos, las trayectorias educativas y laborales de los/as egresados/as, aportando elementos a esta caracterización.

Por su parte, los datos cuantitativos surgen del Programa de Seguimiento de Egresados de la Udelar. Dicho programa tiene como ejes centrales disponer de información básica y comparable de los egresados y egresadas, y que sea el punto de partida para el proceso de monitoreo y evaluación de las trayectorias post egreso. Entre los objetivos generales se destacan estudiar las opiniones y actitudes de los/as egresados/as universitarios en relación a su formación de grado y eventualmente de posgrado; conocer la satisfacción de los/as egresados/as con sus competencias adquiridas en los estudios universitarios; evaluar la opinión y comportamiento sobre la movilidad interna y externa; caracterizar la trayectoria y el desempeño laboral y/o profesional de los/as egresados/as; evaluar saberes adquiridos durante su formación de grado con relación al mercado laboral y la sociedad en su conjunto.

El Programa de Seguimiento de Egresados aplica una metodología de tipo panel, con tres mediciones en el tiempo. La primera medición (ola 1) se compone de la información del formulario estadístico de egreso (extraída de los registros de la División Estadística) que completa cada egresado/a de manera obligatoria al momento de tramitar su título. A dicha base se vinculan, asimismo, los datos de la escolaridad del estudiante, la cual es relevada por las bedelías de los diferentes servicios universitarios. La segunda medición (ola 2) se realiza sobre los/as mismos/as egresados/as, pasados cuatro años desde su egreso, y la tercera medición (ola 3) a los siete años del egreso. A diferencia de la ola 1, en las olas 2 y 3 se aplican formularios *web* autoadministrados de carácter voluntario, donde se busca profundizar sobre el desempeño profesional de los/as egresados/as de la Udelar. En particular, se indaga en las características de los trabajos de dichos/as egresados/as: inserción laboral, categoría ocupacional, relación ocupación-título, carga horaria, satisfacción general con su trabajo y con sus ingresos, entre otros temas.

El universo de estudio está compuesto por los/as egresados/as del área científico tecnológica de la Udelar, pertenecientes a una de las cohortes de egreso de los años 2012, 2013 y 2014.[1] Dicha población abarca un total de 1.038 egresados/as, de los cuales participaron del estudio un total de 958 en al menos alguna de las olas del panel.

Tabla 1. Porcentaje de respuestas por ola.

Población	Ola 1		Ola 2		Ola 3		Supervivencia
	Respuestas	%	Respuestas	%	Respuestas	%	%
1.038	958	92,3	838	80,7	711	84,8	68,5

Fuente: Programa de Seguimiento de Egresados - División Estadística - Udelar.

Si bien la tasa de respuesta obtenida es muy favorable, principalmente cuando se la compara con las obtenidas por otras universidades de la región que realizan estudios de similares características, es importante señalar que se realizaron diversos estudios para explorar,

---

1 La estrategia metodológica secuenció el trabajo de campo, estableciendo tres conglomerados de carreras. El supuesto básico asumido es que las condiciones endógenas y contextuales que inciden en las trayectorias académico-profesionales, no presentan variaciones significativas entre los años 2012 y 2014.

LAS PROFESIONES Y LOS MODELOS PRODUCTIVOS

cuantificar y determinar el posible sesgo de selección, producto de quienes no participaron de las olas 2 y 3 del panel. Los resultados de estos estudios paramétricos y no paramétricos indican que no existen diferencias significativas entre la población de partida y la población final del estudio. Las variables controladas por los referidos test señalan que los datos obtenidos presentan semejanzas importantes con el universo de partida.

Tabla 2. Análisis de sesgos en población final.

Variables		Población total	Participantes	No participantes	Diferencia Part./ Total	Diferencia No Part./ Total
Sexo	Mujer	51,5	50,4	56,18	1,1	4,7
	Hombre	48,5	49,6	43,82	1,1	4,7
Perfil de la carrera	Profesional	78,7	78,1	81,46	0,6	2,8
	Mixto - Académico	21,3	21,9	18,54	0,6	2,8
Primera generación	No	67,4	67,7	66,1	0,3	1,3
	Sí	32,6	32,3	33,9	0,3	1,3
Beca	No	87,8	87,6	88,76	0,2	1,0
	Sí	12,2	12,4	11,24	0,2	1,0
Trabaja	No	9,8	9,8	10,17	0,1	0,3
	Sí	90,2	90,2	89,83	0,1	0,3
Relación título-trabajo	Poco relacionado	11,3	11,4	10,69	0,1	0,6
	Neutral	10,7	10,8	10,06	0,1	0,6
	Muy relacionado	78,1	77,8	79,25	0,3	1,2

Nota: Realizadas las pruebas estadísticas a un α de 0.05, no se hallaron diferencias significativas en ninguna de las variables consideradas. N(Población total): 958; N(Participantes): 780 ; N(No participantes): 178Fuente: Programa de Seguimiento de Egresados - División Estadística - Udelar.

Antecedentes

Desde el enfoque de la sociología de las profesiones

El estudio de las trayectorias laborales de los/as profesionales universitarios/as ha sido indagado desde diferentes campos disciplinares. La sociología de las profesiones aborda este objeto de estudio desde una mirada que articula la organización social del trabajo, la significación subjetiva del mismo y las formas de estructuración del mercado laboral (Urteaga, 2008) en un contexto de aceleración (Rosa, 2016) y de metamorfosis del mundo (Beck, 2000). Dentro de este campo disciplinar, es de interés revisar las perspectivas de las transiciones a la adultez (Casal, 1985) la de las competencias laborales (CINDA, 2004) y la de las identidades profesionales (Blanco-Echeverry, 2022). Las perspectivas que consideran la transición a la vida adulta implican, por un lado, la caracterización social de la adultez como conjunto de narrativas que impactan en los sujetos y, por otro, el énfasis en la esfera ocupacional considerando la relación con la formación y la ocupación como medio para construir autonomía. Al hablar de transición se considera una etapa anterior –la juventud– y en el pasaje a la adultez se conjugan diferentes dimensiones de la vida social e individual que implican cambios en los roles y la identidad en relación a las responsabilidades, la independencia económica y la toma de decisiones. Se consideran también algunos acontecimientos como marcadores tradicionales en esta transición como el egreso de las instituciones educativas, el acceso a un puesto de trabajo, dejar el hogar parental o de origen y la tenencia de hijos/as. En este sentido, algunos autores hablan de trayectorias escolares considerando el contexto social y no solo del sujeto (Terigi, 2009), lo que implica reconocer la interrelación con las trayectorias ocupacionales, migratorias y la mirada al lugar que ocupa el sujeto en las instituciones (Nicastro y Greco, 2012). Otros refieren a transiciones como cambios de estatus o posición y *turning points* (Blanco, 2011) como acontecimientos contingentes con gran influencia en la vida de las personas que modifican sus trayectorias. Las narrativas acerca de la adultez se modifican según el momento histórico y ofician como estandarización de experiencias en un contexto marcado por la globalización, la precarización laboral, el incremento de la desigualdad y la exclusión social. El impacto de estas transformaciones estructurales altera también las trayectorias, los modos de convivencia y las relaciones intergeneracionales alrededor del proceso de transición.

El Grupo de Investigación sobre Educación y Trabajo (GRET) de la Universidad Autónoma de Barcelona indagó sobre las transiciones juveniles y la inserción laboral en contextos de desigualdad y precariedad (Casal *et al.*, 2006) tomando elementos metodológicos de la sociología de la transición para considerar el pasaje de la juventud a la adultez con un abordaje longitudinal y biográfico (Valles, 1999) que tenga en cuenta género, generación, pertenencia de clase, etnia y pertenencia a subculturas (Feixa, 1999). Se parte de la consideración de las transiciones de la juventud a la adultez o Transiciones a la Vida Adulta (TVA) (Casal *et al.*, 2006) para considerar específicamente la transición ocupacional. La mirada de las transiciones atiende a la diferencia de posiciones ocupadas, en distintos momentos de la trayectoria y, en particular, en el momento del ingreso al mundo del trabajo.

Además, tomamos en cuenta el enfoque de las competencias laborales o profesionales. Implican una tensión entre las capacidades productivas del sujeto y la heterogeneidad y cambio acelerado del mercado laboral. Las capacidades adquiridas por el sujeto dependen de las experiencias de aprendizaje formal, de trabajo y de prácticas, así como las experiencias sociales fuera de las instituciones. Implica el saber y el saber hacer adquirido que se conjugan ante las demandas explícitas de trabajo, es decir, son herramientas prácticas y puestas en juego en un contexto determinado. Las competencias se ponen a consideración en los perfiles de egreso de las formaciones universitarias y deben ser evaluadas para asegurar su calidad y eficacia fuera de la universidad (CINDA, 2004).

En torno al concepto de identidad profesional confluyen lo personal y lo colectivo en tanto involucra un proceso complejo, no lineal, atravesado por los modelos profesionales, el mercado laboral y la relación con las instituciones educativas antes de ingresar, durante la formación y luego del egreso. Estos elementos son mediados principalmente por la experiencia de los sujetos en la que se articulan las expectativas vocacionales de la carrera, los vínculos con los demás actores y el currículum académico durante la trayectoria y las experiencias laborales al egreso (Martucelli, 2007). Sucesivamente se tensionan las expectativas de lo que esperaba, lo que ha aprendido y lo que encuentra en la realidad.

Además, la identidad profesional supone la singularización y la generalización simultáneamente, es decir, involucra lo que al sujeto lo diferencia de otros al hacer determinada elección profesional y lo que comparte y le da pertenencia a estructuras sociales y colectivos, por esa misma elección. Martucelli (2007) dice que es una estrategia que utiliza un actor cuando desempeña un rol en lo social. En este sentido, implica seleccionar, poner en práctica o desechar herramientas de lo aprendido en función de su uso social. A la vez, se deben combinar estas herramientas adquiridas en la trayectoria con elementos personales como la empatía, las habilidades comunicativas o la creatividad, elementos que le permitan situarse en entornos laborales altamente competitivos. Algunos autores como Dubet (2006) hablan de la crisis en la identidad profesional en el momento del pasaje al egreso, especialmente cuando las expectativas acumuladas durante la formación no se correlacionan con el ejercicio profesional o las actividades laborales que el egresado desempeña.

Antecedentes del seguimiento de graduados

Existe un conjunto de iniciativas que se han propuesto indagar sobre las trayectorias laborales específicamente vinculadas a las trayectorias educativas a nivel superior, es decir, caracterizar las trayectorias laborales siendo el sujeto de estos estudios el egresado universitario. En diversas universidades se encuentran oficinas y recursos destinados a la evaluación y monitoreo de graduados, así como servicios de planificación y orientación laboral que se incorporan como instrumentos para conocer y evaluar la relación entre las instituciones, sus egresados y el mercado laboral. Desde distintos observatorios y redes académicas se busca evaluar la inserción de los/as egresados/as universitarios/as y generar modos de sistematizar de forma continua tanto elementos propios de la formación como demandas del mercado. Se destacan la Red GRADUA2 (Asociación Columbus, 2006), el estudio CHEERS (Careers After Higher Education – A European Research Survey) y un estudio del Centro Interuniversitario de Desarrollo (CINDA, 2004).

En el contexto argentino, toma relevancia el análisis del nexo entre formación y empleo que hacen equipos de investigación de universidades nacionales y tecnológicas que siguen la metodología de Monitoreo de Inserción de Graduados (MIG). Los MIG suponen un dispositivo de relevamiento y producción de datos de las instituciones de educación superior que realiza estudios longitudinales de las trayectorias de egresados/as combinando relevamientos sistemáticos con entrevistas biográficas (Panaia, 2017). Enmarcado en el Programa del Área de Investigación sobre Trabajo y Empleo (PAITE) de la de la Universidad de Buenos Aires (UBA), se comienza a implementar dispositivos de seguimiento de graduados/as desde la década de 1990 para analizar la inserción de graduados/as universitarios/as con relación a las demandas del mercado laboral profesional. Los MIG producen y comparan datos estadísticos de los/as egresados/as, su trayectoria y la demanda laboral de su área de inserción, así como los requerimientos de formación luego del egreso para ejercer su profesión. Los laboratorios desarrollan un dispositivo que es replicable en otras regiones y unidades académicas, permitiendo estudiar carrera por carrera, generando información contrastable y apelando a la transferencia de la metodología de investigación. De este modo, se extendieron a otras universidades argentinas como la Universidad Nacional de La Plata (UNLP), la Universidad Tecnológica Nacional (UTN) en sus regionales de Avellaneda, Resistencia y Río Gallegos, la Universidad

Nacional de Río Cuarto y la Universidad Nacional de Córdoba (UNC), conformándose nuevos laboratorios MIG e intercambiando en torno a la experiencia con equipos de investigación de Chile, Colombia y Uruguay.

Entre otros aspectos, los equipos de investigación guiados por Panaia (2015) se preguntan por la capacidad de las universidades de brindar herramientas a los/as graduados/as para insertarse en el mercado de trabajo y su variación en el contexto argentino. En la transición de la formación al trabajo se reconoce la incidencia del contexto socioeconómico y de la trayectoria educativa de los sujetos, pero se pone también a consideración el vínculo con las universidades, con otros/as egresados/as, con los empleadores y las empresas. Se analizan las tensiones entre las demandas del mercado laboral y las características de las trayectorias, el promedio de años de cursada, la subrepresentación de las mujeres en determinadas áreas de conocimiento y la desafiliación estudiantil. En este sentido, hace lugar al papel institucional de las universidades en la formación de sus profesionales para promover la continuidad educativa, el egreso, la conformación de la identidad profesional, como elementos necesarios para la inserción laboral en ámbitos pertinentes a la formación. En cuanto a la desafiliación se abordan los factores personales, académicos, laborales y vocacionales y se destaca las intervenciones que pueden hacer las instituciones para la permanencia.

En Uruguay existen antecedentes vinculados al seguimiento de egresados/as universitarios/as a través del Programa de Seguimiento de Egresados de la Universidad de la República (Ramirez *et al.*, 2014) que se propone conocer las trayectorias académicas y laborales, así como la evaluación y percepción de los/as egresados/as sobre su formación. Como otras estructuras académicas de estudio de egresados, el programa se propone conocer los factores sociales, educativos y personales que inciden en las trayectorias de los universitarios y su relación con la inserción y el desempeño laboral.

Además, el Progresa ha incorporado a su línea de orientación educativa el abordaje del egreso universitario, tanto a nivel de investigación como de dispositivos de información y apoyo (CSE, 2015). Entre otros, se realizan talleres de apoyo al egreso y de escritura académica orientada a la redacción de tesis y de trabajos finales de grado. En esta etapa de la vida universitaria se produce una salida de la institución hacia un afuera menos estructurado y cambiante, lo cual requiere de dispositivos específicos de apoyo. Para trabajar en la interfase entre el egreso y la inserción en el mercado laboral, se dialoga con otras estructuras de la Udelar como son las Unidades de Apoyo a la Enseñanza y la Comisión Sectorial de Educación Permanente.

A su vez, existen en diferentes servicios universitarios de la Udelar, unidades dedicadas al trabajo con egresados/as o de evaluación institucional, lo que en algunos casos ha permitido la elaboración de estudios específicos. Aunque no están consideradas en esta caracterización, vale mencionar que las facultades de Veterinaria, Agronomía, Ciencias Económicas y de Administración, Información y Comunicación y Humanidades y Ciencias de la Educación han realizado estudios en relación con sus egresados/as de diversa metodología. A su vez, los colegios y asociaciones de profesionales, agrupados por disciplina, han desarrollado indagaciones en el campo del seguimiento e inserción de graduados/as universitarios/as.

En cuanto a las facultades estudiadas, mencionamos que en la Facultad de Química se implementa una evaluación multidimensional del plan de estudios (Rodríguez Hayan y Sotelo, 2012) que considera, entre otros elementos, la situación laboral de los/as egresados/as para valorar la calidad educativa de la formación. En la Facultad de Ciencias se realizó en 2019 el II Censo de Egresados y Egresadas (2021) donde se aborda el nivel de ocupación, la vinculación entre formación y empleo y el perfil de egreso, entre otros aspectos. La Facultad de Ingeniería publica datos acerca de sus egresados/as a través de la Unidad de Enseñanza y de investigaciones asociadas (Enrich, 2014). La Facultad de Arquitectura, Diseño y Urbanismo cuenta con una Oficina de Evaluación Institucional y Acreditación que realiza, entre otras acciones, una evaluación y monitoreo de sus planes de estudios de grado donde se considera el perfil y las competencias de los egresados y egresadas en el mercado laboral.

Presentación de resultados

Presentación institucional

La Udelar es la principal institución del sistema de educación superior de Uruguay. Es pública, gratuita y cogobernada por docentes, estudiantes y egresados/as. Se trata de la universidad pública con mayor cantidad de estudiantes en el país, contando en el año 2022 con 156.437 estudiantes activos (DGPlan, 2023), de los cuales 19.227 habían ingresado en el mismo año. En ese mismo año, a su vez, egresaron 6.968 profesionales.

LAS PROFESIONES Y LOS MODELOS PRODUCTIVOS

Según la DGPlan (2021) la Udelar cuenta con oferta educativa preuniversitaria (cuatro titulaciones), ciclos iniciales optativos (diez opciones), oferta de grado (156 titulaciones de títulos intermedios, tecnicaturas y licenciaturas), posgrados (315 titulaciones entre especializaciones, maestrías y doctorados), con formación en todas las áreas del conocimiento y la cultura. Desarrolla sus actividades a través de quince facultades, seis escuelas, tres institutos, un hospital universitario y cuatro centros universitarios regionales.[2]

Para este estudio seleccionamos a los/as egresados/as de las facultades de Química, Ciencias, Ingeniería y Arquitectura, Diseño y Urbanismo. En el año 2021, el total de egresos de estas unidades fue de 1.265 profesionales. A continuación, se presenta someramente cada una de las facultades incluidas en el estudio.

- La Facultad de Arquitectura, Diseño y Urbanismo (FADU) es fundada en el año 1915 como Facultad de Arquitectura, aunque ya se desarrollaban estudios de la disciplina en la Facultad de Matemáticas y Ramas Anexas desde 1886. En el año 2009 se incorpora la Escuela Universitaria de Diseño, anteriormente Centro de Diseño Industrial, que existía desde 1987 en la órbita del Ministerio de Educación y Cultura. Desde el año 2015 la facultad toma su nombre actual (FADU).

  En la actualidad se dictan las carreras de Arquitectura, licenciaturas en Diseño de Comunicación Visual (compartida con Facultad de Artes), Diseño de Paisaje (en el Centro Universitario Regional Este), Diseño Industrial con perfil producto o textil y Diseño Integrado (en el Centro Universitario Litoral Norte). Sus carreras son todas de perfil profesional.

  En el año 2021 egresaron 543 profesionales de las carreras de Arquitectura, Diseño Industrial y Diseño Integrado. En el año 2022 ingresaron a esta facultad 919 estudiantes.

- La Facultad de Ciencias es fundada en el año 1990, aunque sus campos disciplinares se desarrollaban previamente en la Facultad de Humanidades y Ciencias. Sus campos disciplinares son la biología, la química biológica, la ecología y ciencias ambientales, las ciencias geológicas y físicas, las matemáticas e investigaciones nucleares y la geografía. Ofrece más de veinte titulaciones en diferentes áreas y niveles académicos, compartidas con otras

---

2   El cuarto centro regional comenzó sus actividades en 2025, posteriormente a la realización de este trabajo.

facultades y desarrolladas, en algunos casos, en diferentes regiones del país. Dentro de la Udelar es una de las facultades con un perfil marcadamente académico, desarrollando un porcentaje significativo de la investigación del país y contando con titulaciones con perfil netamente académico, aunque también cuentan con ofertas educativas de perfil mixto (académico y profesional).

En el año 2021 egresaron 86 profesionales, de las carreras de Ciencias Físicas opción Astronomía y opción Física, Matemáticas orientado a la Estadística, Física, Bioquímica, Ciencias Biológicas, Geografía, Geología, Matemáticas y Gestión de Recursos Naturales. En el año 2022 ingresaron 694 estudiantes.

- La Facultad de Ingeniería fue creada en 1885 como Facultad de Matemáticas y Ramas Anexas, cambiando a Facultad de Ingeniería y Ramas Anexas en 1915 y a su nombre actual en 1975. Cuenta con los institutos de Agrimensura; Computación; Ensayo y Materiales; Estructura y Transporte; Física; Ingeniería Eléctrica; Ingeniería Mecánica y Producción Industrial; Mecánica de los Fluidos e Ingeniería Ambiental; Matemática y Estadística e Ingeniería Química. Desarrolla carreras en conjunto con otras facultades de la Udelar así como también con otras instituciones públicas terciarias (Universidad Tecnológica y Dirección General de Educación Técnica Profesional). Ofrece siete tecnólogos, cuatro licenciaturas, doce ingenierías y cincuenta y dos titulaciones de posgrado. Sus carreras son todas de perfil profesional.

En el año 2021 egresaron 399 profesionales de las siguientes titulaciones: Ingeniero Agrimensor, Civil, de Sistemas en Computación, Electricista, en Computación, Industrial Mecánico, Tecnólogo en Informática, en Telecomunicaciones y Mecánico. En el año 2022 ingresaron 2.135 estudiantes.

- La Facultad de Química surge en 1908 como Instituto de Química dentro de la Facultad de Medicina. En el año 1929 es creada la Facultad de Química y Farmacéutica, integrando este instituto con el de Química Industrial dependiente del Ministerio de Industrias. Su nombre actual lo toma en 1959. Actualmente ofrece titulaciones de pregrado, títulos intermedios, licenciaturas y titulaciones de ingeniería y química. Todas sus carreras son de perfil profesional y algunas incorporan también un perfil mixto (académico y profesional).

En el año 2021 egresaron 141 profesionales de las titulaciones de Bachiller en Ciencias Químicas, Bioquímico Clínico, Licenciatura en Química, Química Farmacéutica, Químico, Tecnólogo Agro Energético y Tecnólogo Químico. En el año 2022 tuvo 537 estudiantes ingresantes.

- Además de las/os egresadas/os de estas facultades se incluye a quienes egresaron de las carreras de Ingeniería Química e Ingeniería de Alimentos. Estas dos carreras son compartidas entre diferentes Facultades: la primera entre Ingeniería y Química y la segunda entre estas dos y Agronomía y Veterinaria. En el año 2021 egresaron 73 y 23 profesionales, respectivamente, y en 2022 ingresaron 269 nuevos estudiantes a ambas carreras.

Caracterización de egresados atendiendo a variables seleccionadas

a) Cantidad de egresados/as

En el recorte temporal y de las facultades seleccionadas, participaron del panel 1.038 egresados/as, distribuidos de la siguiente manera:

Tabla 3. Cantidad de respuestas por facultad.

Facultad	Total
Facultad de Arquitectura	297
Facultad de Ingeniería	320
Facultad de Química	125
Facultad de Ciencias	179
Ingeniería Química	69
Ingeniería de Alimentos	48
Total	1.038

Fuente: Programa de Seguimiento de Egresados - División Estadística - Udelar. Año de relevamiento: Ola 1 (2012-2014), Ola 2 (2016-2018) y Ola 3 (2019-2021).

b) Distribución por sexo

En cuanto a la distribución por sexo del conjunto de egresadas y egresados, nos encontramos con datos que dan cuenta de una paridad importante entre varones y mujeres:

Tabla 4. Distribución por sexo.

Sexo	Frecuencia	Porcentaje
Hombre	514	49,5
Mujer	524	50,5
Total	1.038	100

Fuente: Programa de Seguimiento de Egresados - División Estadística - Udelar. Año de relevamiento: Ola 1 (2012-2014), Ola 2 (2016-2018) y Ola 3 (2019-2021).

c) Becas

En el sistema público de educación superior uruguayo existen diferentes sistemas de beca. Los dos que tiene mayor cobertura y suelen dar respuesta a la mayor cantidad de solicitudes de beca son la del Fondo de Solidaridad[3] y el Servicio Central de Bienestar Universitario de la Udelar. Estas dos instituciones otorgan becas mediante la evaluación socioeconómica de las características de los núcleos familiares de quienes solicitan las becas, siendo de esta manera un aproximado a las condiciones económicas de las familias de origen de los/as egresados/as.

El dato vinculado a si solicita beca, independientemente de su otorgamiento, nos permite acercarnos a la percepción de necesidad de apoyo económico por parte de las y los estudiantes. El dato de otorgamiento nos acerca a la cantidad de estudiantes que provienen de familias que tienen una situación económica menos favorable. En este caso vemos como el 15% de las y los egresados solicitó beca en algún momento de su carrera, mientras que el 12% la obtuvo efectivamente.

Tabla 5. Distribución de solicitud de beca.

¿Se inscribió en algún programa de becas para cursar esta carrera?	
	Porcentaje
No	85,0
Sí	15,0
Total	100 (N=958)

Fuente: Programa de Seguimiento de Egresados - División Estadística - Udelar. Año de relevamiento: Ola 1 (2012-2014), Ola 2 (2016-2018) y Ola 3 (2019-2021).

---

3   El Fondo de Solidaridad es una institución integrada por diferentes instituciones públicas y asociaciones de profesionales que gestiona un fondo construido por los aportes de todos/as los/as egresados/as de la Universidad de la República, la Universidad Tecnológica del Uruguay y el Consejo Técnico Profesional (de sus carreras terciarias). Su principal cometido es gestionar el fondo de becas para estudiantes de estas mismas instituciones.

Tabla 6. Distribución de asignación de beca.

¿Obtuvo alguna beca para cursar esta carrera?	
	Porcentaje
Sí	87,8
No	12,2
Total	100 (N=958)

Fuente: Programa de Seguimiento de Egresados - División Estadística - Udelar.Año de relevamiento: Ola 1 (2012-2014), Ola 2 (2016-2018) y Ola 3 (2019-2021).

d) Nivel educativo de padres

Casi un tercio de los participantes del estudio es primera generación de universitarios en su familia. A modo de referencia, resulta interesante destacar que este porcentaje es del 55,7%[4] cuando se analiza la generación de ingreso a la Udelar del año 2022, lo cual evidencia resultados heterogéneos según las características del punto de origen de los/as estudiantes en sus logros educativos.

Tabla 7. Distribución de primera generación de educación terciaria.

Primera generación de educación terciaria	
	Porcentaje
Sí	32,6
No	67,4
Total	100 (N=958)

Fuente: Programa de Seguimiento de Egresados - División Estadística - Udelar. Año de relevamiento: Ola 1 (2012-2014), Ola 2 (2016-2018) y Ola 3 (2019-2021).

e) Residencia

En cuanto a la residencia de las y los egresados se puede observar una clara concentración de estos en Montevideo, aunque también se observa una tendencia leve de movilidad, disminuyendo quienes residen en esta ciudad y aumentando quienes viven tanto en el interior del país como en el extranjero.

---

4   https://planeamiento.udelar.edu.uy/wp-content/uploads/sites/33/2023/05/Infografia-FORMA-ESTUDIANTES-2022_29_05_2023.pdf

Figura 1. Lugar de residencia, ola 1, 2 y 3 (N Ola 1=958, N Ola 2=838, N Ola 3=711).

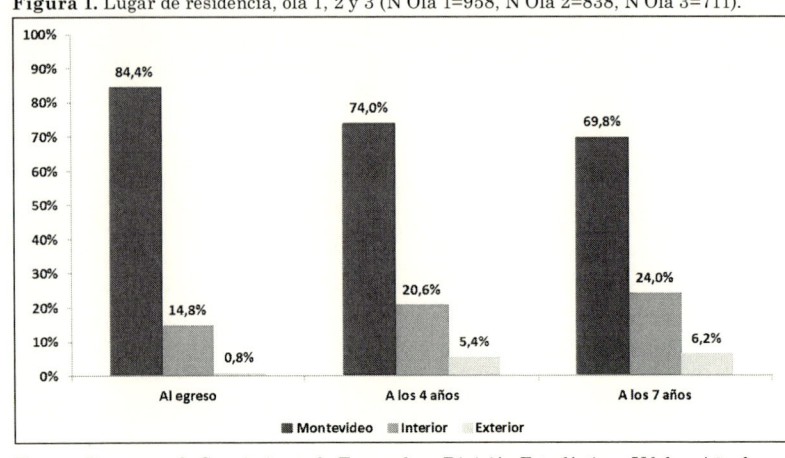

Fuente: Programa de Seguimiento de Egresados - División Estadística - Udelar. Año de relevamiento: Ola 1 (2012-2014), Ola 2 (2016-2018) y Ola 3 (2019-2021).

Si atendemos al dato de dónde cursaron el último año de secundaria este conjunto de egresados/as, podemos pensar en un proceso de migración a la ciudad de Montevideo vinculado a los estudios terciarios y el comienzo de la vida profesional. Si bien a los siete años de egreso la cantidad de personas residentes en Montevideo es mayor que la de personas que terminaron la secundaria en esta ciudad, podemos ver que estas cifras se aproximan a lo largo del período.

Tabla 8. Distribución de residencia al finalizar educación secundaria.

Lugar donde cursó último año de secundaria	
	Porcentaje (N=939)
Montevideo	63,6
Interior	36,2
Exterior	0,2

Fuente: Programa de Seguimiento de Egresados - División Estadística - Udelar. Año de relevamiento: Ola 1 (2012-2014), Ola 2 (2016-2018) y Ola 3 (2019-2021).

f) Eventos de transición a la vida adulta

En esta dimensión se considera el estado conyugal, la tenencia de hijos/as y la salida del hogar familiar. Se observa un aumento de los eventos que se relacionan con la transición a la vida adulta hacia la tercera medición (a los siete años), indicándose las de mayor prevalencia: 46,0% tiene hijos/as, el 34,5% está casado/a y el 37,6% en unión libre y cerca del 40% indica tener un hogar nuclear con hijos.

Figura 2. Estado conyugal, ola 1, 2 y 3 (N Ola 1=958, N Ola 2=838, N Ola 3=711).

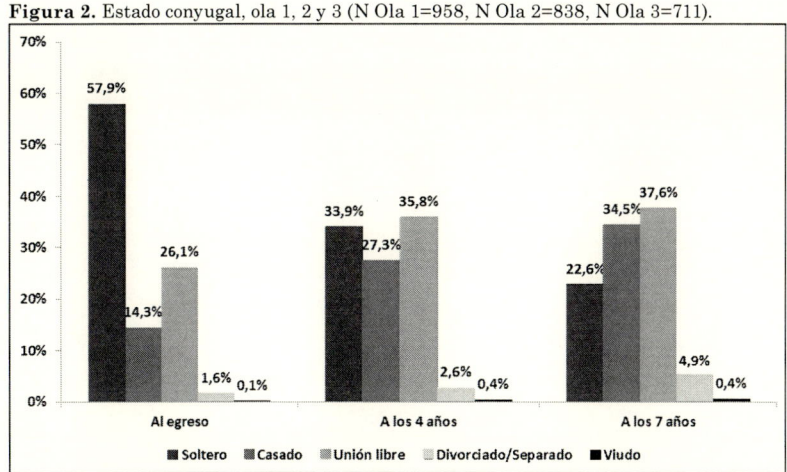

Fuente: Programa de Seguimiento de Egresados - División Estadística - Udelar. Año de relevamiento: Ola 1 (2012-2014), Ola 2 (2016-2018) y Ola 3 (2019-2021).

Figura 3. Tenencia de hijos/as, ola 1, 2 y 3 (N Ola 1=958, N Ola 2=838, N Ola 3=711).

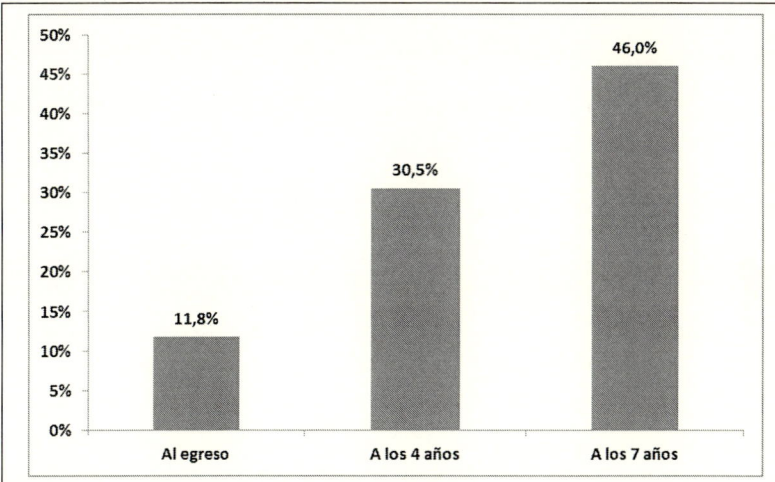

Fuente: Programa de Seguimiento de Egresados - División Estadística - Udelar. Año de relevamiento: Ola 1 (2012-2014), Ola 2 (2016-2018) y Ola 3 (2019-2021).

Figura 4. Tipo de hogar, ola 1 y 3 (N Ola 1=958, N Ola 3=711)

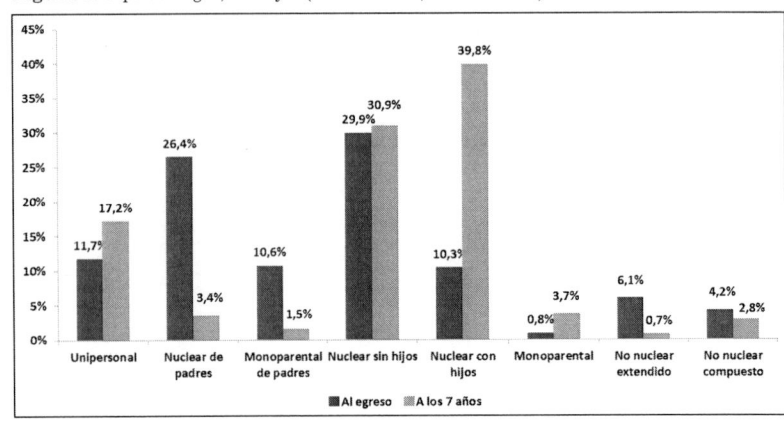

Fuente: Programa de Seguimiento de Egresados - División Estadística - Udelar. Año de relevamiento: Ola 1 (2012-2014) y Ola 3 (2019-2021).

g) Inserción laboral

Los datos relativos a la inserción laboral de egresadas/os de estas carreras dan cuenta de una situación de alta ocupación, partiendo de un 90,2% de profesionales con trabajo al momento del egreso, que aumenta al 95% a los siete años. La brecha de género en la inserción laboral es de cinco puntos porcentuales en la primera medición, si bien se reduce a los siete años, siendo la diferencia de menos de un punto porcentual.

Algunos fragmentos de las entrevistas realizadas reflejan que las oportunidades laborales se presentan en distintas etapas de la trayectoria, previo y posterior al egreso y pueden suponer experiencias ocupacionales heterogéneas y no lineales para los sujetos.

Dice un ingeniero químico:

> Yo tuve algunos trabajos vinculados en el sector. Antes de… cuando estaba más o menos a mitad de carrera, me presenté a un llamado en una siderúrgica grande para hacer una pasantía remunerada. Una multinacional, de esas que apuestan a jóvenes proyectos y los forman y… trabajé casi un año ahí, y bueno, en realidad, por varios factores dejé. No era que no me agradaba el trabajo, un poco las tareas me empezaron a cambiar con el tiempo, y no me resultaban tan agradables como al principio. (Martín, ingeniero químico, diciembre de 2021)

Otra licenciada en Bioquímica relata:

La otra vez en una charla que tuvimos con unas chicas del liceo, conté que hice cuarenta y dos trabajos diferentes a lo largo de mi vida, distintos, desde ordeñar vacas, moza, hasta bioquímica o instructora de parapente o de buceo, cosas completamente distintas, muchos muchos (*sic*) tipos de trabajos diferentes. (Valentina, lic. en Bioquímica, diciembre de 2021)

Tabla 9. Situación laboral, ola 1, 2 y 3.

Situación laboral	Al egreso	A los 4 años	A los 7 años
Trabaja	90,2%	93,0%	95,0%
No trabaja y busca trabajo	8,8%	5,0%	3,6%
No trabaja y no busca trabajo	1,0%	2,0%	1,4%
Total	100% (N=960)	100% (N=826)	100% (N=697)

Fuente: Programa de Seguimiento de Egresados - División Estadística - Udelar. Año de relevamiento: Ola 1 (2012-2014), Ola 2 (2016-2018) y Ola 3 (2019-2021).

Figura 5. Situación laboral por sexo, ola 1, 2 y 3 (N Ola 1=958, N Ola 2=838, N Ola 3=711).

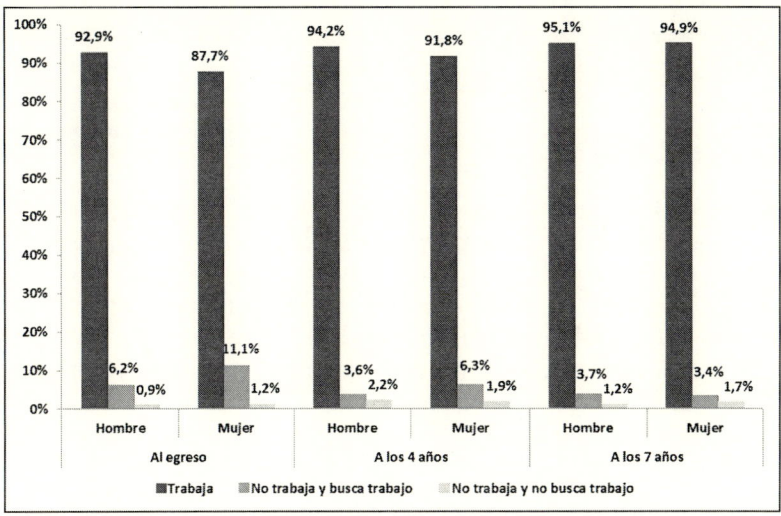

Fuente: Programa de Seguimiento de Egresados - División Estadística - Udelar. Año de relevamiento: Ola 1 (2012-2014), Ola 2 (2016-2018) y Ola 3 (2019-2021).

Si realizamos un análisis longitudinal, observando la trayectoria de las mismas personas a lo largo de las tres mediciones, tomando en cuenta a los que trabajan y a los que no trabajan (busquen o no busquen trabajo), se destaca que el 82,2% del total de egresados de la población estudiada trabajaba al momento de completar el formulario, mientras que el 0,2% no trabajaba en ninguna de las tres olas.

Figura 6. Trayectoria de la situación laboral, ola 1, 2 y 3 (N=645).

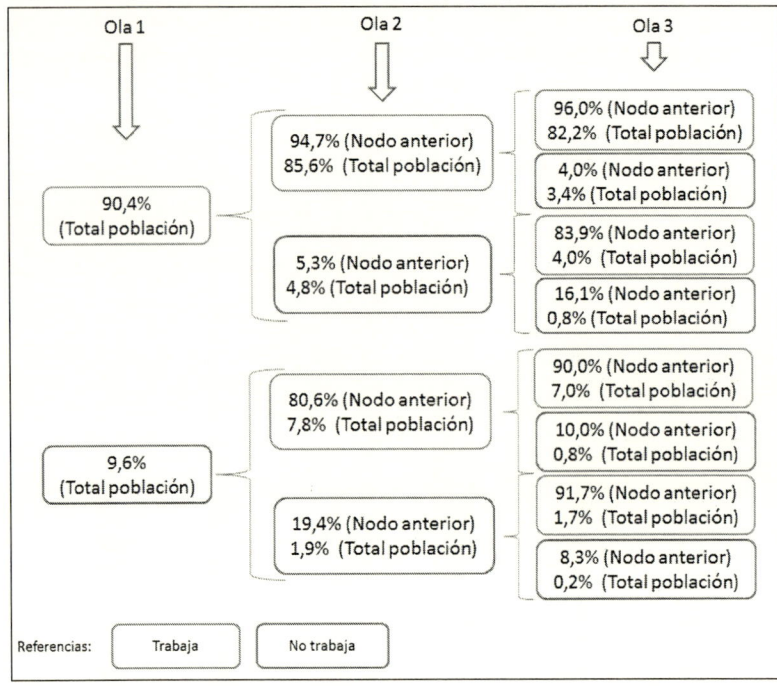

Fuente: Programa de Seguimiento de Egresados - División Estadística - Udelar. Año de relevamiento: Ola 1 (2012-2014), Ola 2 (2016-2018) y Ola 3 (2019-2021).

Estos datos relativos a la inserción laboral ameritarían una mayor aproximación a las características de esta inserción, ya que existen un conjunto de heterogeneidades a las que no es posible aproximarse desde este tipo de datos.

h) Datos de satisfacción con el empleo

El nivel de satisfacción general con el trabajo actual fue relevado en la segunda y tercera medición. Considerando el total de las y los egresados, se observa que las personas que declaran estar satisfechas o muy satisfechas con su trabajo pasan del 64,5% a los 4 años del egreso al 73,1% a los siete años del egreso. Por sexo, se destaca una diferencia de diez puntos porcentuales entre quienes señalaron estar satisfechos o muy satisfechos con su trabajo a los cuatro años del egreso (69,4% hombres y 59,4% mujeres). Esta diferencia se reduce a 6,5 puntos porcentuales a los siete años del egreso (76,4% hombres y 69,9% mujeres). Si bien a los siete años las diferencias se van reduciendo, es relevante que en ambas instancias las mujeres dan cuenta de menores valores de satisfacción con su actividad laboral.

Figura 7. Satisfacción laboral por sexo, olas 2 y 3 (N Ola 2=768, N Ola 3=662).

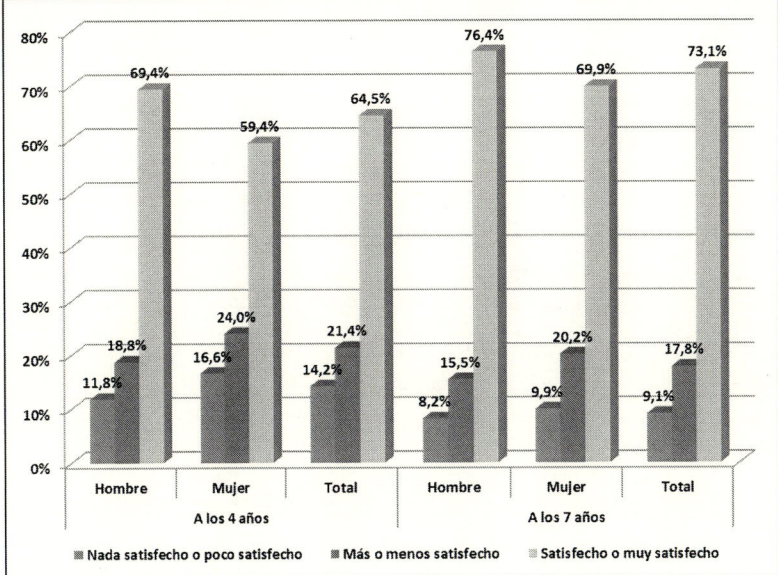

Fuente: Programa de Seguimiento de Egresados - División Estadística - Udelar. Año de relevamiento: Ola 2 (2016-2018) y Ola 3 (2019-2021).

Atendiendo a los datos de la última medición, y preguntándonos por la relación entre estudiantes becarios y no becarios, o estudiantes primera generación de universitarios, encontramos también altos valores de satisfacción con el trabajo. Igualmente, se puede observar que existe en ambos casos una mayor insatisfacción en quienes tuvieron beca y en quienes son primera generación de universitarios.

Figura 8. Satisfacción laboral según obtención de beca, ola 3 (N con beca=80, N sin beca=662).

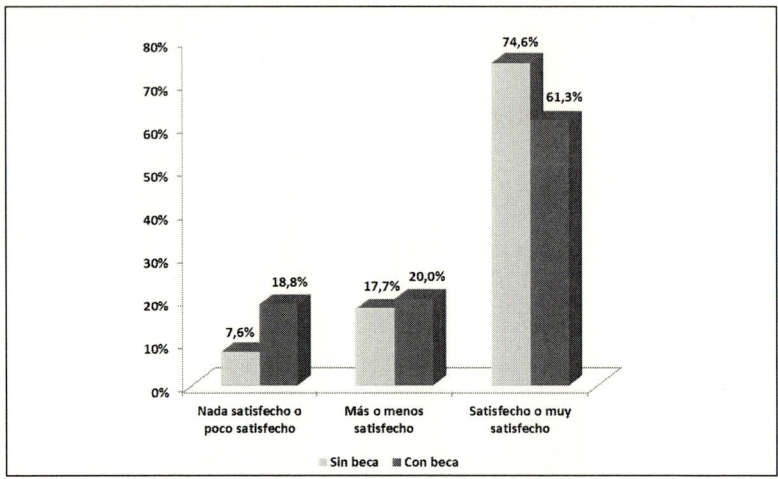

Fuente: Programa de Seguimiento de Egresados - División Estadística - Udelar. Año de relevamiento: 2019-2021.

Figura 9. Satisfacción laboral según primera generación de educación terciaria, ola 3. (N 1era gen. = 192, N no 1era gen. = 422).

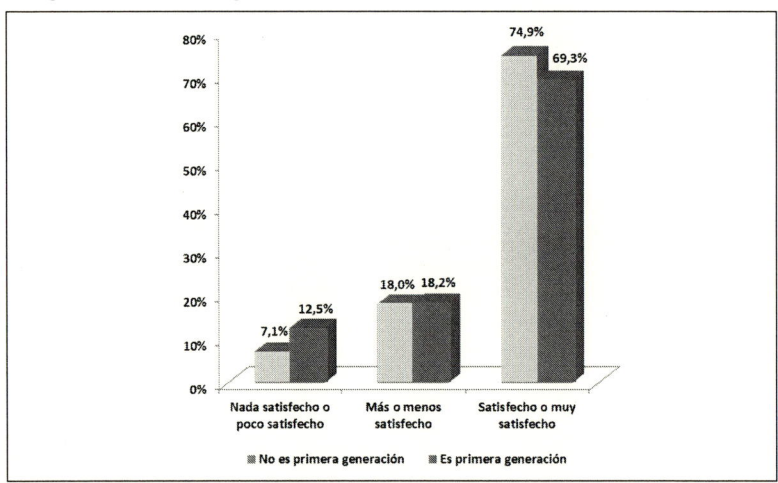

Fuente: Programa de Seguimiento de Egresados - División Estadística - Udelar. Año de relevamiento: 2019-2021.

En las entrevistas realizadas fue indagada la percepción sobre las condiciones de trabajo, vinculado directamente con la satisfacción con el mismo. Desde esta aproximación es posible visualizar qué tipo de

LAS PROFESIONES Y LOS MODELOS PRODUCTIVOS

elementos son los que se ponen en juego en la satisfacción o insatisfacción con un puesto laboral.

Una ingeniera química enfatiza la ubicación de los espacios de trabajo, la cantidad de horas, los objetivos netamente económicos de las tareas y el tener personal a cargo. También aparece, en este fragmento que seleccionamos, la dimensión de género como un elemento que tiene un peso a la hora de visualizar la inserción laboral:

> Ahí ves cómo el trabajo en fábrica en general es muy lejos, son muchas horas, es muy poco humano, estoy muy generalizando, hablando de mi experiencia, pero estás lidiando con fábricas, todo es plata. También había gente que me decía que era un trabajo como de hombre, porque tenes que lidiar con un montón de operarios, lo cual es cierto. Requerís de muchas habilidades blandas si queres ser un ingeniero de planta, tenés mucha gente a cargo –en su mayoría varones– y es un viaje. (Carla, ingeniera química, noviembre de 2021)

Otro egresado de la misma carrera enfatiza el peso del ambiente de trabajo en su evaluación: el clima laboral, el tipo de vínculos que se construyen en el mismo, el tipo de trato. En este fragmento estos elementos son relevantes, destacándose la dureza del último elemento:

> Son ambientes bastante hostiles, mucha competencia interna, no se dan los mejores tratos, pienso un poco eso, como nuevas tendencias que hay, el enfoque en resultados. El rendimiento. Le sacan un poco el foco a la persona y el trabajador y lo importante… no importa si tuviste que quedarte cinco horas extras, lo importante es que saques el trabajo, y no mucho más. El enfoque de resultado es eso, no importa tanto el proceso o cómo trabajas, sino bueno, si cumpliste o no cumpliste. Me sentí súper presionado por parte de ella en vez de acompañado y tutorado, me sentí un poquito maltratado en realidad. (Martín, ingeniero químico, diciembre de 2021)

Por último, en las entrevistas también apareció la relevancia del tipo de tareas con los proyectos vitales y el bienestar. La misma ingeniera química nos decía:

> Cuando después estás ahí con tremendo laburo y te pagan re bien y sos la persona más infeliz del planeta, decís "bueno, no lo era todo". (Carla, ingeniera química, noviembre de 2021)

i) Vinculación de la inserción laboral con la formación

Otro de los elementos que hemos indagado se vincula con la relación entre la inserción laboral y la formación. En este sentido las y los egresados responden que ambos elementos se encuentran fuertemente relacionados en las tres consultas, destacándose una brecha vinculada al género que también se reduce a los siete años del egreso, sin desaparecer.

Figura 10. Relación carrera y ocupación por sexo, olas 1, 2 y 3 (N Ola 1 = 865, N Ola 2 = 768, N Ola 3 = 662).

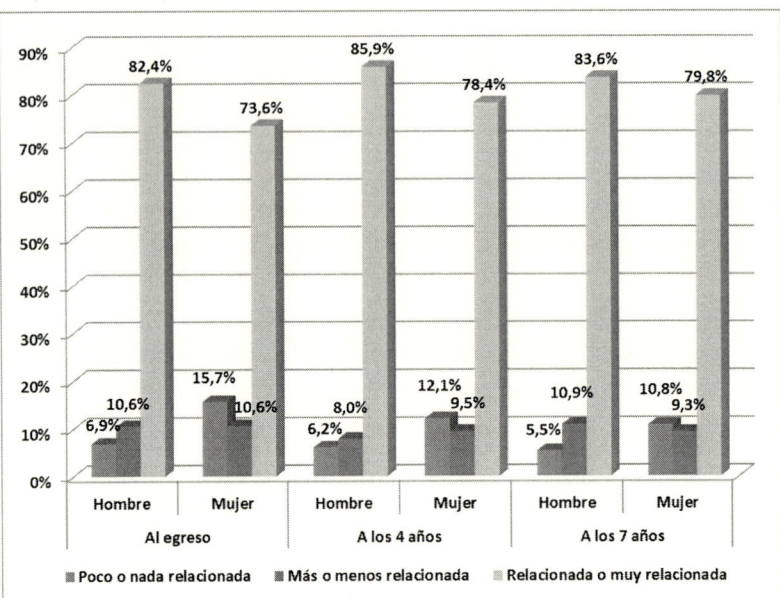

Fuente: Programa de Seguimiento de Egresados - División Estadística - Udelar. Año de relevamiento: Ola 1 (2012-2014), Ola 2 (2016-2018) y Ola 3 (2019-2021).

También es significativa la variación que existen en estos datos en relación a la facultad de la que se egresa. Si bien en todos los casos vemos una alta relación entre formación y empleo, también se puede observar una heterogeneidad importante entre facultades, variando hasta en veinte puntos porcentuales la respuesta "relacionada o muy relacionada" entre la valoración máxima (89,4% en Facultad de Ingeniería) y las mínimas (69,4% en Facultad de Ciencias o 67,6% Ingeniería en Alimentos). Es posible afirmar que los y las egresadas de Facultad de Ciencias se insertan laboralmente en áreas menos relacionadas con su formación. También que la cantidad de egresadas o egresados trabajando en áreas poco o nada relacionadas con su formación es mínima en las facultades de Ingeniería y Química, y la carrera de Ingeniería Química.

Las profesiones y los modelos productivos

Figura 11. Relación carrera y ocupación por facultad, ola 3[5].

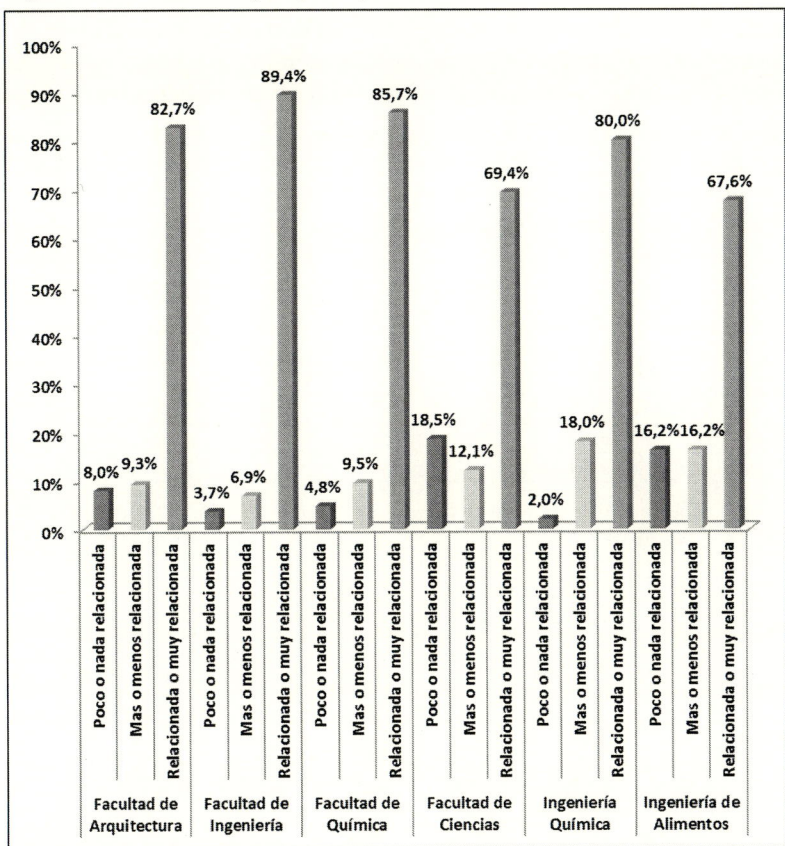

Fuente: Programa de Seguimiento de Egresados - División Estadística - Udelar. Año de relevamiento: 2019-2021.

Atendiendo a la última de las mediciones, también nos resulta interesante indagar cómo se articula la relación entre formación y empleo con la obtención de beca y las características socioculturales y económicas de la familia de origen. Considerando la obtención de becas por parte del egresado/a, podemos señalar que la relación entre su formación y su trabajo actual es alta entre ambos grupos. Atendiendo a las diferencias entre becarios y no becarios se puede observar una paridad en poco o nada relacionado, una diferencia de casi nueve puntos porcentuales entre quienes tienen empleos relacionados o muy

---

5   N Arquitectura = 150, N Ingeniería = 217, N Química= 84, N Ciencias = 124, N Ing. Química = 50, N Ing. de Alim= 37.

relacionados con su formación y una diferencia de casi diez puntos porcentuales entre aquellos que califican la relación como neutra. Se plantea la pregunta sobre si los/as egresados/as que parten de hogares menos favorecidos tienen mayores dificultades para insertarse en empleos altamente vinculados a su formación.

Esta diferencia no se constata en tal medida entre quienes son primera generación en la educación terciaria, siendo que los valores se mantienen más homogéneos.

Tabla 10. Relación carrera y ocupación, por obtención de beca, ola 3 (N con beca=80, N sin beca=536).

¿Su ocupación está relacionada con la carrera? (a los siete años del egreso)	Obtuvo beca	
	No	Sí
Poco o nada relacionada	8,0%	7,5%
Más o menos relacionada	8,2%	17,5%
Relacionada o muy relacionada	83,8%	75,0%

Fuente: Programa de Seguimiento de Egresados - División Estadística - Udelar. Año de relevamiento: 2019-2021.

Tabla 11. Relación carrera y ocupación, por obtención primera generación de educación terciaria, ola 3 (N 1era gen. = 192, N no 1era gen. = 422)

¿Su ocupación está relacionada con la carrera? (a los siete años del egreso)	Primera generación de educación terciaria	
	No	Sí
Poco o nada relacionada	6,9%	9,4%
Más o menos relacionada	9,0%	10,4%
Relacionada o muy relacionada	84,1%	80,2%

Fuente: Programa de Seguimiento de Egresados - División Estadística - Udelar. Año de relevamiento: 2019-2021.

j) Evaluación de elección de carrera

Esta variable implica una consideración desiderativa que resume las consideraciones acerca de la carrera. Se indaga en las olas 2 y 3. Es un indicador clave para considerar a la población que no se inserta laboralmente en áreas afines a su formación y que amerita una profundización para tener más herramientas para conceptualizar la interfase al mundo del trabajo. Puede ser útil para repensar los dispositivos de orientación al ingreso y la distancia entre el imaginario acerca del perfil de un egresado/a de esta profesión. A continuación, se refleja en el discurso de algunos de los/as entrevistados/as:

En el discurso de una ingeniera química:

LAS PROFESIONES Y LOS MODELOS PRODUCTIVOS

Me iba re bien, siempre salvé todo, alguna vez perdí un examen, pero en ese sentido me iba re bien, me re incentivan a eso. Entonces yo estaba estudiando, después vemos qué pasa en el mundo laboral. Durante toda la carrera fui muy poco consciente de que un día se iba a terminar y yo me iba a trabajar de eso, hasta ese momento no sabía si me gustaba o no. (Carla, ingeniera química, noviembre de 2021)

Afirma otro de los entrevistados:

Elegí Ingeniería Química tal vez con una ilusión un poco infantil de meterme en temas ambientales, por ahí, y de interés por las ciencias más básicas. Por eso pasé también por la Facultad de Ciencias, de querer meterme más en física, matemáticas, en química, en cosas que me parecía que eran interesantes. También vivir la experiencia de la universidad, que me copaba. (...) Lo vi un poco por el lado de ese ideal que es la universidad en sí. Y sin pensar mucho, tal vez una evasión de algún tipo, de qué iba a trabajar después, y qué era eso que estaba estudiando. Como que me metí en la carrera en sí sin pensar qué era lo que pasaba después. Tal vez lo pensaba, pero no lo entendía. (Martín, ingeniero químico, diciembre de 2021).

En los datos obtenidos del estudio de la DGPlan podemos ver que la evaluación de la elección de carrera es muy favorable en este conjunto de egresadas/os: en ambas olas más de la mitad volvería a elegir la misma carrera en la misma universidad. Existe una variación por sexo en cada una de las olas, con una diferencia de diez puntos porcentuales a favor de los varones en este punto. Sin embargo, centrándonos en la elección de la carrera antes que, de la universidad, también aparece un número relativamente importante de egresadas y egresados que elegirían otra carrera (en la Udelar u otra universidad) si pudiera volver atrás: este valor oscila entre 23,5% para los varones en la segunda ola y 37,2% de las mujeres en la tercera ola. Existe un número no menor de egresadas y egresados que tomaría decisiones diferentes en cuanto a la formación profesional.

Figura 12. Si pudiera volver atrás, ¿qué elegiría? por sexo, olas 2 y 3 (N Ola 2 = 814, N Ola 3 = 685).

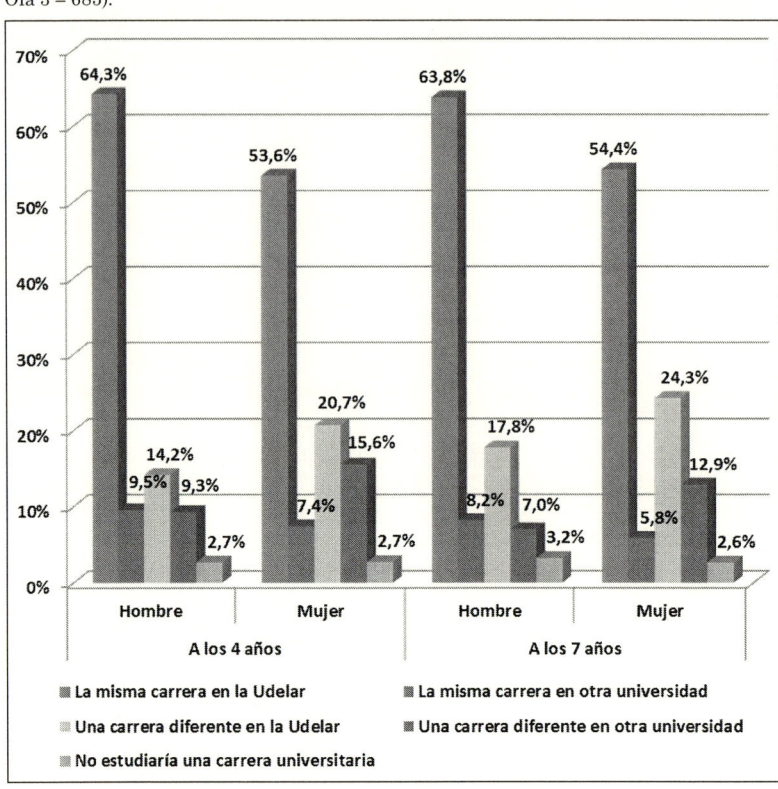

Fuente: Programa de Seguimiento de Egresados - División Estadística - Udelar. Año de relevamiento: Ola 1 (2012-2014), Ola 2 (2016-2018) y Ola 3 (2019-2021)

Consideraciones finales

El trabajo presentado se propuso analizar los perfiles y trayectoria de una población específica, como lo son los/as egresados/as del área científico-tecnológica, sobre la que existen ciertos constructos sociales que la identifican con ciertas dinámicas de inserción académico-profesional idealizada, con altos índices de ocupación en puestos muy relacionados con sus formaciones y remuneraciones altas. Sin embargo, es posible identificar perfiles heterogéneos entre las distintas carreras consideradas, observando trayectorias no lineales en sus egresados.

Se aplicó un diseño metodológico mixto, encontrando complementariedad en las metodologías utilizadas, así como en los objetivos de investigación del Programa de Seguimiento de Egresados y la línea de investigación y apoyo a las trayectorias educativas para universitarios/as del Progresa. A través del trabajo conjunto se elaboran categorías de análisis acerca de la inserción laboral de los/as graduados/as considerando la relación entre formación y empleo como un fenómeno complejo y multicausal. Asimismo, el presente trabajo aporta a complejizar el entendimiento de los procesos de construcción de identidad profesional de los/as egresados/as de formaciones del Área de Ciencia y Tecnología de la Udelar. El estudio abarca cuatro facultades: Ingeniería, Química, Ciencias y Arquitectura, y Diseño y Urbanismo. Se trabajó con un universo delimitado a partir de los datos obtenidos de 1.038 egresados/as encuestados/as en un estudio longitudinal, de tipo panel con tres mediciones. El conjunto está integrado por 49,5% (514) varones y 50,5% (524) mujeres, aunque al considerar estos datos desagregados por facultad encontramos que en la Facultad de Ingeniería los encuestados varones prevalecen (78,4%, 251). En cuanto a la residencia, la mayoría (84%, 872) vive en Montevideo al momento del egreso, y la tendencia a residir en el exterior aumenta hacia la tercera medición a los siete años llegando a 6,2% (64). En cuanto a los eventos de transición a la vida adulta, se observa un crecimiento, hacia los siete años, del porcentaje de quienes tienen hijos (46%, 477) y las respuestas acerca del estado conyugal indican que un tercio está casado/a (34,5%, 358) y otra proporción mayor se declara en unión libre (37,6%, 390). Además, un casi un 40% de los y las encuestadas indica tener constituido un hogar nuclear con hijos.

Uno de los propósitos de la presente caracterización tiene que ver con la construcción de dimensiones de análisis a partir de variables relevadas en los formularios de egreso y de seguimiento de egresados que, junto con los datos cualitativos de las entrevistas, nos permiten elaborar preguntas de investigación para conocer más acerca de la inserción de los/as graduados/as y de la relación entre formación y empleo. Detallamos así los factores socioeconómicos a partir de las variables de condición de becario/a y del nivel educativo de los padres. Del conjunto de los/as encuestados/as, un 12% obtuvo una beca de apoyo que requiere un estudio socioeconómico específico que da cuenta de un contexto familiar desfavorecido, y un 32% se identificaron como primera generación de universitarios en sus familias. En relación con los factores educativos nos resulta importante incorporar la opinión de los/as graduados/as acerca de su formación, de la elección de la misma, de las competencias que brinda para el ejercicio profesional y también acerca de la estructura curricular, los/as docentes y los dispositivos de apoyo y orientación que conocieron para permanecer en la Udelar y en la trayectoria de formación universitaria. Estos dispositivos están vinculados a estructuras académicas (Unidades de Apoyo a la Enseñanza, bedelías, cátedras, comisiones y grupos de trabajos, asociaciones estudiantiles, entre otros) tanto a nivel de las facultades como a nivel central de toda la universidad. En este punto, el Progresa, desde su creación, viene implementando recursos de apoyo e información, talleres y seminarios, cursos y actividades de integración para todos los/as estudiantes de la Udelar. A su vez, existen mecanismos para apoyar al egreso que están muchas veces vinculados a la escritura de los trabajos finales de grado, tesis y tesinas. Ante la consulta de si elegiría de nuevo la carrera y la institución (esta pregunta se incluye sólo en los formularios de la ola 2 y 3), es interesante señalar que aproximadamente el 60% responde afirmativamente en ambas mediciones.

Con relación a la transición hacia el mundo del trabajo, a partir de estos datos podemos ver que ésta se da de forma principalmente satisfactoria: los niveles de ocupación, que dan cuenta de una inserción laboral efectiva, son altos, así como también los de satisfacción con el empleo. Por su parte, las ocupaciones laborales aparecen fuertemente vinculadas a su formación, a la vez que la evaluación de esa formación mayoritariamente satisfactoria. Es de nuestro interés indagar más también acerca de la continuidad en la formación de posgrado, con especial énfasis en las carreras de perfil académico, que desembocan en trayectorias de producción de conocimiento. Por un lado, tomamos la hipótesis acerca de si la formación de posgrado posterga el ingreso al mercado laboral. Por otro, pauta que la formación de grado no siempre da todas las herramientas al sujeto para construir su proyecto ocupacional, sino que es necesario que se busquen nuevos espacios de aprendizaje.

Desde la perspectiva de la orientación vocacional, no deja de resultar significativo que existe un conjunto de egresadas/os que se aleja de este patrón. Este conjunto de egresadas/os puede ser pequeño si atendemos a quienes tienen ocupaciones no vinculadas a su formación, mayor si atendemos al nivel de satisfacción con el empleo y considerable si atendemos a la cantidad de sujetos que considera que elegiría otra carrera si pudiera volver atrás. A partir de estos datos, nos formulamos nuevas preguntas: ¿qué elementos están en juego en el ejercicio laboral no vinculado a la formación? ¿Se explica por decisiones de las y los profesionales o por condiciones del mercado de trabajo? ¿Qué lugar tiene, en estos casos, la elección de carrera o la conformación de una identidad profesional? ¿La insatisfacción con el empleo, el no

LAS PROFESIONES Y LOS MODELOS PRODUCTIVOS

ejercicio profesional y la reconsideración de la elección de carrera son elementos que van de la mano? Estas preguntas orientan nuevos análisis de estos mismos datos, a partir de la posibilidad de hacer dialogar diferentes variables entre sí, así como también constituyendo universos diferentes de indagación, por ejemplo, analizando específicamente las características de las y los egresados que entienden que su ocupación no se encuentra fuertemente vinculada a su formación y/o que elegirían estudiar otra carrera. Esta indagación se enriquecería también con la incorporación de herramientas de indagación cualitativa, que permitieran recoger tanto la percepción de los sujetos como las particularidades de sus trayectorias.

Bibliografía

Asociación Columbus (2006). *Manual de instrumentos y recomendaciones para el seguimiento de graduados*. Red GRADUA2. Instituto Tecnológico y de Estudios Superiores de Monterrey. https://www.almalaurea.it/sites/almalaurea.it/files/docs/universita/altro/red_gradua2.pdf

Beck, Ulrich (2000). *Un Nuevo Mundo Feliz. La precariedad del trabajo en la era de la globalización*. Paidós.

Blanco-Echeverry, María del Pilar (2022). ¿Cómo entender la identidad profesional hoy?. *El Ágora U.S.B.*, 22(1), 426-443.

Blanco, Mercedes (2011). El enfoque del curso de vida: orígenes y desarrollo. *Revista Latinoamericana de Población*, 5(8), 5-31.

Centro Interuniversitario de Desarrollo (2004). *Competencias de egresados universitarios*. CINDA: Santiago de Chile.

Casal, Joaquín (1985). *De la sociología de la juventud a la sociología de las transiciones*. Materiales, 2: Diputación de Cádiz.

Casal, Joaquín; García, Maribel; Merino, Rafael y Quesada, Miguel (2006). Itinerarios y trayectorias. Una perspectiva de la transición de la escuela al trabajo. *Trayectorias*, 8(22), 9-20.

Comisión Sectorial de Enseñanza (2015). *Programa de Respaldo al Aprendizaje: orígenes, presente y proyecciones*. https://www.cse.udelar.edu.uy/wp-content/uploads/2018/07/Rinde-cuentas_progresa_OrigenesPresenteProyecciones.pdf

Dubet, François (2006). *El declive de la institución: profesiones, sujetos e individuos en la modernidad*. Gedisa.

Dirección General de Planeamiento (2021). *Síntesis estadística de la Universidad de la República*. https://planeamiento.udelar.edu.uy/wp-content/uploads/sites/33/2021/12/Sintesis-estadistica-2021-Web.pdf

Enrich, Heber (2014). *Desempeño estudiantil en FING. ¿Dónde estamos ubicados?* http://www.fing.edu.uy/sites/default/files/claustro_citaciones/2014/distribuido/10238/01-2014%20Desempeño%20estudiantil%200.pdf

Facultad de Ciencias y Facultad de Ciencias Sociales (2021). II Censo de Egresados y Egresadas de Ciencias. https://www.fcien.edu.uy/noticias/1831-el-86-de-quienes-egresan-de-facultad-de-ciencias-trabajan-en-actividades-vinculadas-a-su-formacion

Feixa, Carles (1999). *De jóvenes, bandas y tribus: antropología de la juventud.* Editorial Ariel.

Martucelli, Danilo (2007). *Lecciones de sociología del individuo.* Pontificia Universidad Católica del Perú.

Nicastro, Sandra y Greco, María Beatriz (2012). *Entre trayectorias. Escenas y pensamientos en espacios de formación.* Homo Sapiens Ediciones.

Panaia, Marta (2017). *La creación de dispositivos de seguimiento de graduados con técnicas longitudinales: el caso de los laboratorios MIG.* Comisión Sectorial de Enseñanza: InterCambios. https://ojs.intercambios.cse.udelar.edu.uy/index.php/ic/article/view/126

Panaia, Marta (2015). *Universidades en cambio: ¿generalistas o profesionalizantes?* Miño y Dávila.

Ramírez, Raúl; Fiori, Nicolás y Hein, Pablo (2014). *Propuesta de creación del Programa de Seguimiento de Egresados de la Universidad de la República.* Dirección General de Planeamiento - Udelar. https://planeamiento.udelar.edu.uy/wp-content/uploads/sites/33/2015/05/Programa-de-Seguimiento-de-Egresados.pdf

Rodríguez Hayan, María Noel y Sotelo, María Eugenia (2012). *Evaluación multidimensional de un programa de formación en la Facultad de Química. Diseño y análisis de indicadores institucionales e indicadores de impacto en la formación.* Comisión Sectorial de Investigación Científica - Udelar.

Rosa, Hartwut (2016). *Alienación y aceleración. Hacia una teoría crítica de la temporalidad en la modernidad tardía.* Universidad Nacional Autónoma de México / Katz.

Terigi, Flavia (2009). *Las trayectorias escolares. Del problema individual al desafío de la política educativa.* Ministerio de Educación.

Urteaga, Eguzki (2008). *Sociología de las profesiones: una teoría de la complejidad.* Universidad del País Vasco.

Valles, Miguel (1999). *Técnicas cualitativas de investigación social. Reflexión metodológica y práctica profesional.* Síntesis.

Sitios web

Centro Interuniversitario de Desarrollo: https://cinda.cl/publicacion/seguimiento-de-egresados-e-insercion-laboral-experiencias-universitarias/

Dirección General de Planeamiento: https://planeamiento.udelar.edu.uy/wp-content/uploads/sites/33/2023/09/2022-Ingresos-a-Servicios_febrero23_Mont-Int_conSexo.pdf

Facultad de Arquitectura, Diseño y Urbanismo: https://www.fadu.edu.uy/eucd/institucion/

Facultad de Ciencias: https://www.fcien.edu.uy/institucional/facultad-de-ciencias

Facultad de Ingeniería: https://www.fing.edu.uy/es/institucional/presentaci%C3%B3n

Facultad de Química: https://www.fq.edu.uy//es/node/8

Observatorio de la Universidad Colombiana: https://www.universidad.edu.co/consolidado-indicadores/

Oficina de Evaluación y Acreditación: http://www.fadu.edu.uy/oeia/ajuste-transversal-planes-de-estudio/

Oficina de Evaluación y Calidad de la Universidad de León: https://calidad.unileon.es/sistema-de-informacion/satisfaccion-grupos-de-interes/egresados/

La relación formación-empleo en el turismo mendocino[1]

Marta Panaia

Introducción

Según el Ministerio de Medio Ambiente, la superficie cultivada con vid a nivel mundial ronda los 7,6 millones de hectáreas cúbicas, de las cuales Argentina ocupa cerca del 3,03%. Esta superficie está distribuida en distintas provincias de Argentina: Mendoza con 158.585 hectáreas cultivadas (70,81%), San Juan con 47.533 ha (21,23%), La Rioja con 7.428 (3,32%), Salta con 3.245 (1,45%), Catamarca con 2.697 (1,20%), Neuquén y Río Negro con 3.413 (1,52%) y algunas otras provincias que revisten menor importancia, por tratarse de pequeñas superficies (0,47%) (INV, 2017). La vitivinicultura en Argentina tiene ventajas comparativas con respecto a otras regiones vitivinícolas del mundo dadas principalmente por el alto potencial productivo y cualitativo de los ambientes donde se desarrolla. La cordillera de los Andes y el desierto que rodea a las áreas de cultivo, brindan una barrera natural frente a plagas y enfermedades, favoreciendo condiciones de alta sanidad (MINMA, 2018).

La provincia de Mendoza (Argentina) se considera un circuito turístico en formación, que tiene una construcción desde 2007 con el asesoramiento y acompañamiento de la Junta de Andalucía y la provincia de Málaga (España), instrumentado y financiado a través del Consejo Federal de Inversiones.[2] Esto significa que, en la provincia, desde hace quince años está vigente la planificación estratégica, la participación de todos los actores sociales y la evaluación externa de

1 Una versión preliminar de este trabajo se presentó en el II Congreso Internacional de Investigaciones en Turismo e Identidad, Cuyo, octubre de 2021.

2 Para su desarrollo se ha contado con la dirección técnica de la Sociedad de Planificación y Desarrollo (SOPDE), que ha trabajado con la Secretaría de Turismo de Mendoza. Cf. TURPLAN II-2007-2011, provincia de Mendoza.

resultados. Sin entrar aquí en detalles sobre el Plan, solamente se destaca que, en este período, hay una visión de planificación estratégica que se encara a nivel del país, de la provincia y del Ministerio de Turismo de la Provincia de Mendoza que construye sinergias importantes que se pueden observar en el funcionamiento del turismo de la provincia.

Según el *Diccionario Breve de Turismo* (2009), los *circuitos turísticos* son un conjunto de espacios territoriales que forman una misma oferta de bienes y servicios turísticos. Se trata de un recorrido circular o semicircular que parte de un centro emisor o receptor y que cuenta con atractivos y facilidades a lo largo de su ruta. También se entiende por circuito turístico aquel recorrido turístico con regreso al mismo lugar, sin pasar dos veces por el mismo sitio. Existen distintas fases en la conformación de un circuito, algunas de las cuales todavía están en construcción en el caso de Mendoza o no tienen total seguridad y eficiencia.

En este caso se toma en cuenta, entre otros productos turísticos, las rutas alimentarias, porque la investigación está circunscripta a la Ciudad de Mendoza y Gran Mendoza (2008-2011) y son ellas las que favorecen la aparición de un tipo especial de hoteles y *resorts*. Las rutas alimentarias argentinas entendidas como un itinerario que permite reconocer y disfrutar de forma organizada el proceso productivo agropecuario, industrial y la degustación de la cocina tradicional y de otras expresiones de la identidad cultural, tienen su origen en 1999 cuando la Secretaría de Agricultura, Ganadería y Pesca de la Nación se propuso desarrollar el programa denominado Rutas Alimentarias, utilizando al turismo para dar a conocer los productos que se elaboran en el interior del país. Luego, el TURPLAN I y II otorgan un tratamiento estratégico al impulso inicial (Bocchicchio, 2009). La provincia bajo estudio tiene en funcionamiento dentro de las rutas alimentarias, la ruta de las huellas caprinas, la ruta de los olivares y la ruta del vino, como figuras de ordenamiento territorial, asociados a centros turísticos de estadía, que consisten en nucleamientos de atributos que en forma espontánea u obedeciendo a una relación planificada están rodeados de una concentración de infraestructura y servicios que abastecen las necesidades turísticas (Bocchicchio, 2009).

Según Aguilera (2007), la Ruta Turística tiene por función la promoción de un área facilitando el encuentro entre el visitante y el medio, con libertad de movimiento. Se puede organizar a modo de paquete turístico o pueden ser paseos o senderos temáticos, pueden abordar diferentes temáticas y cuando una ruta incluye la prestación de servicios turísticos pasa a convertirse en un paquete turístico.

El enoturismo cumple el rol de dar a conocer la cultura del vino mostrando la actividad vitivinícola en el medio rural, y ofreciendo al territorio como un todo (cultura paisaje y servicios). A pesar de que este tipo de turismo es un objeto de estudio con creciente atención por parte de los investigadores de diferentes países de mundo, aún existen muchas posibilidades de estudios significativos sobre la dinámica existente entre la industria vitivinícola y el servicio turístico, que para nuestro país no han sido realizados todavía (MINMA, 2018).

Para tener una idea de la importancia del enoturismo, durante el año 2006 y el 2007, según datos de la Comisión Nacional de Turismo de Bodegas Argentinas, durante el 2007, 1.100.000 personas recorrieron los denominados *Caminos del Vino de la Argentina*, teniendo un crecimiento del 118% con respecto al año anterior, una cifra considerablemente mayor que el crecimiento del total de turistas que visitaron la Argentina durante 2007 (21%). Para 2018 más de doscientas bodegas integran el circuito de enoturismo, distribuidas en nueve provincias vitivinícolas. Desde Mendoza a la Patagonia, crece el turismo del vino.

En Mendoza, de acuerdo con la misma fuente, noventa y seis bodegas se abren al turismo; ochenta y cinco de ellas reciben visitas con horario fijo y disponen de personal permanente para la atención al turista y cuarenta y cinco ofrecen material de promoción (*merchandising*). Durante 2007, las visitas de turistas extranjeros a bodegas se incrementaron en un 11% y esto refleja el posicionamiento que está teniendo los *Caminos del vino* en nuestro país. De esta manera, se da inicio –en el caso de la industria vitivinícola– a lo que se conoce como enoturismo o turismo del vino, que es una de las variantes de productos turísticos de Mendoza. Los turistas argentinos son principalmente de Buenos Aires, Córdoba, Santa Fe y La Pampa. Los visitantes internacionales corresponden a Brasil, Estados Unidos, México, Chile e Inglaterra (en ese orden) (Bocchicchio, 2009).

La provincia de Mendoza, ubicada en la zona central-oeste del territorio nacional, forma parte de las provincias cuyanas y está dividida en cinco zonas turísticas, pero a los efectos de esta ponencia, se analizan los datos de la zona 2.[3] Por las características de las zonas

---

3   Por razones de espacio solo se presenta la zona 2: La zona 1 es la Zona Turística Norte o Montañas y Travesías (Lavalle); La 2, Zona Turística Gran Mendoza o Metrópolis del Vino; la 3, Zona Turística Este o Valle Central; la zona 4, Zona Turística Centro o Valle de Uco; y la zona 5, Zona Turística Sur o Mendosur.

seleccionadas, es importante observar el turismo cultural –de congresos y exposiciones– que queda fuera de los límites de este trabajo y todo lo relacionado con los circuitos del vino y del olivo con una estacionalidad anual, en el que está centrado este trabajo.[4]

El trabajo de campo del estudio[5] abarca la ciudad capital y las siguientes ciudades del Gran Mendoza: Guaymallén, Luján de Cuyo, Godoy Cruz, Maipú, Las Heras, y se realiza en el marco del Convenio FCS-UBA- Mintur (2008-2011).

Sintéticamente, Mendoza y el Gran Mendoza se caracteriza por ser una de las grandes metrópolis del vino, elegida en el año 2005 como una de las ocho capitales del vino a nivel mundial.[6] Vale aclarar que Mendoza es la principal provincia productora de vino del país. De esta forma, el turismo del vino, como derivado especial del turismo rural, cobra cada vez más fuerza en la provincia y en la capital con el desarrollo de servicios complementarios al turismo, como hospedajes y restaurantes en bodegas, la selección de bodegas como escenario para la realización de eventos culturales y la tendencia a construir circuitos turísticos atractivos para la atención del turista (Zamora y Barril, 2007). Esto impulsa otros productos turísticos que se ven favorecidos por los escenarios del vino, como la realización de eventos y convenciones y el turismo cultural, relacionado con la cultura del vino y del olivo, pero también con una importante corriente artística puesta en marcha por las industrias culturales mendocinas.[7]

Los circuitos del vino son de gran importancia y también el turismo naturaleza, salud y aventura. La Fiesta de la Vendimia, Semana Santa, el acceso al Aconcagua y los recorridos sanmartinianos constituyen los paquetes más demandados, amén de su red de museos y las actividades culturales y estéticas que constituyen una

---

4   Programa de Consolidación del Enoturismo, en manos de Bodegas Argentinas financiado por BID-FOMIN, Cf. TURIPLAN II, 2007-2011.

5   El campo se realizó en la ciudad capital y en los barrios circundantes en el mes de marzo de 2009.

6   TURIPLAN II, 2007-2011. Durante el trabajo se campo se tomó contactó con el equipo de consultores que diseñó e implementa el Plan de Desarrollo Turístico de Mendoza 2007-2011 (TURPLAN II). Este programa, que cuenta con financiamiento externo, señala entre las debilidades del sector la necesidad de un mayor compromiso que mejore la calificación de los empleados y propone emprender actividades de capacitación como elemento decisivo en la conformación del valor agregado de la zona.

7   Mendoza cuenta con catorce áreas naturales protegidas bajo la dirección de Recursos Naturales Renovables; cuenta con dos parques provinciales, el Aconcagua y el Tupungato además del Ñancuñán, que es administrado por la nación a través del Instituto Argentino de Investigaciones en Zonas Áridas (IADIZA). Todas las áreas protegidas cuentan con un sistema de guardaparques capacitados y que realizan las visitas guiadas, además de vigilar esos espacios.

herramienta importante para la difusión de los circuitos del vino. Los circuitos vitivinícolas incluyen diversas actividades, entre ellas recorrer viñedos en bicicleta, picnics en jardines, participar de la cosecha de la uva, elaboración de vino y de la poda de las vides. También se puede realizar catas de vino y disfrutar de la mejor vista con espacios para organizar eventos, casamientos o encuentros con amigos. Además, las bodegas preparadas para el turismo brindan la posibilidad de almorzar o cenar en ellas con una degustación de distintos vinos y maridajes con entradas, vegetales, carnes y postres, donde se combina el paisaje con los sabores de la gastronomía típica del lugar y los vinos recomendados por los enólogos que deleitan a los visitantes con sus saberes sobre la cultura del vino.

Estas iniciativas adquirieron una nueva importancia en el marco de la pandemia del Covid-19, que actualizó la necesidad de volcarse al turismo rural y el impulso que este tipo de turismo proporciona al desarrollo regional. Con este motivo conviene retomar estos estudios con miras a analizar su punto de partida, su evolución y las transformaciones que debe afrontar.

En el caso de la Ciudad de Mendoza y Gran Mendoza se observa en este período el peso del uso de Internet y la existencia de operadores que no funcionan en negocios a la vista, pero es difícil de evaluar la cantidad de actividad *en negro* u oculta de este tipo, ya que se requiere un tipo de instrumental específico, que no es el que se utiliza para este trabajo. En cambio, en la zona del Gran Mendoza las situaciones son mucho más variadas, encontrándose zonas de perfecta conexión y zonas totalmente desprovistas de conexiones telefónicas o de Internet, con lo cual el mecanismo de las agencias o de otras instalaciones turísticas es totalmente externo a la zona o se maneja con mecanismos del boca a boca, de los anuncios parroquiales o de las volanteadas.

La concentración de la actividad nodal del turismo (hoteles y agencias) en la zona céntrica de la ciudad es marcada y esto refuerza la hipótesis inicial de los enclaves dentro de la misma, ya que hay zonas no demasiado alejadas que carecen totalmente de este servicio. Esto también alimenta los operadores ocultos que hacen el servicio por Internet y, además, sobre todo en la población joven que tiene un mayor conocimiento de la informática, la resolución de contrataciones por vía individual es más frecuente.

Se considera que el dinamismo del sector permite la renovación de las actividades económicas relacionadas con el turismo, el cual impacta positivamente en la generación de empleo y en el incremento de ingresos e inversiones. Por ese motivo, el turismo está muy relacionado con el crecimiento económico en la provincia y esto adquirió más resonancia a partir de las tendencias del turismo de proximidad que se perfiló como la alternativa más viable en la situación de pandemia. Por otro lado, es un mecanismo eficaz de distribución de la riqueza, pues permite la generación de empleos en zonas deprimidas que poseen importantes atractivos turísticos en algunos casos todavía no aprovechados para tal fin.

Dentro de las limitaciones de la provincia para el turismo, se observan las deficiencias de infraestructura, que están contemplados en los Planes de integración MERCOSUR. Para la parte turística, son importantes todos los tramos vinculados con la ruta 40, que fundamentalmente facilitan la conectividad con Chile. Algunas rutas son de transito simultáneo de micros turísticos y camiones de transporte de productos comercializados en el Mercosur, lo que genera riesgos adicionales para los turistas y limitaciones en el aprovechamiento de los paquetes vinculados con el acceso a las playas chilenas.

En el marco del fomento del turismo para impulsar el desarrollo regional y la importancia de las instituciones formadoras para transformar el campo turístico, en este capítulo se presentan las características de las instituciones de formación terciaria y universitaria y los graduados de las ofertas de formación, que se consideran un elemento estratégico para lograr la conformación del circuito y mejorar la *perfomance* de la región.

En este sentido, el rol de la universidad y de las instituciones formadoras terciarias puede poner en marcha un proceso de desarrollo participativo, en la medida que puede definir propuestas de acción colectiva. Para ello se requiere, por un lado, el conocimiento científico de los especialistas y los conocimientos y sabes prácticos de los actores sociales. Esto en el marco de un proceso general de transición del sector turístico nacional hacia una etapa de mayor profesionalización, pero todavía en un período prefordista y con alta precarización del empleo en el sector y donde el turismo receptivo proviene generalmente de países que ya han superado la etapa de profesionalización fordista y se encuentran cursando la segunda modernidad (Panaia, 2021); pero que, por otro lado, se vio fuertemente afectado por la situación pandémica.

También hay que destacar que las características del turismo como mercado de trabajo de servicios, flexible, con fuertes aumentos de competitividad en los mercados turísticos internacionales más importantes, ha producido fuertes transformaciones en la demanda de calificaciones de los perfiles de técnicos y profesionales del área.

Las llamadas "competencias sociales del trabajo" son consideradas el nuevo principio de valorización que las gerencias deben conocer y explotar para responder a los cánones de competitividad internacional que le otorgan centralidad al cliente y su satisfacción, y se valoran como la estrategia de diferenciación productiva. De hecho, la mayor complejidad de los lugares de trabajo modifica las demandas de formación, virando las demandas más profesionales a demandas más centradas en las competencias sociales y personales.

En este nuevo esquema de trabajo se produce un nuevo concepto de cadena en la que cada trabajador se convierte en proveedor y a la vez en cliente de los demás, en la medida en que se valora no solamente lo que produce sino cómo lo produce y el clima que genera con su producción, para que el consumidor se encuentre cómodo y satisfecho con su servicio. Esto implica una transformación importante en el proceso de trabajo, que no vimos considerada como tal en las distintas instituciones educativas visitadas, porque implica el pasaje de calificaciones más específicas a competencias más amplias y generales y sobre todo un predominio de la polivalencia, cuando lo que parece primar en estas instituciones es todavía un privilegio de la profesionalización, que todavía no se cierra como etapa en nuestro país.

También es preciso señalar que en términos relativos la cantidad de jóvenes graduados de las carreras de Turismo, en el período estudiado, es significativa y se reparte entre universidades públicas y privadas y tecnicaturas de buen nivel en ambas modalidades de gestión, pública y privada. La población aquí contemplada presenta altos niveles de ocupación, si bien en esta provincia las diferencias según género son bastante marcadas. El inicio de su actividad laboral, así como de las búsquedas de empleo se dan de manera más intensa a partir del año 2003. Dado que la población tiene un perfil muy joven y en plena construcción, se indica la tendencia a combinar los estudios con el inicio de la inserción en el mercado de trabajo, aunque no se dé en ámbitos vinculados a la profesión.

Las instituciones

Dentro de las instituciones entrevistadas de la provincia de Mendoza hay una fuerte presencia de universidades privadas en el dictado de carreras asociadas al hotelería, la gastronomía y el turismo. El siguiente cuadro ofrece información detallada sobre la conformación de la oferta y del personal docente involucrado.

Institutos educativos Mendoza capital: carreras H, G y T				
Nombre	Localidad	Sector	T. Carrera	Títulos
Universidad Champagnat	Godoy Cruz	Privado	Grado / Tecnicatura	Licenciado en Turismo Guía de Turismo
Escuela Internacional de Turismo, Hotelería y Gastronomía. Ex Escuela de la Fundación Islas Malvinas	Mendoza capital	Privado	Tecnicatura	Licenciado en Turismo Técnico Superior en Turismo Licenciado en Administración Hotelera Licenciado en Administración Gastronómica
Instituto de Enseñanza Superior del Atuel	San Rafael	Privado	Tecnicatura	Técnico Superior en Turismo Guía de Turismo
Universidad Tecnológica Nacional	Mendoza capital	Estatal	Tecnicatura	Licenciado en Gestión de Empresas Turísticas Técnico en Gestión de Empresas Hoteleras Técnico en Gestión de Empresas Turísticas
Universidad de Congreso*	Mendoza capital	Privado	Grado	Licenciado en Turismo
Universidad del Aconcagua	Mendoza capital	Privado	Grado	Licenciado en Turismo Licenciado en Administración Gastronómica Licenciado en Administración Hotelera

Fuente: Informe Final. Laboratorio MIG-Turismo-Convenio MINTUR-FCS-UBA (2008-2011). Se agradece la colaboración de M. E. San Martín en la confección de estos cuadros para el citado Informe.

Para tener presente las características de las instituciones formadoras, se hace una breve referencia a sus perfiles y orígenes:

1. *Universidad Champagnat*. Dicta las carreras de licenciado en Turismo y Guía de Turismo y Coordinador de viajes (título intermedio) y se encuentra ubicada en la ciudad de Mendoza (capital de la provincia). Es una institución confesional de gestión privada, perteneciente a los Hermanos Maristas y fundada en 1967. En el año 1971 el Instituto Superior Champagnat se transforma en la Facultad de Ciencias Empresariales Marcelino Champagnat, dependiente de la Universidad Católica de Cuyo; y, en 1991, la universidad se independiza creando la Facultad de Ciencias Empresariales. La universidad se sustenta en las disciplinas de las ciencias económicas e incorpora progresivamente carreras vinculadas a las ciencias humanas y socia-

LAS PROFESIONES Y LOS MODELOS PRODUCTIVOS

les. Actualmente ofrece dieciséis carreras de grado, diplomaturas intermedias y una maestría en Informática.

2. *Universidad del Aconcagua*, dicta las carreras de Licenciado en Turismo y Guía de Turismo y Coordinador de viajes (Título Intermedio) y está ubicada de Mendoza capital). Es una institución de gestión privada.

Fue creada en 1965, junto con el Instituto Superior de la Empresa y el Instituto Superior de Psicología. Un año después se crean la Facultad de Ciencias Sociales y Administrativas y la Facultad de Psicología y una Facultad de Economía y Ciencias Comerciales que se agruparon bajo la denominación actual en el año 1967. Hoy en día está formada por cuatro facultades: Ciencias Sociales y Administrativas; Psicología; Ciencias Económicas y Jurídicas y Ciencias Médicas; una Escuela Superior de Lenguas Extranjeras y un colegio de nivel secundario. Las carreras de gastronomía, hotelería y turismo corresponden a ciclos de complementación curricular para graduados en tecnicaturas, por lo cual sus ciclos son de tres semestres.

3. *Universidad Tecnológica Nacional – Regional Mendoza*, que dicta las carreras de licenciado en Turismo y Guía de Turismo y Coordinador de viajes (título intermedio) y se encuentra ubicada en Mendoza, ciudad capital. Es una institución de gestión pública.

La Facultad Regional Mendoza es de las primeras regionales que integran la Universidad Tecnológica Nacional cuando todavía era Facultad Obrera Nacional en el año 1953, junto con las facultades regionales de Buenos Aires, Córdoba, Rosario y Santa Fe. Comenzó con 69 alumnos inscriptos en dos divisiones de primer año, para cursar tres especialidades: Construcciones de Obras, Construcciones Mecánicas e Instalaciones Eléctricas. Actualmente ofrece cinco ingenierías (Civil, Electromecánica, Electrónica, Química y en Sistemas de Información). También ofrece licenciaturas y posgrados. En materia de hotelería, gastronomía y turismo se ofrecen tres tecnicaturas.

4. *Escuela Internacional de Turismo, Hotelería y Gastronomía. Fundación ex Islas Malvinas*, dicta las carreras de licenciado en Turismo; licenciado en Administración Hotelera y licenciado en Administración Gastronómica. Se encuentra ubicada en la ciudad de Mendoza (capital) y es de gestión privada.

La Escuela tiene reconocimiento y trayectoria en la provincia, pertenece a la Fundación Islas Malvinas. Han desarrollado áreas de investigación propias, un instituto de capacitación laboral y una agencia de viajes propia. Cuenta con un Museo Argentino de Turismo, un restaurante escuela y residencias educativas, además de cinco laboratorios de gastronomía y convenios de pasantías con numerosos restaurantes y hoteles regionales.[8]

Una vez presentadas las instituciones, vale la pena preguntarse cuál es la relación entre la universidad y el desarrollo local, máxime cuando se trata de una actividad como el turismo y la gastronomía, que tiene fuertes implicancias en las características de la región y particularmente en el desarrollo de la actividad turística.

Siguiendo a Coraggio (2009), la ventaja de la universidad en esta tarea de desarrollo es muy importante porque es una institución muy estable, pero su producto, los graduados que forme, tienen un largo período de maduración y también una promesa de ascenso social. Al mismo tiempo cada universidad tiene una cierta autonomía relativa, pero también forma parte de una red nacional e internacional de universidades y esto la vincula con la región y con el mundo. Casi ninguna institución universitaria está aislada del sistema científico, educativo y cultural. Es decir que forma parte de una red de conocimiento y pensamiento universal que podríamos llamar global.

Esto significa que con la aparición de la masificación de la universidad y la aparición de la educación a distancia, se complejiza el concepto de vinculación local/regional y hay que poder encarar los efectos del desarrollo tanto a nivel de la sociedad local/regional como ámbito territorial o hábitat dentro del cual está la sede y donde pueden mantenerse relaciones de intercambio cara a cara con frecuencia cotidiana, pero también recibe los efectos de la comunicación a distancia y los movimientos de la sociedad global, los vínculos internacionales y los intercambios típicos que realizan las universidades en su proceso de conocimiento científico.

En general, lo que se observa es que las universidades están instaladas en lugares de alta densidad poblacional y, en este caso, esto se repite, con lo cual hay que tener presente que estas instituciones compiten por cantidad de alumnos y estilos de estudio, posgrados y títulos, especialmente cuando predominan las instituciones privadas, hay que esperar que la cooperación entre ellas es escasa.

En las últimas décadas se pueden distinguir las universidades de gestión pública y las de gestión privada, como es el caso que se presenta en este estudio, pero también es importante marcar que existen las universidades completas y las universidades parciales.

---

8   El Instituto de Enseñanza Superior "El Atuel" queda fuera del trabajo porque se encuentra situado en San Rafael.

LAS PROFESIONES Y LOS MODELOS PRODUCTIVOS

La parcialidad puede estar dada porque no cubren todos los campos disciplinares o porque no integran todas las funciones de formación, investigación, servicios y generación de cultura. Según la información de Turiplan II (2007-2011), la situación de cada una de las universidades entrevistadas tiene una situación diferente y es destacable la Universidad Aconcagua y la Fundación Islas Malvinas que incluyen la función de investigación.

Cuadro 1. Unidades Educativas según titulaciones y personal específico de turismo. Graduados – Mendoza 2009.

Unidad educativa	Personal específico de turismo					
	Docentes		Jerárquicos		Administrativos	
	CT	ST	CT	ST	CT	ST
5 escuelas con orientación en turismo (10 materias)	50	-	-	-	-	-
20 escuelas con IFL-AST (8 materias)	160	-	-	-	-	-
3 escuelas con IFL-ASH (7 materias)	14	-	-	-	-	-
3 escuelas con IFL-ASH (7 materias)	66	44	15	-	6	41
Esc. Sup. De Turismo y Hotelería "Islas Malvinas"	6	40	1	-	-	-
Universidad Champagnat	10	2	1	1	-	-
Universidad de Congreso	9	11	.-	1	-	1
Universidad del Aconcagua	32	3	1	-	-	2
Total	347	100	18	2	6	44
	447		20		50	

IFL: Itinerario Formativo Laboral; AST: Auxiliar en Servicios Turísticos; ASH: Auxiliar en Servicios Hoteleros; CT: Con Titulaciones en Hotelería o Turismo; ST: Sin Titulaciones en Hotelería o Turismo.

Fuente: TURPLAN II 2007/2011. (Se agradece la colaboración de M. E. San Martín en la confección de estos cuadros para el Informe final del MINTUR-FCS-UBA (2008-2011).

En el caso de las universidades privadas (algunas muy poderosas e internacionales), tensionan desde afuera de la estructura universitaria las tendencias a la mercantilización de la educación superior, así como la investigación y los servicios. También es posible –y la pandemia lo ha demostrado– la aparición de una universidad de la segunda modernidad, como una gran empresa productora de *software*, con comunicación multimedia, sin identidad histórica y donde científicos y profesores enseñen por su cuenta. Dado que todo esto es posible y puede coexistir en un mismo tiempo, hay pensar la relación entre la universidad y el desarrollo –en este caso, turístico– y esto implica conocer con qué tipo de universidad se trabaja, cuál es la relación con los actores políticos y sociales y qué perfiles profesionales producen. Esto quiere decir que es una época de profundas transformaciones para la universidad de países como la Argentina y que todo vínculo con ellas hay que encuadrarlo en una etapa de transición en el que ellas mismas están incluidas.

El contenido de la formación y el perfil de los graduados del período[9]

El proceso de profesionalización se realiza durante el ejercicio profesional, pero desde la formación existen saberes propios de la especialidad turística y gastronómica, que comprenden asignaturas específicas y que contemplan la futura inserción de estos graduados de manera de facilitar también la reproducción del campo profesional. En el caso de la provincia de Mendoza se incluye el turismo aventura, el turismo rural y el turismo del vino como espacios de mercado en consolidación y crecimiento.

En el análisis de los planes de estudio de las carreras en Turismo a nivel terciario y universitario relevadas en la zona II de la provincia de Mendoza, se observan áreas de conocimientos generales de base y competencias para desarrollar el perfil profesional del graduado.[10] Ambas muestran dificultades interdisciplinarias para integrar los conocimientos propios de la gestión con la planificación turística. Se incorporan conocimientos básicos sobre la región, pero en el nivel de la formación de grado no se observa una profundización en competencias que permitan valorizar los destinos turísticos de la provincia.

En el caso específico de las carreras de hotelería y gastronomía, no aparece para esta fecha ninguna asignatura que refuerce un perfil regional en la formación. De esto quedó constancia en el Informe TURPLAN 2007-2011, donde se destaca entre las debilidades del sector gastronómico de Mendoza la escasa oferta de establecimientos especializados en comidas típicas de la provincia; la no comercialización de circuitos gastronómicos y el hecho de que los roles laborales no incluidos en la educación formal presentan escasa capacitación; además de la definición de competencias requeridas que suelen tener un carácter ambiguo y muy abarcativo.[11]

---

9   Se toma como referencia para este parágrafo, el informe sobre Mendoza de San Martín, M.E. incluido en el informe final Laboratorio MIG-Turismo del Convenio Mintur-FCS-UBA, (2008-2011), que abarcó diez provincias argentinas.

10 Se incluyen entre los conocimientos formales: Gestión empresarial; Técnica; Cultural; y dentro de las competencias: Idiomas; Ética; Competencias actitudinales.

11 TURPLAN 2007-2011. Plan de Desarrollo Turístico de la Provincia de Mendoza, pp. 183-184. Ministerio de Turismo y Cultura, Gobierno de Mendoza.

La base de conocimientos digitales –tan críticos a partir de la pandemia, pero no menos importantes en el período previo– para mantener una comunicación de tipo internacional con las universidades de la especialidad a nivel global, tiene en la provincia de Mendoza, de acuerdo con las respuestas de las instituciones entrevistadas, un acceso de un 40%. En el caso de las instituciones educativas mendocinas, el mayor grado de actualización tecnológica lo desarrollan las dos universidades privadas; de todos modos, no incursionan en el dictado de carreras a distancia sino en brindar herramientas de gestión curricular y académica que facilite la labor de estudiantes y docentes.

El perfil de los graduados del período[12] muestra una población predominantemente joven, femenina y con altos niveles de ocupación: el 76% de los entrevistados tiene entre 20 y 30 años de edad, de los cuales el 69,6% son mujeres. Por su parte, casi la totalidad de los varones tienen algún tipo de empleo y cerca del 80% de sus pares femeninos también, aunque aún no se analice la calidad de los mismos. Al inicio de la carrera la abrumadora mayoría es soltero/a, pero en el caso de Mendoza el pasaje a la vida conyugal es muy alto al egreso de su formación. Más del 80% de los graduados no han sido padres/madres aún al momento del trabajo de campo y se mantiene la tendencia a que los profesionales formen unidades conyugales con personas de un nivel de instrucción similar al propio: el 76,7% tiene parejas que al menos alcanzaron el nivel terciario completo y la totalidad de los mismos tiene una inserción en el mercado de trabajo. Respecto de la condición socioeducativa de origen de los entrevistados, una vez más se señala el proceso de ascenso educativo intergeneracional que se ha dado a partir del mayor acceso y la masificación de la educación superior.

Cerca del 50% de los padres y madres de los graduados/as no tienen estudios terciarios completos, particularmente son las madres quienes menor acceso han tenido a la formación universitaria. La proporción de padres que habían alcanzado el nivel de secundario completo llegaba al 70%, lo que muestra una mayor movilidad intergeneracional en estas grandes metrópolis. Los graduados provienen de sectores medios, donde las profesiones liberales, universitarias o no y las actividades por cuenta propia son predominantes. El 50% de los padres y el 45,7% de las madres se desempeñan en estos sectores. De

---

12 El relevamiento de campo se hizo en marzo de 2009. Se relevaron 92 graduados y se utilizaron formularios retrospectivos y entrevistas biográficas, lo que permitió abarcar un período de formación más amplia, y esto se confronta con la formación de los ocupantes de cargos claves del sector, como para poder proyectar las transformaciones en ciernes. (Laboratorio MIG Turismo; Convenio Mintur-FCS-UBA, 2008-2011).

los 92 graduados entrevistados, la mayoría provienen de instituciones universitarias, siendo la de mayor importancia la tecnicatura ofrecida por la Regional Mendoza de la Universidad Tecnológica Nacional. La formación tiene características muy dispersas con gran variedad de títulos, pero la presencia de carreras asociadas al turismo es importante. Hay pocas interrupciones de carrera durante el período de formación de los graduados entrevistados y nunca superiores a un año. La mayoría de ellas por responsabilidades laborales o familiares, los acontecimientos de salud y la redacción de tesis.

Como una de las debilidades de la población se señala la limitada formación en idiomas y la falta casi completa de capacitación en conocimientos específicos de la región de manera independiente a la formación recibida en la carrera. Asimismo, es una población que escasamente continúa sus estudios hacia una segunda diplomatura o complementación curricular, ni se forma en el nivel de posgrado: solo el 6,5% realizó una segunda carrera y tan solo dos de los 92 entrevistados cumplimentó estudios posuniversitarios.

Nivel de formación del personal en ejercicio

Las llamadas *"competencias sociales del trabajo"* son consideradas el nuevo principio de valorización que las gerencias deben conocer y explotar para responder a los cánones de competitividad internacional que le otorga centralidad al cliente y su satisfacción se considera como la estrategia de diferenciación productiva. De hecho, la mayor complejidad de los lugares de trabajo modifica las demandas de formación, virando las demandas más profesionales a demandas más centradas en las competencias sociales y personales. El valor de estas competencias no es nuevo en el sector turístico, pero antes de la década del noventa estas tenían un valor implícito, el cambio de esa valoración para convertirse en una preocupación central se refleja sobre todo en las conductas de prevención de accidentes y enfermedades (Panaia, 2021).

Por otra parte, el *trabajo directo*, sobre todo en hoteles y agencias, pero también en la enseñanza que se utiliza en las instituciones educativas, del sector no ha perdido centralidad, pero da paso con mucha importancia al *trabajo inmaterial*. Es decir, la propia tarea en estas áreas se ha reformulado por los cambios de los medios informáticos, las habilidades necesarias para utilizar estos nuevos medios informatizados son más sencillas para las generaciones más jóvenes y el tener acceso a ellos desde los primeros años de vida facilita para algunos futuros graduados, su comprensión y gestión. De esta manera estas formas de *trabajo inmaterial* se convierten en un bien económico que toma centralidad en la economía política del sector turístico, particularmente en las ciudades de alta complejidad (Castellanos Ortega y Pedreño Cánovas, 2005).

En este esquema de trabajo, se produce un nuevo concepto de cadena en la que cada trabajador se convierte en proveedor y a la vez en cliente de los demás, en la medida en que se valora no solamente lo que produce sino cómo lo produce y el clima que genera con su producción, para que el consumidor se encuentre cómodo y satisfecho con su servicio (Panaia, 2021).

Subsector de hotelería

En el sector de hotelería[13] el turismo en el marco de una sociedad como la nuestra, tiene que ver en primer lugar con la complejización y especialización de la división del trabajo, los procesos educativos y de conformación de puestos de trabajo sufrirán estas mismas características de complejización y especialización.

La distancia que existe entre el mercado educativo y el mercado de trabajo es significativa en esta provincia y se traduce en constantes contradicciones. Un indicador de esta situación forma parte de las codificaciones de puestos de trabajo del Código Nacional de Ocupaciones (CNO) que traduce y reproduce esta contradicción. En este sentido, la tarea a seguir de los organismos de Estado es dificultosa y debe ser constante, desde la construcción de un diálogo entre partes que implique la reconstrucción de nuevos paradigmas que se traduzcan en nuevos currículos educativos, nuevos procesos de educación formal para los ya incluidos en el mercado de trabajo y la discusión posterior de nuevos clasificadores nacionales de puestos de trabajo para poder medir sub/sobreeducación por calificación con los parámetros que impone esta nueva división del trabajo.

Se tomaron cargos claves en distintos sectores para clasificar su nivel de formación específica. En el sector de hotelería el perfil de los gerentes se puede describir como conformado por un 78,4% de ellos que ejercen gerencias generales;[14] el 68,4% del total se encuentran asociados a la entidad habiendo una relación entre régimen de tenencia

---

13 No es el objeto de este trabajo, pero sería importante actualizar y modernizar la normativa del sector que en comparación con las pautas internacionales resulta restrictiva y poco adecuada a las pautas del turismo actual.

14 Se entrevistaron cuarenta y dos gerencias en 2009. Ver Bocchicchio (2009).

y gerenciamiento; el 95% de ellos son de nacionalidad argentina; el 64,4% son hombres; el 50% de ellos están en el rango etario correspondiente a "30 a 49 años". El 34,4% tiene estudios universitarios, el 34,4% tiene secundaria completa; 23,3% tiene terciario no universitario, 2,8% tiene primaria completa y 5% no sabe/no contesta. La distribución de los cargos por categoría, según su calificación en las cuarenta y dos instituciones entrevistadas, es la siguiente:

Cuadro 2. Distribución de la Calificación profesional de puestos requeridos y efectivizados. Hotelería-Mendoza.

	fa	fr
Profesional	8	17,4
Técnico	3	6,5
Operativo	15	32,6
No calificado	20	43,5
Total	46	100,0

Fuente: Laboratorio MIG-Turismo; Convenio MINTUR-FCS-UBA 2008-2011

La calificación de la tarea describe los requerimientos del puesto de trabajo y no necesariamente las aptitudes de quienes los ocupan; no obstante ello, existe una correlación empírica entre ambas dimensiones que no siempre se corresponde. A modo de ejemplo para mostrar la falta de correspondencia entre la calificación de la tarea y la calificación de la persona que ocupa el puesto, describimos el siguiente cuadro.

Cuadro 3. Nivel educativo requerido para el puesto de trabajo según calificación profesional-Mendoza-Hotelería.

Calificación profesional	Primaria incompleta	Primaria completa	Secundaria incompleta	Secundaria completa	Terciaria incompleta	Terciaria completa	Universitaria incompleta	Universitaria completa	Total
Profesional			1	1		1		5	8
Técnico				1		2			3
Operativo				7	2	3	1	2	15
No calificado	1	2	2	11	2	2			20
Total	1	2	3	20	4	8	1	7	46

	Correspondencia entre calificación de la tarea y nivel de educación formal requerido.
	La calificación ocupacional es superior al nivel educativo formal requerido.
	La calificación ocupacional es inferior al nivel educativo formal requerido.

Fuente: Laboratorio MIG Turismo; Convenio MINTUR-FCS-UBA 2008-2011.
Nota: se agradece muy especialmente la confección de los cuadros de hotelería a Fabiana Bocchicchio (2009).

LAS PROFESIONES Y LOS MODELOS PRODUCTIVOS

Las casillas en gris claro muestran claramente los niveles de sub-calificación o sobreeducación, entre la calificación de la tarea y la persona que la ocupa, que en este ejemplo implican un total de 17 de 46 puestos de trabajo en el hotelería entrevistada.

Si se hace referencia a puestos concretos, se tomaron dos de los más numerosos y demandados para ejemplificar:

1. *Puesto de mucama*: diez de los once puestos entrevistados deman-dan educación superior a la requerida por el cargo, llegando hasta el nivel de terciaria incompleta.
2. *Puesto de recepcionista*: de los catorce puestos entrevistados nin-guno tiene correspondencia entre calificación profesional y nivel educativo alcanzado formal, llegando hasta universitaria completa.

Hay que tener en cuenta que ciertos cargos, a pesar de ser operati-vos, requieren certificaciones para mejorar el desempeño; en este sec-tor una de las certificaciones valiosas con que debe contar el personal es el manejo de idiomas, especialmente en zonas donde el visitante extranjero es recurrente.

Cuadro 3. Herramientas educativas no formales según calificación profesional. Mendoza. Hotelería.

Calificación profesional	Manejo de idiomas			
	Sí	No	Indistinto	Total
Profesional	4	4		8
Técnico		3		3
Operativo	13	2		15
No calificado	6	12	2	20
Total	23	21	2	46
Calificación profesional	Manejo de herramientas informáticas			
	Sí	No	Indistinto	Total
Profesional	5	3		8
Técnico		3		3
Operativo	12	1	2	15
No calificado	3	17		20
Total	20	24	2	46

Fuente: Laboratorio MIG Turismo; Convenio MINTUR-FCS-UBA 2008-2011

El cuadro 3 muestra el conocimiento de idiomas y el manejo de herramientas informáticas en los 46 casos entrevistados. Esto plan-tea indicios sobre dos mecanismos que pueden estar funcionando en el momento de la contratación o en el momento de la formación: por un lado, que no siempre las personas contratadas tienen la forma-ción necesaria; y, por otro, que la formación recibida no incluye con suficiente profundidad algunos conocimientos de suma importancia para el sector. Existe también en el sector de hotelería una *"demanda laboral insatisfecha"*,[15] entendida como la ausencia de oferta idónea de trabajadores para responder a un requerimiento específico por parte de las empresas que actúa como demandante de sus servicios. Esto plantea una forma de inadecuación entre la formación y el trabajo o por lo menos de un desconocimiento de las instituciones formadoras de las necesidades que plantean las demandas del sector.

Subsector de agencias

Se entrevistaron 38 agencias de la Región II. El 56,8% de los encargados son hombres y el 97,4% son empleados formales o en blanco. El nivel de estudios alcanzados por los encargados es medio, destacándose que un 34,2% tiene estudios universitarios completos, el 31,6% tiene estudios secundarios completos y un porcentaje significativo casi el 23,7%, tiene estudios terciarios. Aproximadamente, el 10,5% tiene estudios específicos sobre turismo. En muchos casos, sin embargo, la persona que tiene firma y lo gerencia no es el que está cotidianamente al frente del negocio, por eso aparecen en el perfil del encargado muchos idóneos. Casi todos los encargados de agencias entrevistados estaban en regla, pero es significativo el personal sin titulación y con idóneos. En la mayoría de los casos se señalan deficiencias en el sistema de control y hay quejas por la competencia desleal, especialmente los operadores ocultos, que son los más difíciles de detectar. Se reclaman acciones de control más efectivo y mayor concientización para el público.

Una situación muy frecuente, aun en agencias chicas, es la presencia de dos y tres directores o encargados, aunque a veces los empleados totales sean menos de cinco. Esto se debe a que, dentro de la estrategia de supervivencia del negocio, para financiar su funcionamiento se necesitan dos personas: una que tiene el capital y la otra que pone el trabajo o que una pone el título y otra el trabajo o la cantidad de horas y/o resuelve la cuestión administrativa. Hay situaciones variadas con respecto a esta situación, a todas luces poco económica para el sostenimiento del negocio. El 56,8% de los encargados son hombres y el 97,4% son empleados formales o en blanco. El nivel de estudios alcan-

---

15 Esta definición tiene similitud por la adoptada por el INDEC en sus encuestas sobre demanda laboral, pero se han agregado en el instrumento de recolección de datos, nuevos indicadores referentes específicos de la relación que se encuentra en estudio.

zados por los encargados es medio, destacándose que un 34,2% tiene estudios universitarios completos, el 31,6% tiene estudios secundarios completos y un porcentaje significativo casi el 23,7%, tiene estudios terciarios. Aproximadamente el 10,5% tiene estudios específicos sobre turismo.

Predomina la empresa pequeña y familiar, de baja estructura formal y de perfil de formación medio, generalmente alrededor de algún graduado de turismo o profesional que instala la empresa. Las grandes estructuras administrativas son inexistentes y cuando existen tienen una mayor complejidad de la tarea y sobre todo un volumen de actividad mucho mayor que estas empresas familiares. El 79,4% son empresas de menos de cinco empleados, el 13,2% de hasta diez empleados y solo el 7,4% alcanza los veinticinco empleados que, en proporción a las agencias del país, se pueden considerar dentro de las de tamaño mediano. Esta dimensión pequeña está basada en la superposición de funciones sobre todo entre personal directivo y administrativo y entre personal de recepción y personal de ventas. Los idiomas más demandados al personal, además de un buen uso del idioma español, son el inglés y el portugués. Otro fenómeno muy generalizado es la tercerización y la falta de controles para evitar los operadores "truchos".

Se demanda especialmente personal profesional, 56,7% y técnico 33,8% y cuentan con pocos guías propios 11,8% y casi el 66% hace la contratación por la vía de conocidos y amigos.

A pesar de que está muy generalizado el sistema de pasantes y becarios universitarios, no se encontró demasiado personal en estos rubros. En cambio, son más frecuente los estudiantes de carreras turísticas que trabajan "en negro" y que a la hora de ser declarados no figuran ni como becarios ni como pasantes, porque no han entrado por este sistema legal, sino por contrataciones directamente "en negro". Aunque sea difícil de contabilizar, la presencia de escritorios ocupados por personal que no figura en ninguna categoría y que el propio encargado niega como personal, es un indicador del mismo. El 63,2% del personal trabaja entre cinco y ocho horas diarias, es la frecuencia mayor, el 30,9% trabaja entre nueve y trece horas diarias. Esto es un porcentaje muy alto, con lo cual es muy posible que sean familiares o dueños que cumplen un horario muy extendido, de ahí el carácter familiar que mantienen estos negocios. Solo un 2,9% cumple menos de cuatro horas que en general pueden ser o pasantes o personal que viene a cumplir un servicio por horas como personal de limpieza o guías.

La parte menos importante de los guías son propios, éstos llegan al 11%, la mayor parte, casi un 90% son contratados. Muchos de los guías no habilitados son trabajadores por cuenta propia que cumplen roles de venta de servicios en la vía pública o conductores de taxis que se ofrecen como guías, con distintos sistemas, que no pasan por inspección. Según los agencieros, los guías no tienen formación y, lo que es peor, no tienen comportamientos éticos, así que ofrecen recorridos alternativos al de la agencia por su cuenta con tarifas propias y utilizando la posibilidad que le da la agencia para hacer los contactos. Por otra parte, las bodegas no contratan guías profesionales, sino profesores de idioma, para que se puedan entender con los turistas extranjeros, de manera que estos guías idiomáticos carecen totalmente de formación sobre los circuitos del vino.

Aproximadamente el 22% de los coordinadores de viajes tiene estabilidad laboral y se le exige nivel profesional apenas a un 6%. Las funciones del coordinador de viaje están discriminadas, pero no son estables, se subcontratan en un 98,5% y no se piden elevados niveles de formación. Es mejor la situación del técnico, que es más requerido y tiene mayor estabilidad laboral. La mayoría de las agencias carece de sistema de transportes propios, en general terciarizan el servicio; de manera que sería muy aventurado, sin entrevistar directamente a las principales empresas tercerizados, afirmar si se encuentran en situación de regularidad y si cumplen con todas las normas de seguridad. Esto forma parte del mercado fragmentado del sector turístico y queda fuera de los límites de este trabajo.[16] Según las entrevistas realizadas a informantes clave, la rotación de personal es bastante alta en el sector y es difícil retener al personal mejor formado, porque siempre surgen ofertas tentadoras; o sea que, de por sí, en el medio la movilidad es alta. Por otra parte, se trata de un personal con aspiraciones permanentes de cambio, especialmente el personal técnico y profesional. En general, para la búsqueda se apela a las relaciones de confianza, es decir, conocidos del personal, amigos o recomendados de relaciones de la agencia. Solamente en casos puntuales, en que se requiere algún perfil muy específico se apela a la búsqueda por diarios. En algunas ocasiones se recurre a las instituciones de forma-

---

16 Otros servicios que frecuentemente se terciarizan en las agencias y que llamativamente en Mendoza aparecen como no terciarizados son la publicidad y la limpieza. Aparentemente se realizan con personal estable, aunque este es un dato llamativo. Aparece también la terciarización de hoteles, cosa poco frecuente, sin embargo un 14,7% lo hace y se quejan de la falta de recatecorización de los mismos, que los condicionan en tarifas y servicios. Existen terciarizaciones de otros trabajos en un 19,1% (Laboratorio MIG Turismo; Convenio MINTUR-FCS-UBA 2008-2011).

ción para contratar personal, pero esto ocurre cuando existe alguna relación previa con las mismas y se conoce al cuerpo docente. Esta situación se da especialmente con los técnicos y los profesionales y en mucha menor medida con los pasantes.

Las instituciones relevadas variaron desde museos, catedrales, espacios protegidos, plazas, iglesias, ferias artesanales y de antigüedades, teatros, parques y plazas, exposiciones, etc. que nos permiten contar con un abanico de información sobre el tipo y calidad de servicios ofrecidos y consumidos por los turistas. En las instituciones se puede observar sobre todo personal de oficios y de personas que poseen título universitario,[17] tal vez por las características señaladas más arriba, si bien hay un porcentaje importante de profesionales, la mayor cantidad del personal empleado no posee títulos superiores y en algunos casos tienen estudios secundarios incompletos. Sin embargo, los puestos jerárquicos y la presencia de las universidades aseguran una proporción importante de personal muy especializado. Según lo manifestado por el personal, en general, las instituciones dependen del Estado, pero tienen mucha presencia de público internacional, sobre todo en la zona turística y en el centro histórico y muchos trabajadores vinculados a la salud, por la actividad termal. No obstante, consideran que el turismo en Mendoza debería ser más cultural y menos económico. Encontramos muchos trabajadores independientes que son estudiantes universitarios que tienen pequeños negocios o emprendimientos que realizan circuitos culturales propios, y muchas veces no regulados por ninguna institución.

Las ferias artesanales tienen asignado un predio especial y están reguladas y controladas. Tienen habilitación municipal y horarios estipulados. Esto no quiere decir que no se hayan observado otras ferias no regladas, sino que la mayoría se encuentra en esa situación. Las instituciones poseen poco personal en algunos casos y muchos en otros; esto varía con la importancia de las instituciones, los encuestados afirmaron que hay una tendencia a tener menor cantidad de personal que el requerido para cubrir la demanda o la potencial demanda, pero muy pocos presentan estudios sobre la opinión del público y boletas para llenar para conocer las prioridades del público o sus opiniones sobre la atención recibida. El conocimiento de idiomas no se presenta como una necesidad o requerimiento a excepción de lugares específicos.

---

17 Se encontraron antropólogos, veterinarios, botánicos, historiadores, bibliotecarios, licenciados en arte, en literatura, músicos, comunicadores, médicos, enfermeras, kinesiólogos, trabajadores de la salud trabajadores sociales,

Los trabajadores de recepción, en las agencias pequeñas y en algunas medianas cumplen funciones también de ventas, es una de las categorías que no se encuentra discriminada. Los trabajadores afines, que poseen título universitario, conocen dos y tres idiomas, en cambio los trabajadores por cuenta propia y los empleados manifestaron no conocer otro idioma, aunque manejan algunas palabras en inglés, portugués, francés, lo cual les permite contactar a turismo extranjero y ofrecerles sus mercaderías o dar alguna indicación para orientarlos. El personal de las instituciones cumple un horario de trabajo fijo, no varía en temporada y es respetado; se trabajan ocho horas diarias.

El horario de los trabajadores afines varía mucho en temporada y sobre todo aquellos que arman circuitos propios, especialmente si tienen movilidad propia.

Los que están mejor son los guías que tienen título universitario y movilidad propia, porque, aunque trabajan como cuentapropistas y muchas veces como subcontratados, regulan mejor su actividad, organizan sus excursiones y eligen el público al que se dirigen. A veces lo hacen en forma totalmente independiente y a veces aceptan encargos de agencias relacionadas o amigas. La rotación de puestos de trabajos es alta y la contratación de nuevo personal en las instituciones se hace a través de conocidos y amigos, se le consulta generalmente al mismo personal.

El acceso a las distintas instituciones es gratuito o de bajo precio que varían según sean museos, exposiciones, etc. La ciudad cuenta con hermosas plazas y parques financiados en forma conjunta con ciudades europeas y con detalles folklóricos muy atractivos. Siempre hay precios diferenciados para estudiantes y días en que la entrada es gratuita. Los precios en general presentan categorías según la población asistente: niños, adultos mayores, turismo internacional, local, etc. Hay visitas guiadas de grupos, de colegios y de ancianos. El público al cual se dirigen las actividades es amplio y tratan de captar todo tipo de población. No se llevan registros para presentar la cantidad de visitantes en cifras; en algunas instituciones hay pequeñas encuestas, libro de visitas o buzones para dejar iniciativas, pero en general se pueden extraer muy pocos datos de ello.

Reflexiones finales

En términos generales, la universidad o las instituciones formadoras terciarias pueden contribuir legítimamente a los procesos de planificación estratégica y gestión pública, encarnando valores de desarrollo y participación de los actores sociales. Para ello los actores sociales y económicos locales tienen que tener acceso privilegiado al conocimiento y a la información y las instituciones funcionar como un factor de reintegración de la sociedad. Por esta misión de la universidad no puede ser ella misma local, debe fortalecer su relación con otras instituciones educativas y técnicas, fortalecer la vinculación nacional e internacional, pero su campo primordial de acción es la sociedad local, donde se encuentran todas las contradicciones a resolver, incluidas las propias.

Es muy importante que las universidades hagan investigación (en este caso turística) –especialmente en países emergentes como Argentina– para posibilitar el desarrollo turístico del país al que pertenecen porque hay particularidades que solo pueden ser captadas por las universidades propias del medio.

Por otro lado, respecto del circuito del vino y el olivo en la provincia de Mendoza Sección II, se puede afirmar que se encuentra en formación, pero todavía no ha logrado constituirse en un circuito completo. Siguiendo a Wallingre y Toyos (1998), el circuito turístico es la "combinación de determinados elementos (atractivos turísticos, centros turísticos, equipamiento, infraestructura, etc.) que permite el conocimiento de los destinos turísticos" (p. 55). Según Nélida Chan (1991), el circuito turístico está compuesto por cuatro elementos: el espacio, el patrimonio cultural o natural, la temática y la capacidad de innovación. La conformación de un circuito turístico incluye varios pasos como: la definición de aspectos generales del circuito; la identificación de los recursos turísticos; la definición del recorrido y sus correspondientes paradas y horarios; la recopilación de información y reconocimiento del circuito apoyado por consultores y guías; la realización de una prueba piloto del circuito evaluando atractivos y dificultades; y hacer una difusión apropiada del circuito.

Del período observado para Argentina se destaca una insuficiente oferta de capacitación para profesionales y falta de posibilidades de articulación entre las diferentes terminales de estudios para graduados y docentes. Por otra parte, se observa falta de sistematicidad en los registros de instituciones terciarias y universitarias, con importantes falencias en el registro de continuidad de los estudios, duración de la graduación y abandono de los estudios; deficiencias en el transporte y bajo control de la seguridad y altos niveles de precariedad del empleo del personal que realiza los servicios, en un mercado de trabajo muy fragmentado y falta de regulación de varios servicios que se ofrecen en el circuito; y deficiencias en los circuitos viales de la región.

También se registra una prolongación de la duración de los estudios por complementariedad de estudio-trabajo y redacción de tesis. Se destaca la importancia de los talleres y el seguimiento de los grupos de graduados que mantienen pendiente sus tesis y/o se destaca la importancia de viajes de estudios y experiencias profesionales que pongan a los graduados en contacto con la calidad del servicio en otros países.

Se considera necesaria una relectura posible respecto de las representaciones del mundo del trabajo y la flexibilidad positiva y negativa. En este sentido es muy importante el trabajo de los colegios profesionales, los cursos de actualización y la defensa de un ejercicio responsable de la profesión para asegurar mejores formas de institucionalización de los profesionales. De acuerdo con las observaciones y entrevistas realizadas, podríamos partir de un primer encuadre hipotético que defina en los países desarrollados el turismo como posfordista con *"integración garantizada"* (Paugam, 2015) y en cambio, en la Argentina, podríamos hipotetizar un turismo prefordista o turismo de la etapa de profesionalización, con *"integración incierta"*, *"laboriosa"* o *"descalificadora"*, según los casos, o de *"profesionalización problemática"* (Demazière, 2009), en el encuadre de sociología de las profesiones.

El rol fundamental de la universidad y en este caso también de las instituciones terciarias es "enseñar a aprender", para poder investigar, formar y prestar servicios, pero también para poder superar la debilidad entre la universidad, el gobierno y las empresas.

Bibliografía

Aguilera, Tatiana (2011). *Circuitos turísticos*. OMT.

Bocchicchio, Fabiana (2009). Informe hotelería de Mendoza. En Marta Panaia, *Informe Final Convenio FCS-UBA-MINTUR (2008-2011)*.

Castellanos Ortega, Mari Luz y Pedreño Cánovas, Andrés (2005). La mirada del turista y la corporeidad del trabajo en la reestructuración productiva del sector turístico. En Juan José Castillo (Ed.), *El trabajo recobrado*. Miño y Dávila Editores.

Chan, Nélida (2005). *Circuitos turísticos. Programación y cotización*. Ediciones Turísticas.

Coraggio, José Luis (2009). *La gente o el capital. Desarrollo local y economía del trabajo*. Espacio Editorial.

Cordero Ulate, Allen (2006). *Nuevos ejes de acumulación y naturaleza. El caso del turismo*. CLACSO,

Demazière, Didier (2009). Postface: Professionnalisations problemátiques et pro-blemátiques de la professionnalisation. *Formation Emploi*, 108, 83-89.

Font Sentias, Joseph (2001). *El turisme cultural: estadístiques sobre demanda* Ed l'autor,

Godinez, Ramón y Gómez Calderón, Antonino (2009). *Breve Diccionario de Turismo.* Editorial Umbral / Zapopan,

Heras Monner Sans, Ana Inés y Burín, David (2008). *Trabajo, desarrollo, diversidad.* CICCUS.

Mendoza, TURPLAN II (2007-2011). *Plan de Desarrollo Turístico de la Provincia de Mendoza.* Ministerio de Turismo y Cultura - Provincia de Mendoza.

MinMA (2018). *Sector vitivinícola. Guía para una producción sustentable.* Ministerio de Medio Ambiente.

OIT (2001). *El desarrollo de los recursos humanos, el empleo y la mundialización en el sector de hostelería, la restauración y el turismo.* Organización Internacional del Trabajo (mimeo).

Panaia, Marta (2011). Informe Final Convenio FCS-UBA-MINTUR (2008-2011).

Panaia, Marta (Coord.) (2009). *Inserción de jóvenes en el mercado de trabajo.* La Colmena.

Paugam, Serge [2000] (2015). *El trabajador de la precariedad.* UNESCO Uni Twin Aulas y Andamios Catálogos.

Schlüter, Regina (2008). *Turismo: una visión integradora.* CIET.

Wallingre, Noemí (2007). *Historia del turismo en Argentina.* Ediciones Turísticas.

Wallingre, Noemí y Toyos, Mónica (1998). *Diccionario de Turismo, Hotelería y Transporte.* Universidad de Texas-Autores Editores.

Zamora, Jorge y Barril, María Eugenia (2007). Turismo y vino. *Estudios y Perspectivas en Turismo*, 16(2), 173-194.

Feminización en las ingenierías

Marta Panaia

A partir de la Segunda Guerra Mundial la mujer se integra en forma permanente al mercado de trabajo, aunque esta tiene siempre cierta segregación en el tipo de actividades, el acceso a los cargos de poder y el nivel salarial. No obstante, la participación laboral crece incesantemente y su masividad en el ingreso y graduación universitarios le asegura cada vez más un ejercicio del poder y el conocimiento.

Sin embargo, a algunas carreras como la ingeniería llegan más lentamente y en menor cantidad que las cohortes masculinas. Se estudia poco la participación femenina en universidades del país, en las diferentes especialidades de las ingenierías y hay pocos incentivos para su incremento. El análisis y la participación de las mujeres que eligen carreras tradicional y culturalmente asociadas al sexo masculino, presentan un interés analítico y reflexivo para comprender la situación de la mujer profesional en el mercado de trabajo y profundizar los cambios ocurridos en el imaginario social, las maneras de hacer y sentir; y ver cómo estos modelos tradicionales de género son trasgredidos, pero también muchas veces legitimados.

Las pioneras

El total de títulos de universidades nacionales entre 1900 y 1965 es de 195.098, de los cuales 156.329 corresponden a varones y 28.769 a mujeres (19,9%) (ONM, 1970). De estos títulos, 25.551 corresponden a Ingeniería y Agrimensura y de ellos 299 son de mujeres (1,2%). Mientras que en Filosofía, Educación y Ciencias Políticas los títulos de mujeres son 72,3% (6.891 casos) de un total de 9.530 títulos de las mismas; en Odontología 32,3% (5.151 títulos) y en Farmacia y Bioquímica a 32,9% (5.870 títulos); los porcentajes menores corresponden a Agronomía y Veterinaria, con el 3,9% (245 títulos) y a Ingeniería, 1,2%

(299 títulos). Según cuentan Gruschetsky y Cueto (2023), la primera ingeniera graduada en la Argentina y en América Latina fue Elisa Bachofen (1891-1976). Si bien se graduó en 1918 en la Universidad de Buenos Aires como ingeniera civil con una tesis sobre la industria textil en el Chaco, en 1919 comenzó a trabajar en la Dirección de Puentes y Caminos dentro del Ministerio de Obras Públicas (MOP) y se especializó en cuestiones viales en sus cuerpos técnicos, durante más de una década. En 1932, tras la sanción de la Ley Nacional de Vialidad N° 11.658 y la creación de la Dirección Nacional de Vialidad (DNV), gran parte de los funcionarios técnicos y de carrera de la vieja dirección pasaron a integrar la flamante repartición. Bachofen fue la única ingeniera mujer que formó parte de la DNV en tanto experta y profesional abocada a la vialidad. En un contexto de conocimientos incipientes en la materia, donde se contrataron técnicos extranjeros, Elisa Bachofen logró posicionarse como técnica en el Departamento de Estudios y Proyectos debido a su *expertise* adquirida previamente en una dependencia de menor rango.

También es importante recordar a Delfina Manuela Molina y Vedia (Buenos Aires, 1879-1961), que inició sus estudios en la Facultad de Ciencias Exactas, Físicas y Naturales (FCEFyN) en 1901, a los 22 años. Completó los cinco años de estudio en tres y viajó a París en 1904. Con el cambio del plan de estudios en 1905 se le agregaron tres materias más a las diecinueve originales y finalizó los estudios en 1906. Es probable que se le otorgara el título de perito químico y no fuera registrado como diploma de la Universidad de Buenos Aires (Baña y Borches, 2017).

Ella provenía de una familia acomodada y en el momento de su ingreso a la facultad era decano su tío, el ingeniero Luis Huergo y fue alumna de Ángel Gallardo, de Eduardo Holmberg y Eduardo Aguirre. Terminada la carrera y entusiasmada con la polémica de la época entre las ciencias y la filosofía, encaró el doctorado de Química, del que fue la primera egresada con un trabajo de tesis. En 1917 obtuvo el título de profesora de escuelas secundarias. A principios del siglo XX, la FCEFyN otorgaba cuatro títulos profesionales de ingeniería: Ingeniería Civil, Ingeniería Mecánica, Arquitectura y Agrimensura y tres títulos académicos o doctorados en Ciencias Físico-Matemáticas; Ciencias Naturales y Química (Baña y Borches, 2017).

Para esa época, la posibilidad de empleo de estos profesionales era muy escasa, aún para los hombres, porque la industria no se había desarrollado y solo encontraban alguna demanda en asesoramientos a comerciantes y pequeños industriales, hacían investigación por su cuenta o se dedicaban a la docencia. Defina eligió la docencia primero en la escuela secundaria Castro Munita de Belgrano, en 1907 en el Liceo Nacional de Señoritas N° 1 y en 1909 agregó los cursos de la Escuela Normal Superior N° 10 Juan Bautista Alberdi, que funcionaba en Belgrano en la antigua casa de Lucio V. Mansilla.

También en 1907 contrajo matrimonio con el farmacéutico René Bastianini y tuvo tres hijos. Participó en mayo de 1910 del Primer Congreso Femenino Internacional "Universitarias Argentinas", presidido por Cecilia Grierson, primera médica egresada de la UBA y en el que participaron doscientas mujeres del Centro Socialista Femenino, el Centro Feminista y la Liga de Mujeres Librepensadoras, lo que fue un hecho muy importante para el feminismo del país. En este congreso Delfina defendió la participación de la mujer en la ciencia, pero no se mencionaron sus dificultades en el área laboral (Baña y Borches, 2017). También integró el Ateneo Hispano-americano, la Sociedad Argentina de Escritores, la Federación Argentina de Mujeres Universitarias y la Asociación Wagneriana. En 1935 fundó la Sociedad Argentina de Estudios Lingüísticos y publicó frecuentemente libros y artículos en diarios como *La Nación* y en revistas como *Caras y Caretas, El Hogar, Plus Ultra* y otras.

Delfina también fue poetisa, música y pintora y además tenía una entrañable admiración por Miguel de Unamuno, con quien mantuvo una frecuente correspondencia sobre temas científicos y filosóficos.

La Ingeniería fue una carrera con poca atractividad para las mujeres, porque era un mundo de hombres y muchas de las que ingresaban dejaban la carrera sin terminar al contraer matrimonio. La proporción de mujeres diplomadas en esa época creció muy lentamente, pasando del 8% entre 1911 a 1920 y al 23% en la década siguiente. La doctora en Química Ana Baidembaum (1947) señala que "en 1937 ingresaron al doctorado 14 mujeres y 16 varones y en 1941 se graduaron todas las mujeres y 13 varones" (Baña y Borches, 2017). Esta proporción solo se daba en Química, en las demás ingenierías había una mujer cada cien varones. Sin embargo, su participación en los títulos universitarios creció sin interrupciones y a un ritmo superior al de los hombres a lo largo de todo el siglo.

De hecho, el incremento de las titulaciones de ingenieras mujeres en el período que va de 1956/60 y 1961/65 es del 45,2% para las mujeres (pasa de 8.752 a 12.705) y de 4,8 % para los varones (pasa de 27.476 a 28.796), según la Oficina Nacional de la Mujer (1970).

De acuerdo con la misma fuente, hasta 1960 en la UBA las carreras que predominaron para las mujeres fueron Medicina con un 27,3%

(3.361); Odontología con el 47,3% (1.300); Farmacia y Bioquímica con el 53,75% (1.736); Derecho con el 31,5% (2.714) y Filosofía, Educación y Ciencias Políticas con el 80% (1.853). Los porcentajes más reducidos se concentraron en Agronomía y Veterinaria, con el 6,7% (67) e Ingeniería, 1,73% (75).

Entre 1956/60, el incremento de títulos otorgados a mujeres fue de 24,2% y el de varones de 23,5%, siendo el promedio del 23,7%. Para el sexo femenino, las profesiones médicas ocupan el primer lugar. El Derecho tuvo un gran crecimiento durante este período, de orden del 110,9% y ocupó el segundo lugar para las mujeres. Dentro de las carreras minoritarias, entre 1961/65 la carrera de Arquitectura tuvo un crecimiento del 37,7% en relación con la etapa anterior y Agronomía, Veterinaria e Ingeniería aumentaron en el mismo quinquenio un 34%, si bien al final del período no llegaron a cien.

El total de títulos en Ingeniería otorgados a mujeres entre 1900 y 1965 fue de 299, es decir, el 1,17% del total de títulos expedidos en esa carrera en el período (25.551). Una secuencia más detallada se observa en la tabla 1

Tabla 1. Porcentaje de títulos femeninos en Ingeniería del total de títulos otorgados a mujeres entre 1921 y 1965.

Años	1921-25	1926-30	1931-36	1936-40	1941-45	1946-50	1951-55	1956-60	1961-65	Total
Ingeniería	0,24	0,12	0	0,56	0,7	0,85	1,1	1,03	0,6	1,17
Total	100	100	100	100	100	100	100	100	100	100

Fuente: ONM, 1970.

Las primeras universidades nacionales que tuvieron egresadas mujeres en Ingeniería, además de la UBA, fueron Córdoba, La Plata, Tucumán, Litoral, Cuyo, la del Sur y la del Nordeste.

En la Universidad de Buenos Aires, se graduó en la Facultad de Agronomía de la Universidad de Buenos Aires Lía Encalada, que obtuvo su título en 1927. Esto la convirtió en la primera ingeniera agrónoma de Argentina y la única de una cohorte de veintiún graduados.[1] En la UBA el número de graduadas mujeres en ingeniería en el quinquenio 1945-55 fue mínimo, 28 títulos entre 3.406 títulos masculinos y tuvo una subida significativa en el quinquenio siguiente 1956-60, especialmente en Ingeniería Civil, mientras que cayó entre 1961 y 1965. De los títulos de Ingeniería otorgados en este período

---

1 En esa fecha no se discriminan las estadísticas de Agronomía y Veterinaria, en parte por la escasa cantidad de casos y además porque ambas facultades funcionaban en forma complementaria.

(628), solo cuatro son mujeres: tres de Ingeniería civil y uno de Ingeniería Forestal (ONM, 1970).

En este punto, hay que recordar a Rosa Inés Arreghini (1938-1997) que con el título de Ingeniera Agrónoma de la Universidad de Ciencias Agrarias de la Universidad Nacional de Cuyo, obtuvo un posgrado de Especialización Forestal con énfasis en "Repoblación" en la Escuela Técnica Superior de Ingenieros de Montes de la Universidad Politécnica de Madrid, España. Su actividad docente en la universidad cuyana comenzó en 1961 y se extendió hasta 1997, ocupando el cargo de profesora de la cátedra de Silvicultura. Dentro de la misma universidad, se desempeñó como directora del Instituto Forestal. Fue integrante de la Comisión Nacional del Álamo de nuestro país y desde 1992, fue miembro del Comité Ejecutivo de la Comisión Internacional del Álamo. Escribió gran cantidad de trabajos producto de su constante dedicación a la investigación. En 1996 fue nombrada decana de la Facultad de Ciencias Agrarias de la Universidad Nacional de Cuyo (Fernández, 2019).

La Universidad Nacional de La Plata hasta 1965 otorgó 33 títulos a ingenieras, las dos primeras se graduaron en 1911, mientras que en el quinquenio 1956-60 obtuvieron el título seis mujeres y, entre 1961-65, 950 títulos son otorgados a varones y 17 a mujeres, lo que representa un incremento del 183,33% (ONM, 1970). Una de las primeras fue Beatriz Ghirelli, quien se recibió en 1938 de Ingeniero Mecánico Electricista. "La dama de la normalización", según Bergero (2019), fue directora del Instituto Argentino de Normalización y Certificación (IRAM) y en 1961 impulsó la creación de la Comisión Panamericana de Normas Técnicas (COPANT).

En la Universidad de Córdoba la ingeniería es un título masculino- 3377 títulos desde sus comienzos hasta 1965- mientras que las mujeres solo aparecen muy esporádicamente y en cantidades muy pequeñas 28 de un total de 3405 títulos. Entre 1956/60 hay un incremento de títulos otorgados a mujeres, casi todas ingenieras civiles, en cambio entre 1960/65 estos intereses decrecen en 52,7%: se otorgan 628 títulos de los cuales solo cuatro corresponden a mujeres: tres ingenieras civiles y una ingeniera forestal (ONM, 1970). En realidad, la primera ingeniera forestal argentina y latinoamericana es Olga Marsiglia, que logra su título en 1963, en la Facultad de Ingeniería Forestal de Santiago del Estero, por entonces parte de la Universidad Nacional de Córdoba y hoy dependiente de la Universidad Nacional de Santiago del Estero (UNSE, 2024).

En la Universidad de Tucumán se otorgaron tres títulos de ingenieras a mujeres en 48 años y en el mismo período se graduaron 771 varones. Entre 1951/56 y 1956/60, los graduados varones de ingeniería decrecen en 24,3% y entre 1961/65 se otorgaron 153 títulos, solo uno para una mujer (ONM, 1970). Carlota Barber de Salmoiraghi se graduó como ingeniera industrial en la Facultad de Ciencias Exactas de la Universidad de Tucumán –donde había ingresado en 1918 movilizada por los movimientos estudiantiles de la Reforma– el 14 de agosto de 1928, la primera con ese título en nuestro país y pionera en su disciplina. Carlota Barber trabajó en proyectos nacionales y extranjeros, que alternó muchas veces con la docencia, y realizó trabajos de construcción privados y de carácter provincial en Tucumán, Buenos Aires y Chivilcoy. Para el exterior fue contratada para implementar sistemas de control de calidad en diversas empresas y a nivel pedagógico diseñó carreras cortas en metalurgia, además de colaborar en obras con su compañero y esposo, también ingeniero. Madre, esposa, ingeniera y artista, fue además fundadora e integrante de la Comisión Directiva del Centro de Ingenieros de Tucumán (2007).

En la Universidad del Litoral las primeras egresadas en ingeniería aparecieron entre 1936 y 1940. Aumentaron lentamente, mientras que los varones lo hicieron de forma más rápida. El total de títulos otorgados fue de 3.479 a varones y 62 a mujeres (1,8%). Entre 1960/65 se otorgaron 406 títulos de ingeniería y solo cinco fueron para mujeres.

La primera mujer graduada de Perito Químico de la Facultad de Ingeniería Química de la Universidad del Litoral,[2] fue Elisa Nabio, quien se graduó el 13 de mayo de 1930. La química en la Universidad del Litoral generó la primera carrera de grado de Químico Analista Industrial y Bromatológico en 1948, la licenciatura en Química en 1961 y el doctorado en Química en 1981 (UNL, 2016).

Por su parte, en la Universidad de Cuyo, hasta 1960, del total de 725 títulos solo once correspondieron a mujeres (1,6%): seis a ingenieras agrimensoras, dos a ingenieras hidráulicas, uno a ingeniera geógrafa, uno a ingeniera civil y uno a ingeniera en combustible. Durante el período 1961/65 se otorgaron doscientos títulos de ingeniería y uno solo fue otorgado a una mujer (ONM, 1970). La primera mujer ingeniera de la Universidad de Cuyo fue Elba Victoria Lombarbo, que se graduó de Ingeniera en Petróleo el 15 de marzo de 1948.

---

2   Las dos primeras facultades de la Universidad del Litoral, creada en 1919, fueron Ciencias Jurídicas e Ingeniería Química.

LAS PROFESIONES Y LOS MODELOS PRODUCTIVOS

En tanto que en la Universidad del Sur la primera ingeniera se graduó en 1955, los títulos expedidos hasta 1965 fueron solo nueve (3,1%) para mujeres y 253 para varones. Entre 1960/65 se otorgaron 135 títulos, de los cuales cinco corresponden a mujeres. Por último, en la Universidad del Nordeste los primeros egresados datan de 1961 y hasta 1965 se expidieron noventa títulos en la carrera de agrimensores; de éstos, nueve son títulos otorgados a mujeres (10%).

Tabla 2. Cantidad de títulos 1956/61 y 1961/65, por carrera y sexo.

Carreras	Cantidad de títulos		Total títulos	Mujeres	%
	1956/60	1961/65			
Medicina	9953	12314	22267	6067	27,2
Ingeniería	5874	4354	10228	165	1,6
Derecho	5813	8607	14420	4001	27,7
Administración y Economía	3278	3413	6691	1109	16,6
Odontología	3256	2747	6003	2678	44,6
Farmacia y Bioquímica	2762	3234	5996	2714	45,3
Matemática. Física y Química	0	0	0	0	0
Ciencias Naturales	1662	2120	3782	1053	27,8
Filosofía y Educación	0	0	0	0	0
Ciencias Políticas	1538	2292	3830	2954	77,1
Arquitectura	1149	1434	2583	599	23,2
Agronomía y Veterinaria	942	986	1928	117	6,1
Total	3629	41501	45130	21457	47,5

Fuente: Elaboración propia en base a Oficina Nacional de la Mujer, 1970.

La incorporación de mujeres universitarias graduadas creció lentamente durante el siglo y si bien se saltea estadísticamente una etapa por razones de espacio, se muestran los efectos de la graduación en la universidad privada y el contraste con la etapa actual.

La etapa del lento ascenso de la matrícula femenina

Lamentablemente es muy difícil continuar estas series de título según sexo, ya que los anuarios de la Secretaría de Políticas Universitarias —que son las series oficiales de este nivel de estudios— no publican los datos según este criterio o solo lo hacen por casas de estudios, sin discriminar título, con lo cual no tenemos cifras de la etapa posterior a 1965 hasta 1997.

Tabla 3. Graduados de universidades públicas: Ingenieros, 1997-2002.

Ramas e Ingeniería	1997	1998	1999	2000	2001	2002
C. Aplicadas	8390	8608	9463	10811	11567	13250
Ingeniería	2449	2413	2468	2944	2933	3241
Total general	34528	36305	39717	46693	48347	56441

Fuente: SPU, 2004.

Tabla 4. Graduadas de universidades públicas: Ingenieras, 1997-2002.

Ramas e Ingeniería	1997	1998	1999	2000	2001	2002
C. Aplicadas	2334	3014	3106	2990	2640	2932
Ingeniería	193	249	276	273	309	265
Total general	11114	13835	15457	16137	16272	18357

Fuente: SPU, 2004.

Los datos demuestran que las proporciones se mantienen, pero dicen poco sobre los motivos y la trayectoria de estos ingenieros/as. Salvo historias personales que se pueden rastrear sobre todo de las pioneras, es muy difícil saber las alternativas y dificultades de sus trayectorias.

Una feminización condicionada

Los cambios de las últimas décadas replantearon las demandas tecnológicas de la sociedad y los servicios de estas instituciones sin que éstas pudieran adecuarse rápidamente a las mismas, ante los nuevos desafíos educativos y productivos. Además, los estudios de género muestran que hacer salir a las mujeres de su invisibilidad en el trabajo concentra los estudios en actividades donde hay más mujeres (obreros y empleados). Fueron pocos los estudios centrados en los estudios superiores y menos aún cuando el número de su población era minoritaria, como las ciencias exactas, la técnica y la ingeniería. (Panaia, 2023).

Las estadísticas oficiales carecen de la continuidad necesaria para hacer seguimientos de egresadas de ingeniería; por esa razón, se toman los datos más recientes para mostrar el contraste. Entre 2019-2020 la participación femenina entre los estudiantes universitarios del país fue del 58,6%, de un total de 2.187.292; 58,4% entre las nuevas inscriptas, de los 596.446 nuevos estudiantes; y 61,2% entre las egresadas de un total de 135.908 graduados (SPU, 2020).

Tabla 5. Distribución de estudiantes por género y sector, 2019-2020.

Sector	Mujeres	Varones
Estatal	58,7	41,3
Privado	58,1	41,9

Fuente: SPU, 2020.

Tabla 6. Participación femenina universitaria.

Categorías	2018-2019	2019-2020
Estudiantes mujeres	58,1	**58,6**
Nuevas inscriptas mujeres	58,4	58,4
Egresadas mujeres	61,2	61,2

Fuente: SPU, 2020.

Si bien la mujer universitaria ha recorrido ya un largo camino por las aulas, esto no se refleja en las estadísticas más que en forma intermitente y limitada, es por eso que recién en los últimos años se pueden encontrar detalles importantes de su participación para profundizar el análisis en diferentes carreras de la oferta universitaria. De hecho, aún hoy las estadísticas universitarias no son continuas ni completas y hay que recurrir a los años que tienen mayor desagregación para analizar algunos procesos significativos. Estas dificultades de visualización y desagregación de estadísticas no hace más que confirmar la relativa importancia que se otorga a su presencia en los claustros universitarios.

Hay dos dimensiones de estudio que se plantean en este trabajo que se pueden analizar solo para ciertos años y sin poder presentar una evolución continua, porque esos datos, seguramente elevados por las distintas instituciones universitarias, no están disponibles: la segregación propiamente dicha y la concentración.

Mientras que la segregación se refiere a la tendencia por la que están ocupados varones y mujeres, en diferentes ocupaciones, la concentración se refiere a la composición por sexo de la fuerza de trabajo, tanto según ocupaciones o categorías ocupacionales como por ramas de actividad. Es decir que mientras que la segregación se refiere a la separación de los sexos, la concentración se refiere a cómo un sexo se emplea en pocas ocupaciones y, por lo tanto, tiene poca libertad de elección, pues lo hace con pocas opciones. La segregación puede ser simétrica cuando la cantidad de mujeres y hombres es similar (ramas u ocupaciones mixtas) mientras que la concentración nunca puede ser simétrica (Ibañez y Vicente, 2017). Estas dimensiones se pueden asociar también al tipo de título profesional que habilita el ejercicio.

Un segundo aspecto de la relación entre segregación y discriminación se refiere al tipo y grado de recompensas asociadas a las ocupaciones. Una primera distinción a realizar es la de segregación horizontal frente a la segregación vertical. El interés teórico y práctico de ambas situaciones es muy distinto, pues mientras que la segregación vertical incide principalmente sobre el principio de equidad y saca a la luz la escasez (económica, de poder, de prestigio y/o de condiciones laborales), la segregación horizontal o paredes de cristal, juega más en el terreno de la elección y el esencialismo de género, pues se supone que es el proceso de selección de estudios y/o ocupación cuando unas y otras se convierten en femeninas o masculinas, y el problema más frecuente es que las ocupaciones o modelos masculinos tienen mayores recompensas.

Una variedad peculiar de la segregación vertical es el techo de cristal, que se refiere a la dificultad de las mujeres para acceder a los puestos directivos. Ambas segregaciones suelen coincidir, es decir que los hombres ocupan sectores y especialidades donde las oportunidades de carrera ascendente son mayores. Con la misma formación que las mujeres, muchas veces los hombres son asignados a las tareas de mayor prestigio (Ibañez y Vicente, 2017).

En cuanto a la duración de las carreras, las mujeres tienden a tener promedios más altos en los estudios que los varones y a realizar la carrera en menor tiempo y con menos interrupciones, particularmente en aquellas especialidades en que son más numerosas.

Sin embargo, esto no siempre tiene su correspondencia en el mercado laboral. Una estrategia frecuente entre estas mujeres es la dedicación a la docencia y la investigación, que permite muchas horas de trabajo en el hogar y un horario flexible. El horario flexible es en general muy valorado por estas profesionales mujeres. Sin embargo, es muy frecuente que en las carreras de ingeniería y en general en las carreras técnicas, haya mucha mayor cantidad de docentes y directivos varones, con lo cual no se proporciona un modelo femenino que atraiga y sensibilice a las mujeres para acercarse a esas carreras, que les sirva de confidente ante sus dudas y preocupaciones, que pueda detectar situaciones de discriminación o abuso y que mitigue la diferencia cuantitativa existente en el medio (Panaia, 2015).[3] Según

---

3   Los procesos señalados son fruto de los estudios realizados en los Laboratorios de Monitoreo de Inserción de Graduados (MIG), instalados en universidades de varias universidades del país y diferentes regiones, que trabajan con un dispositivo de recolección de datos

Casado (2017), no hay que esperar que este proceso se modifique en poco tiempo, ya que el acceso a los estudios está condicionado por el contexto social, cultural y familiar en que los jóvenes de ambos sexos se basan para elegir aquellas profesiones que les dan mayores posibilidades de empleo y menores dificultades para acceder y mantenerse en el mismo. En ese sentido, los mecanismos de conciliación o posibilidades de compatibilizar las actividades productivas y reproductivas afectan el desarrollo de carrera si no hay familiares que puedan ayudar en la cría, acuerdos de pareja para compartir las tareas o una flexibilización horaria que modifique las rutinas de las trabajadoras con mayores complicaciones, particularmente las mujeres en la etapa de crianza (Ibañez y Vicente, 2017).

Por otra parte, el lenguaje matemático y tecnológico son herramientas que se incorporan en la socialización temprana y esto depende mucho de los criterios de socialización familiar y las elecciones que se realicen sobre los establecimientos educativos. Muchos autores plantean el gusto por las matemáticas como mecanismo de segregación horizontal en el momento de elegir la formación. Esto tiene mayor peso cuando la elección se realiza en la adolescencia en la que el peso familiar y social es mayor. En los casos en que existe una segunda oportunidad en edades más adultas, estas decisiones tienen un mayor margen de variación y el peso de las demandas laborales puede incidir en la elección de estudios vinculados a esta materia.

Estas formas de segregación también se reproducen a nivel de las autoridades y distintas jerarquías universitarias, aunque se puede observar que cuando refieren a la población estudiantil y de graduados, la distribución no mantiene esa tendencia. Quiere decir que es un fenómeno general, que aparece más acentuado en las ingenierías que es una carrera que tiene una imagen más valorada para las poblaciones masculinas, por el ejercicio posterior de esa disciplina y la tradicional promoción que han tenido las mismas.

---

basado en la articulación de los métodos cuantitativos y cualitativos. La recolección de los datos de tipo cuantitativo se realiza por medio de una encuesta de tipo longitudinal, la cual hace hincapié solamente en la trayectoria de formación-empleo. Los datos de tipo cualitativo se realizan a través de una entrevista semiestructurada, biográfica, que capta las diferentes secuencias de su vida familiar, residencial, laboral y de formación, en forma retrospectiva. Los datos obtenidos en estos laboratorios son comparables entre sí.

La consolidación de una participación segregada

Como ya observamos, si tomamos los datos más recientes se puede observar que entre 2019-2020 la participación femenina en la población estudiantil universitaria del país, en pregrado y grado fue del 58,6% en estudiantes, de un total de 2.187.292; 58,4% entre las nuevas inscriptas, de los 596.446 nuevos estudiantes; y 61,2% entre las egresadas de un total de 135.908 graduados (SPU, 2020). Si se realiza el análisis por sector de gestión, se observa para la misma fuente y año que en la gestión estatal la participación femenina es del 58,7% de una población de 2.311.514 personas de las tres categorías y en la gestión privada del 58,1% de 608.132 de personas que cursan en el sector privado (SPU, 2020).

Sin embargo, para esa fecha no hay una desagregación de los datos para las veintiún terminales de Ingeniería que determina el CONFEDI, de manera que hay que retrotraerse a 2017 para encontrar esos datos. Para ese año la participación femenina entre los estudiantes era del 57,7% de los 200.297 de las universidades públicas, las nuevas inscriptas 57,5% de los 41.542, del mismo sector, las reinscriptas 57,8% de 158.755 personas y las egresadas 61,6%, de los 7.292 graduados de las veintiún terminales para la gestión pública y del 57,8% de 19.349 estudiantes; 57,6% para las 3.158 nuevas inscriptas; 58,2% para las 16.191 reinscriptas y 62,2% las 1.531 egresadas, en la gestión privada. Si bien las diferencias no son importantes a nivel de la distribución, en algunos casos son significativas en la cantidad de personas que incluyen y, además, evidentemente son datos con siete años de antigüedad.

a) Gestión pública

Si tomamos en cuenta la gestión pública que es la más numerosa, según las veintiún terminales que establece el CONFEDI, consignadas en el Anuario de la Secretaría de Políticas Universitarias, para el año 2017 (SPU, 2017) se observa que antes de esa fecha no se consigna la distribución por género para las terminales de Ingeniería y solo hay mención de estas desagregaciones para las instituciones académicas incluyendo el total de las carreras que se cursan. Hay que destacar que en el sector de gestión pública aparecen terminales que en la gestión privada no se dictan, como Hidráulica, Materiales, Metalúrgica, Minas, Nuclear e incluso el Ciclo Básico.

Para los estudiantes el promedio del total de las veintiún terminales tiene una proporción de 24,5% de la población femenina estudiantil de los 200.297 estudiantes. Las terminales que logran porcentajes más altos de participación femenina son Alimentos 67,7% (2.451); Ambiental 62,7% (1.068); Biomédica 41,2% (1.077); Química 50% (8.493) y con menor rango, pero representando más de la tercera parte del estudiantado Agrimensura 31,3% (731); Hidráulica 33,7% (194); Industrial 27,3% (8.110); Materiales, 37,8% (204); Metalúrgica 29,6% (59); Minas 31,2% (279); Petróleo 28,9% (514) y Agronomía 32,4% (7.601). Los valores absolutos entre paréntesis reflejan la cantidad de personas que incluye cada porcentaje. Aun cuando estos porcentajes esconden a veces valores absolutos pequeños, lo importante para destacar es que se tiende a un equilibrio entre los sexos en la cursada. Por último, no llegan al 20% de las cursantes, pero no están lejos de ese porcentaje: Informática y Sistemas 15,8% (4.914) y Nuclear 18,4% (14).

Respecto de las nuevas inscriptas en la gestión pública, el promedio, para la misma fuente y el mismo año alcanza para el total de las veintiún terminales del CONFEDI, un 24,7%. Superan este promedio largamente las terminales de Alimentos 64,3% (420); Ambiental 60% (292); Biomédica 44,9% (275) y Química 48,9% (1.651).

Alcanzan el 30% o un poco más de los nuevos inscriptos: Agrimensura 33,8% (153); Ingeniería Civil 30% (1.520); Hidráulica 36,9% (45); Industrial 27,7% (1.800); Materiales 31,3% (35); Metalúrgica 26,7% (8); Minas 35,1% (54) y Agronomía 33,6% (1.220). Por último, llegan al 20%, lo cual no es poco en terminales que hasta no hace mucho las mujeres no tenían casi participación: Aeronáutica 20,1% (70) y Nuclear 22,2% (6).

Cuando observamos las reinscriptas el valor promedio para el total de terminales de la Gestión Pública es de 24,5%. Las terminales que exceden ampliamente estas marcas son: Alimentos 68,5% (2.031); Ambiental 63,2% (776); Biomédica 40,1% (802); Materiales 39,5% (169); Química 50,3% (6.842). Alcanzan el 30% de las reinscriptas o lo superan, Agrimensura 30,7% (585); Hidráulica 32,8% (149); Metalúrgica 30,2% (51); Minas 30,4% (225); Agronomía 32,2% (7.935). Representan por lo menos el 20% de las reinscriptas, no lejos del promedio del total de terminales o hasta superándolo: Petróleo 27,9% (353); Ingeniería Civil 26,8% (5.027); e Industrial 27,2% (6.310).

Por último, la proporción de graduadas de las veintiún terminales tiene una proporción de 24,7%. Las terminales que superan ampliamente esta proporción de graduadas mujeres son Alimentos 71% (101); Ambiental 100% (6), donde todas las graduadas de ese año fueron mujeres, a pesar de ser valores absolutos muy bajos; Biomédica 42,7% (53); Química 50,8% (357). Alcanzan casi el 30% de las graduadas, las terminales de Agrimensura 29,1% (32); Industrial 28,6% (355); Agronomía 27,4% (350). Por último, están muy cerca del promedio de las veintiún terminales o incluso lo superan Ingeniería Civil 25,4% (232); Hidráulica 23,1% (6); Materiales 23,1% (9); Informática y Sistemas 17,9% (138).

b) Gestión pública

Tabla 7. Segregación horizontal - Estudiantes de Ingeniería, 2017.

Terminal	Total estudiantes	Val. Abs Mujeres	%
Total	200.297	49097	24,5
Ingeniería	173367	39630	22,9
Aeronáutica	1694	236	13,9
Agrimensura	2355	738	31,33
Alimentos	3620	2451	67,7
Ambiental	1713	1068	62,3
Biomédica	2613	1077	41,2
Ciclo Básico	62	9	14,5
Civil	23805	6547	27,5
Computación	2765	295	10,7
Eléctrica	5508	334	6,1
Electromecánica	9606	545	5,7
Electrónica	104459	1323	1,3
Hidráulica	576	194	33,7
Industrial	29666	8110	27,3
Informática y Sistemas	31174	4914	15,8
Materiales	540	204	37,8
Mecánica	15762	1039	6,59
Metalúrgica	199	59	29,6
Minas	894	279	31,2
No unificada	4855	1104	22,7
Nuclear	76	14	18,4
Petróleo	1781	514	28,9
Química	16970	8493	50
Telecomunicaciones	674	83	12,3
Agropecuaria	26930	9467	35,2
Agronomía	23460	7601	32,4

Fuente: SPU/CONFEDI.

LAS PROFESIONES Y LOS MODELOS PRODUCTIVOS

Tabla 8. Segregación horizontal nuevas inscriptas de Ingeniería, 2017.

Terminal	Total estudiantes	Val. Abs Mujeres	%
Total	41.542	10241	24,7
Ingeniería	37317	8700	23,3
Aeronáutica	349	70	20,1
Agrimensura	452	153	33,8
Alimentos	653	420	64,3
Ambiental	485	292	60,2
Biomédica	613	275	44,9
Ciclo Básico	30	6	20
Civil	5068	1520	30
Computación	737	88	11,9
Eléctrica	1156	109	9,4
Electromecánica	2269	163	7,2
Electrónica	3116	307	9,9
Hidraúlica	122	45	36,9
Industrial	6501	1800	27,7
Informática y Sistemas	6743	962	14,3
Materiales	112	35	31,3
Mecánica	3427	277	8,1
Metalúrgica	30	8	26,7
Minas	154	54	35,1
No unificada	1181	278	23,5
Nuclear	27	6	22,2
Petróleo	518	161	31,1
Química	3371	1651	48,9
Telecomunicaciones	183	29	15,8
Agropecuaria	4225	1532	36,3
Agronomía	3630	1220	33,6

Fuente: SPU/CONFEDI.

Tabla 9. Segregación horizontal re-inscriptas de Ingeniería, 2017.

Terminal	Total estudiantes	Val.Abs Mujeres	%
Total	158.755	38856	24,5
Ingeniería	136050	30921	22,7
Aeronáutica	1345	166	12,3
Agrimensura	1903	585	30,7
Alimentos	2967	2031	68,45
Ambiental	1228	776	63,2
Biomédica	2000	802	40,1
Hidráulica	32	3	9,4
Civil	18737	5027	26,8
Computación	2028	207	10,2

Terminal	Total estudiantes	Val.Abs Mujeres	%
Eléctrica	4352	225	5,2
Electromecánica	7317	382	5,2
Electrónica	13343	1016	7,6
Hidráulica	454	149	32,8
Industrial	23165	6310	27,2
Informática y Sistemas	24431	3952	16,2
Materiales	428	169	39,5
Mecánica	12335	762	6,2
Metalúrgica	169	51	30,2
Minas	740	225	30,4
No unificada	3674	826	22,5
Nuclear	49	8	16,3
Petróleo	1263	353	27,9
Química	13599	6842	50,3
Telecomunicaciones	491	54	11
Agropecuaria	22705	7935	34,9
Agronomía	19830	6381	32,2

Fuente: SPU/CONFEDI.

Tabla 10. Segregación horizontal - Egresadas de Ingeniería, 2017.

Terminal	Total egresadas	Val. Abs Mujeres	%
Total	7292	1799	24,7
Ingeniería	5900	1394	23,6
Aeronáutica	53	7	13,2
Agrimensura	110	32	29,1
Alimentos	142	101	71,1
Ambiental	6	6	100
Biomédica	124	53	42,7
Hidráulica	0	0	0
Civil	912	232	25,4
Computación	64	4	6,3
Eléctrica	142	7	4,9
Electromecánica	292	8	2,7
Electrónica	578	26	4,5
Hidráulica	26	6	23,1
Industrial	1243	355	28,6
Informática y Sistemas	769	138	17,9
Materiales	39	9	23,1
Mecánica	487	20	4,1
Metalúrgica	7	1	14,3
Minas	12	1	8,3
No unificada	98	22	22,4

LAS PROFESIONES Y LOS MODELOS PRODUCTIVOS

Terminal	Total egresadas	Val. Abs Mujeres	%
Nuclear	9	0	0
Petróleo	49	6	12,2
Química	703	357	50,8
Telecomunicaciones	35	1	2,9
Agropecuaria	1392	405	29,1
Agronomía	1277	350	27,4

Fuente: SPU/CONFEDI.

c) Gestión privada

Si tomamos en cuenta las 21 terminales de Ingeniería que establece el CONFEDI, consignadas en el Anuario de la Secretaría de Políticas Universitarias, para el año 2017, para la gestión privada; que es el que presenta cifras desagregadas por género el porcentaje de estudiantes mujeres alcanza el 19,6% (3786) (SPU,2017).

Tomando cada terminal, para el mismo año, las que presentan mayor proporción de mujeres en la cursada son Ambiental 59,5%(269); Biomédica 47,1% (246) y Química con 49,9%(222). Superan el 20% que es la cifra cercana al promedio para todas las terminales Ingeniería Civil con el 22,9%(178); Industrial con el 20,8% (1132) y Petróleo con 22,1%(60). Cerca del promedio del total, hay que mencionar a Agrimensura con el 17,2% (47) de estudiantes femeninas, y Agronomía con el 18,3%(137).

Para mirar la tendencia de crecimiento es bueno observar que pasa con las nuevas inscriptas y las reinscriptas, que son las que por alguna circunstancia ha suspendido sus estudios o no han aprobado algún examen y vuelven a intentarlo.

Respecto de las nuevas inscriptas el promedio total para las 21 terminales, el mismo año 2017, es de 21,8% (690), superan esa proporción muy significativamente Ambiental con 46,3%(50); Alimentos 59,3% (51); Biomédica con 46,3% (50); Ingeniería Civil con 36,6% (68); Petróleo con 33,3% (7); Química con el 51,2% (21), lo que muestra que hay varias ramas de las ingenierías que tienen una fuerte tendencia hacia la feminización.

Dentro mismo de las nuevas inscriptas, y para el mismo año están cerca del promedio general de las ingenierías: Industrial con 23,6% (200); y Agronomía con 18,2% (20).

Para el caso de las reinscriptas, por la misma fuente y para el mismo año, el promedio total de la participación femenina es del 19,1% (3.096) y las terminales que superan ampliamente este porcentual son Alimentos 68,6% (351); Ambiental 59,6% (218); Biomédica 47,3% (196); Química 49,8% (201). Por último, están muy cerca del promedio de las veintiún terminales o incluso lo superan Ingeniería Civil 18,6% (110); Agrimensura 17,8% (41) Industrial 20,3% (932); Petróleo 21,1% (53); Agronomía 18,4% (117).

Las egresadas de Ingeniería de ese año, para la misma fuente, llamativamente aumentan el promedio de mujeres que egresan respecto de las cursantes, nuevas inscriptas e reinscriptas, ya que alcanza el 23,1 (354) De las veintiún terminales establecidas por el CONFEDI, las que tienen un porcentaje de graduación muy significativos son Agrimensura 45,5% (5); Alimentos el 80% (33); Ambiental el 56,8% (21); Biomédica el 46,2% (24); y Química el 52,3% (34).

Tienen un porcentaje de graduación cercano al promedio de las ingenierías: Civil 26,4% (19); Computación el 22,7% (5); Industrial, 22,1% (99); Petróleo 23,3% (10) y Agronomía 20,6% (14).

Estos parámetros que son superiores a los promedios de cursada femenina, muestran que son excelentes estudiantes. Por otra parte, las ramas de la Ingeniería que se han feminizado y son parejas entre ambos sexos, son las mismas en todas las categorías, lo cual no quiere decir que numéricamente tengan mayor cantidad de mujeres en otras ramas de la Ingeniería, pero no logran superar la segregación horizontal.

Tabla 11. Segregación horizontal - Estudiantes de Ingeniería, 2017.

Terminal	Total estudiantes	Val. Abs Mujeres	%
Total	19349	3786	19,6
Ingeniería	18602	3649	19,6
Aeronáutica	0	0	0
Agrimensura	274	47	17,2
Alimentos	612	422	69
Ambiental	452	269	59,5
Biomédica	522	246	47,1
Civil	778	178	22,9
Computación	84	10	11,9
Eléctrica	40	4	1
Electromecánica	395	25	6,3
Electrónica	1009	65	6,4
Industrial	5438	1132	20,8
Informática y Sistemas	7031	856	12,2
Mecánica	768	42	5,5
No unificada	168	41	24,4

Las profesiones y los modelos productivos

Terminal	Total estudiantes	Val. Abs Mujeres	%
Petróleo	272	60	22,1
Química	445	222	49,9
Telecomunicaciones	314	30	9,6
Agropecuaria	747	137	18,3
Agronomía	747	137	18,3

Fuente: SPU/CONFEDI.

Tabla 12. Segregación horizontal - Nuevas inscriptas de Ingeniería, 2017.

Terminal	Total estudiantes	Val. Abs Mujeres	%
Total	3158	690	21,8
Ingeniería	3048	670	22
Aeronáutica	0	0	0
Agrimensura	44	6	13,6
Alimentos	100	71	71
Ambiental	86	51	59,3
Biomédica	108	50	46,3
Civil	186	68	36,6
Computación	14	2	14,3
Eléctrica	0	0	0
Electromecánica	101	3	3
Electrónica	90	9	1
Industrial	848	200	23,6
Informática y Sistemas	1278	164	12,8
Mecánica	64	5	7,8
No unificada	23	8	34,8
Petróleo	21	7	33,3
Química	41	21	51,2
Telecomunicaciones	44	5	11,4
Agropecuaria	110	20	18,2
Agronomía	110	20	18,2

Fuente: SPU/CONFEDI.

Tabla 13. Segregación horizontal - Reinscriptas de Ingeniería, 2017.

Terminal	Total estudiantes	Val. Abs % Mujeres	%
Total	16191	3096	19,1
Ingeniería	15554	2979	19,2
Aeronáutica	0	0	0
Agrimensura	230	41 2,4	17,8
Alimentos	512	351 68,6	68,6
Ambiental	366	218 59,6	59,6
Biomédica	414	196 47,3	47,3

Terminal	Total estudiantes	Val. Abs % Mujeres	%
Civil	592	110 18,6	18,6
Computación	70	8 11,4	11,4
Eléctrica	40	4 0,1	1
Electromecánica	294	22 7,5	7,5
Electrónica	919	56 6,1	6,1
Industrial	4590	932 20,3	20,3
Informática y Sistemas	5753	692 12,0	12
Mecánica	704	37 5,3	5,3
No unificada	145	33 22,8	22,8
Petróleo	251	53 21,1	21,1
Química	404	201 49,8	49,8
Telecomunicaciones	270	25 9,3	9,3
Agropecuaria	637	117 18,4	18,4
Agronomía	637	117 18,4	18,4

Fuente: SPU/CONFEDI.

Tabla 14. Segregación horizontal - Egresadas de Ingeniería, 2017.

Terminal	Total estudiantes	Val. Abs Mujeres	%
Total	1531	354	23,1
Ingeniería	1463	340	23,2
Aeronáutica	0	0	0
Agrimensura	11	5	45,5
Alimentos	41	33	80,4
Ambiental	37	21	56,8
Biomédica	52	24	46,2
Civil	72	19	26,4
Computación	22	5	22,7
Eléctrica	6	1	16,7
Electromecánica	17	0	0
Electrónica	33	1	0,3
Industrial	447	99	22,1
Informática y Sistemas	486	68	14
Mecánica	70	9	12,9
No unificada	41	9	22
Petróleo	43	10	23,3
Química	65	34	52,3
Telecomunicaciones	20	2	1
Agropecuaria	68	14	20,6
Agronomía	68	14	20,6

Fuente: SPU/CONFEDI.

LAS PROFESIONES Y LOS MODELOS PRODUCTIVOS

Tratando de superar los techos de cristal

El techo de cristal es una realidad en la vida laboral de las mujeres, se trata de una barrera invisible sistemáticamente sostenida por empresas y empleadores en general, que impide que las mujeres avancen para acceder a cargos de poder. En el caso específico de Ciencia y Tecnología, donde estas barreras deberían ser más blandas, solo el 15% de los jefes son mujeres, mientras que el 85% son hombres según el ministerio del área, para 2023.

Para el caso específico de las Ingenierías, en el ámbito académico de 2017 (SPU, 2017) la proporción de mujeres en cargos docentes para el total de la población universitaria es de 51,2%; en autoridades, del 40%; en el preuniversitario, del 62,5%; y en no docentes, del 50,5%. Si bien hay una leve mejoría en los datos de 2020, esta no es muy significativa.

Para las cifras desagregadas más recientes, los cargos jerárquicos tomando las cifras totales de 2020 (SPU, 2020) se observa que en el cuerpo docente la participación femenina es del 50,2% (101.693); entre las autoridades, del 42,8% (1.853); en el preuniversitario, del 61,2% (15.563); y entre los no docentes, del 50,2% (27.931).

En los diferentes cargos jerárquicos la proporción de mujeres en cargos de rectoras y presidentas es del 10,7% (6); para el caso de vicerrectora, del 31,5% (17); para el cargo de secretarias de universidad, el 33,3% (408); decanas, del 35,1% (239); vicedecanas, del 46,7% (104), el más alto porcentaje en autoridades del más alto nivel; el 45,1% (1.038) en el caso de secretarias de facultad y del 54,2% (394) en otros cargos de menor jerarquía (SPU, 2017). O sea que es muy evidente que a medida que se asciende en cargos de mayor jerarquía, la proporción de mujeres disminuye ostensiblemente y en ningunos de los cargos más altos se llega a un 50%. De esta forma se hace evidente que el *techo de cristal* existe, o se mantienen segregadas a ciertos tipos de cargos de menos jerarquía, aún en la universidad, sector privilegiado si los hay en nuestra sociedad por su aparente democracia.

Algunas reflexiones finales

Se destaca en las primeras etapas de este trabajo, la fuerza y la capacidad de las pioneras que abrieron caminos inéditos en las carreras académicas y más específicamente en las ingenierías, que es una de las que ofrece mayor resistencia a una participación integrada. Sin duda, asegurar el acceso equitativo de las mujeres a las carreras y empleos en ciencia y tecnología, permite una trayectoria inteligente de desarrollo que fortalece el mercado de trabajo y el desarrollo económico del país, porque acceden a cargos más calificados y menos informales.

La tendencia actual de la producción, con la utilización de las tecnologías informatizadas y el aumento de la actividad en los servicios, incorpora la participación femenina como uno de los procesos frecuentes, que aparece como congruente con las nuevas tendencias. La forma en que lo hacen y la velocidad a la que se incorporan los hombres y las mujeres es diferente en cada sistema productivo, pero la tónica la da, por un lado, el proceso de industrialización que ha sido predominantemente masculino y, por el otro, una expectativa –no siempre cumplida– de que el avance de los procesos de informatización aumente la participación femenina. La desigualdad de acceso comienza con áreas de estudio como la Ingeniería y las Matemáticas, generalmente promovidas para los varones y poco incentivadas para las mujeres instrumentando prejuicios, estereotipos masculinos e invisibilizando sus avances y logros. Tanto la CEPAL (2013) como la UNESCO (2020) reconocen que sus trabajos y descubrimientos se citan menos y que son cada vez menos en número en la medida que se asciende en los cargos jerárquicos. El BID (2023) señala que también en las áreas creativas la imposibilidad de acceder a mejores remuneraciones, la flexibilidad del empleo y las brechas salariales aumenta en estos sectores a 27,8%, respecto de la brecha general salarial de la trabajadora femenina, que es de 22,9%.

Si bien esta es la tendencia general, hay que señalar que sobre todo en los modelos híbridos se observan muchas variaciones en la organización del trabajo, la gestión de la mano de obra y las contrataciones de empleo según sexo, pero esta diversidad no termina, sin embargo, con la división sexual del trabajo.

Es por eso que aún persiste en el ámbito científico una evaluación dicotómica de los nudos problemáticos a resolver. Esto se debe en parte a las teorías de mayor difusión sobre el análisis de género –esencialista, neoclásica, institucionalista y otros– que lo evalúan en esos términos, pero también a una evaluación estadística que insiste en utilizar las categorías que convalidan ese tipo de pensamiento económico, sin generar formas nuevas de medición (Marry, 2004).

Estos datos estadísticos tratan de mostrar y problematizar, por un lado, el enfoque epistemológico con que se analiza el problema y, por otro, analizar mediante conclusiones obtenidas de estadísticas longitudinales que permiten trabajar con trayectorias, los avances de algunos de los mecanismos de promoción y participación que utilizan ambos géneros en la actividad profesional, incluso cuando llegan a los cargos jerárquicos, para adaptarse o modificar los esquemas persistentes.

La necesidad de comprender estos nuevos procesos impulsa los análisis utilizando técnicas longitudinales que atraviesan la línea de tiempo, permitiendo observar un proceso a lo largo de la historia, los estudios biográficos y las trayectorias profesionales, ocupacionales y estudiantiles, que permiten captar las nuevas estructuras decisionales, los motores y motivaciones de esas decisiones y los nuevos rumbos que eligen los jóvenes. Tanto la consolidación como la crisis a lo largo de la vida logran explicar e identificar las secuencias de vida, las bifurcaciones y cambios de profesión y de carrera y los mandatos que en definitiva pesan a la hora de ejercer una profesión (Panaia, 2015).

Hay que reconocer que lo que predomina en la producción de estadísticas oficiales para estudiar estos fenómenos, por lo menos en Argentina, no han acompañado estos cambios y están muy lejos de proporcionar un material útil para enfrentar este tipo de análisis de las lógicas internas y externas de estos procesos de segregación, que son los que requiere hoy el mercado de trabajo y la educación superior. En el caso de nuestro país, por ejemplo, no hay estadísticas sobre el mercado de trabajo profesional, no hay estadísticas sobre la relación formación-empleo, por especialidad y tampoco hay estadísticas sobre inserción profesional de graduados, estudiantes y abandonadores, que ayudarían mucho a comprender los lugares que ocupan en la estructura productiva y especialmente las políticas a emprender para mejorar esas *performances* (Panaia, 2006). La distribución por sexos en el mercado de trabajo sirve de estructuración de la sociedad, aunque actualmente se puede observar que la separación no es tan nítida como hace varias décadas, en parte porque hay sectores que han tenido profundos cambios, sin embargo, se mantiene muy especialmente a nivel de ingresos.

Los datos presentados muestran que hay mayor participación estudiantil femenina en las veintiún terminales de Ingeniería planteadas por el CONFEDI, en la gestión estatal (24,5%, 49.097) que en la gestión privada (19,6%, 3786). Entre las nuevas inscriptas el 24,7% (10.241) lo hace en las universidades de gestión pública y el 21,8% (690) en las universidades de gestión privada. Y las que se reinscriben el 24,5% (38.856) lo hace en las de gestión pública y el 19,1% (3.096) en las de gestión privada.

Por último, las egresadas de Ingenierías provenientes de las universidades de gestión pública alcanzan el 24,7% (1.799), mientras las que provienen de la gestión privada son del 23,1% (354).

La gestión pública concentra algunas terminales como Hidráulica, Materiales, Nuclear y Aeronáutica y, por lo tanto, todas las graduadas de esas ramas, y al mismo tiempo hay cierta similitud entre las universidades de ambas gestiones sobre las terminales de las Ingenierías que tienen una proporción más equitativa o que superan la proporción de los hombres. Es el caso de Química, Biomédica, Alimentos, Ambiental, Materiales, donde alcanzan proporciones importantes, aunque a veces la cantidad de personas que cursan esas carreras son pequeñas. Se consigna al lado de los porcentajes los valores absolutos representados en el mismo, para destacar la disminución de la segregación horizontal en estas ramas, a pesar de que la cantidad de personas a veces es pequeña, mientras que en algunas ramas los valores absolutos son mucho mayores, pero no se alcanza a superar la segregación horizontal. Es importante señalar que son carreras vinculadas al área médica, de cuidado del ambiente, a la alimentación, que se asocia más a los valores femeninos en la sociedad.

Según Ibañez *et al.* (2017), las teorías esencialistas sostienen que las mujeres tienden a elegir las carreras tradicionalmente femeninas que tienen el reconocimiento social como tales y solo eligen las masculinizadas cuando el progreso en las carreras femeninas se transforma en dificultosa. Desde otras perspectivas teóricas se destaca que pesan más en el momento de la elección las barreras institucionales para acceder y progresar en distintas profesiones masculinizadas. En este sentido estas autoras señalan que no existe un solo mercado de trabajo y que cada sector tiene diferentes barreras y posibilidades, donde también pesa la estructura empresarial del sector estudiado. Para autoras como Pruvost (2007), el acceso de las mujeres a ciertos sectores masculinizados como las fuerzas de seguridad puede considerarse como una "transgresión consensuada" si se analiza desde su inscripción en la sociedad patriarcal, en este trabajo se consideran segregaciones condicionadas como procesos de transición.

Esto es importante a la hora de destacar los sectores de la Ingeniería en que se concentra la participación femenina, que, como se mostró en este trabajo, tiende a repetirse. Un indicador significativo, entonces, es el aumento que se da en las carreras más fuertemente masculinizadas como Civil, Agrimensura, Agronomía, Industrial, Petróleo y Minas, que tienen una proporción que ronda el 30% −en ambos tipos de gestión−, lo que nos permitiría afirmar que la segregación horizontal está pasando por un proceso de feminización creciente, en las terminales más típicamente masculinas.

De manera que los valores estadísticos son útiles para describir la situación, pero no ayudan a entender las lógicas de cada sector que contribuyen al sostenimiento de la segregación horizontal (paredes de cristal) y cuáles son los mecanismos para superarla, cuestión en la que podrían ofrecer una posibilidad de comprensión, estas ramas que están creciendo en participación femenina y que son tradicionalmente masculinizadas.

El otro elemento de análisis que se señala al comienzo de este trabajo, es la inexistencia de modelos en la promoción de las ramas masculinizadas y en su defecto el subrayado de dificultades como la fuerza física, las dificultades en trabajar de noche por razones familiares o las limitaciones para viajar, cuestiones altamente desmentidas por sectores fuertemente feminizados como el personal de limpieza, las enfermeras o las azafatas.

Es interesante el aporte de Longuenesse en la introducción de un libro coordinado por Lucas y Dubar (1994), donde se dice que la feminización tiene muchas veces momentos contradictorios: por un lado, hay un cambio en la función profesional, que puede pasar de lo administrativo a lo comercial y, por el otro, hay un cambio en la tarea, que puede pasar a ser cada vez más técnica y más fragmentaria, con lo cual esto puede derivar en un cambio del desarrollo de la asalarización, pero también en el de la identidad profesional.

En consecuencia, es importante profundizar el lugar de la mujer en cada rama y en el contexto de cada país, porque puede estar mostrando una mayor diferenciación interna de la profesión, pero también puede significar una desvalorización de algunas categorías profesionales que por esta razón se dejan en manos femeninas.

En el caso de la segregación vertical, no se puede sostener lo mismo respecto de los accesos a cargos de mayor jerarquía si bien no tenemos datos detallados para las ingenierías, pero sí para las autoridades universitarias en general. Así que el techo de cristal sigue funcionando como un límite a la segregación vertical. Posiblemente con un análisis evolutivo de distintos años de este proceso se pueda realizar una evaluación más precisa, pero para eso es necesario que nuestras estadísticas universitarias incorporen esta variable en sus relevamientos. En el caso de la segregación vertical juegan cuestiones de liderazgo y de autoridad más ligadas a la estructura patriarcal de la sociedad.

Referido a los procesos de conciliación entre las tareas profesionales y domésticas, en estos casos tiene mucha incidencia la flexibilización horaria que afecta a las mujeres sobre todo en las etapas de crianza y la tercerización de sectores como la limpieza, tareas de cuidado, etc., que produce segregación integrada, pero subalterna de la ocupación femenina. O sea que en cada sector de producción es muy condicionante la organización del proceso de trabajo, los niveles de remuneración para organizar la vida doméstica y contratar personal de apoyo, sobre todo cuando se trata de horarios prolongados con turnos cambiantes o también cuando la situación familiar (hogares monoparentales, familias numerosas, familias nucleares, etc.) dificultan las negociaciones que exige la empresa.

Estas tendencias marcan un estadio de transición en los procesos de feminización de la actividad universitaria, impulsada fuertemente desde abajo, desde la proporción de estudiantes y futuras profesionales y más lento y dificultoso en los cargos de mayor responsabilidad. Es claro que se avanza, pero también que es mucho lo que falta para terminar con las desigualdades y la ciencia es uno de esos casos donde las trabas, los estancamientos, las invisibilidades también existen. En el año 2020, el CONICET registra que las mujeres representan el 61% de los cargos de investigadoras asistentes; el 56% de las investigadoras adjuntas, pero solo ocupan el 25% de los cargos de investigadores superiores. Las paredes y el techo de cristal mantienen su presencia invisible, aun en los espacios más progresistas.

Bibliografía

Baña, Beatriz y Borches, Carlos (2017). *La química es para las mujeres*. Eudeba.

Bergero, Paula (2019, 12 de septiembre). Doña Beatriz Ghirelli, la dama de la normalización. *Revista Persea*. https://revistapersea.com/mujeres-en-ciencias/la-dama-de-la-normalizacion/

BID (2023). *Informe anual*. www.publications.iadb.org

CEPAL (2013). *Informe regional La mujer en América Latina y el Caribe*. CEPAL.

Casado, Ana Belén (2017). Mujeres informáticas. La elección formativa. En Marta Ibañez (Dir.), *Mujeres en mundos de hombres. La segregación ocupacional a través del estudio de casos*. CIS.

Fernández, Nilda E. (2019). *Biografías protagonistas de la Ciencia Forestal Argentina*. Ministerio de Producción y Trabajo. Secretaría de Agroindustria. Presidencia de la Nación.

Gruschetsky, Valeria y Carla del Cueto (2023). *Una experta entre expertos. La ingeniera Elisa Bachofen en la Dirección Nacional de Vialidad (1932-1953)*. XV Jornadas Nacionales de Historia de las Mujeres y X Congreso Iberoamericano de estudio de género.

Ibañez, Marta (Dir.) (2017). *Mujeres en mundos de hombres. La segregación ocupacional a través del estudio de casos*. CIS.

Ibañez, Marta y María Rosalía Vicente (2017). Conceptos, medidas y evolución de la segregación laboral. En Marta Ibañez (Dir.), *Mujeres en mundos de hombres. La segregación ocupacional a través del estudio de casos*. CIS.

Longuenesse, Isabel (1994). Introducción Atelier 2 : Etat, institutions, pouvoirs et professiond libérals. En Yvette Lucas y Claude Dubar, *Genese et dynamique des groupes professionnels* (pp. 129-143). Presses Universitaires de Lille.

Marry, Catherine (2004). *Les femmes ingénieurs*. Éditions Belin.

Oficina Nacional de la Mujer-Dirección Nacional de Recursos Humanos y Secretaría de Estado de Trabajo (1970). *Evolución de la Mujer en las Profesiones Liberales 1900-1965*. Buenos Aires.

Oficina Nacional de la Mujer-Dirección Nacional de Recursos Humanos y Secretaría de Estado de Trabajo (1970). *Evolución de la Mujer en las Profesiones Liberales 1900-1965*. Buenos Aires.

Panaia, Marta (2006). *Trayectorias de ingenieros tecnológicos. Graduados y alumnos en el mercado de trabajo*. Miño y Dávila Editores.

Panaia, Marta (2015). El desafío profesional de la mujer ingeniera. En Marta Panaia (Coord.), *Universidades en cambio: ¿generalistas o profesionalizantes?*. Miño y Dávila Editores.

Panaia, Marta (2018). Mecanismos de promoción y participación de las mujeres en la Ingeniería. *Revista Argentina de Ingeniería*, 6(12), 110-118.

Panaia, Marta (2023). Formas de segregación es espacios masculinizados. En Marta Panaia (Coord.), *Las profesiones en cuestión. Nuevas formas de inserción y relación laboral en la segunda modernidad*. Miño y Dávila Editores.

Pruvost, Geneviève (2007). Vers l'indifférénciation des tàches. En *Profession: policien, sexe, féminin*. Ed. De la Maison des Sciences de l'homme.

Secretaria de Políticas Universitarias, Ministerio de Educación. Estadísticas 1995-2006/2019-2020 y 2017.

UNL (2016, 13 de abril). Primeros graduados de la UNL. https://www.unl.edu.ar/noticias/news/view/primeros_graduados_de_la_unl.

UNESCO (2020). Las mujeres en Ciencias, Tecnologías, Ingeniería y Matemáticas en América Latina y el Caribe. ONU Mujeres - Entidad de Naciones Unidas para la Igualdad de Género y el Empoderamiento de las Mujeres.

Reflexiones y perspectivas sobre el uso de las técnicas longitudinales en la captación de trayectorias de estudiantes y graduados, veinte años después

Marta Panaia

Introducción

Los vínculos entre el sistema universitario y la construcción social del mercado de trabajo exigen dirimir, por un lado, algunos interrogantes previos y compatibilizar sistemas teóricos diferentes y, por el otro, demostrar empíricamente cómo funcionan algunas relaciones inevitables entre ambos sistemas, que ponen en tensión la cuestión institucional y el sistema profesional. Es probable que la inadecuación que mantuvo durante años la separación entre ambos campos del conocimiento tuviera que ver con la injerencia de la política económica en la autonomía universitaria y la independencia de ésta para adaptar sus cambios a las necesidades del mercado de trabajo u oponerse a la política económica.

La compatibilización de los esquemas teóricos para analizar estos problemas, por lo menos en la Argentina, carece todavía de instrumentación adecuada, por varias razones. En primer lugar, los cambios de la estructura productiva de las últimas décadas han significado modificaciones en los requerimientos de calificaciones profesionales. Estos procesos de reconversión se encuentran en plena evolución y en correspondencia con los cambios de paradigma técnico-productivo internacional que, asociados a la aparición de una serie de nuevas tecnologías, contribuyeron a modificar sustancialmente aspectos de la producción mundial. En segundo lugar, las propias instituciones empresarias y educativas se encuentran en un proceso de reacomodamiento para ajustar su rol, planteando nuevos requerimientos, actualizando sus planes de estudio y desarrollando nuevos vínculos con la sociedad, para revisar los esquemas teóricos.

Los laboratorios de Monitoreo de Inserción de Graduados (MIG) surgen frente a la preocupación constante por conocer los procesos de inserción de graduados en el mercado de trabajo profesional. La propuesta de instalación de un dispositivo técnico de relevamiento sistemático en diferentes instituciones de educación superior permite la producción de datos estadísticos capaces de responder interrogantes fundamentales sobre la construcción de trayectorias laborales en estudiantes, graduados y abandonadores para todas las disciplinas. Esto es posible a partir de la aplicación de una metodología de investigación que combina estudios longitudinales con entrevistas biográficas que recorren simultáneamente las trayectorias de formación y empleo para un periodo de tiempo determinado.

Un poco de historia

La Ley de Educación Superior Argentina (24.521/95) dejó librado a cada unidad académica el seguimiento y recuento estadístico de sus graduados; el análisis de los procesos de inserción y las trayectorias de los mismos en el mercado de trabajo.

Esto requirió de equipos especializados en el tratamiento estadístico de estos datos, la creación de dispositivos estadísticos adecuados a estos análisis y una tarea constante de recolección y análisis de datos que las universidades, en su mayoría, no ha implementado.

Si bien en Argentina existe un desarrollo importante vinculado a la sociología de las profesiones, la sociología del trabajo –especialmente la relación educación-trabajo–, la economía de la educación y la estadística laboral, hasta principios de 2000 no se habían diseñado dispositivos estadísticos para poner en funcionamiento un relevamiento sistemático de información que permita un monitoreo permanente y se constituya en la base de análisis de casos comparativos, de tendencia, con la finalidad de instrumentar políticas universitarias y programas institucionales de seguimiento académico-laboral. Existen sistemas muy elaborados como el norteamericano y el francés, pero no podían aplicarse aquí sin importantes modificaciones.

Consciente de esta problemática, la Universidad de Buenos Aires creó programas interdisciplinarios que intentaron dar respuestas a problemas que para su resolución y comprensión requerían una visión de varias disciplinas. Para cumplir ese cometido fue necesario generar grupos de investigadores de varias disciplinas que pudieran presentarse a fondos de investigación de gran envergadura para encarar dichas problemáticas; con ese criterio se creó el PAITE (Programa del Área de Investigación sobre Trabajo y Empleo) como Programa Especial del Rectorado de la Universidad de Buenos Aires en 1991, con asiento en el Centro de Estudios Avanzados (CEA), bajo la Coordinación de Marta Panaia. Entre las presentaciones realizadas por este programa se diseñó el primer proyecto concertado CONICET-UBA "*Demanda de calificaciones de profesiones universitarias*" (1992-1993).[1] Los resultados que arrojó este proyecto demostraron la carencia de datos y dispositivos estadísticos para estudiar el mercado de trabajo profesional –que tiene una dinámica diferenciada en el mercado de trabajo, por el solo hecho de requerir un título y determinada cantidad de años de formación para su ejercicio, si bien este cierre es más rígido en algunas profesiones y más blando o poroso en otras–; el fuerte envejecimiento de los currículos universitarios, la falta de renovación y actualización de los planteles docentes y la gran cantidad de cambios que afectan el ejercicio de los nuevos profesionales en la era de la globalización.

Con estos resultados se planteó la construcción de un sistema estadístico de recolección de datos específico para el estudio de la relación formación-empleo de los graduados universitarios, con seguimientos de tipo longitudinal, que permitieran trazar trayectorias desde la formación al mercado de trabajo. Así se logró la aprobación del proyecto BID 802/OC AR-PMT-SID0614 "*Monitoreo de la Inserción de Graduados*" (1999-2002), que requería un adoptante o contrapartida que se interesara por la adopción de sus resultados para aplicarlo en esa unidad académica. Se obtuvieron dos adoptantes: la Facultad de Ingeniería de la Universidad Nacional de La Plata (UNLP) y la Facultad Regional Gral. Pacheco (FRGP) de la Universidad Tecnológica Nacional (UTN), donde se aplicaron los instrumentos construidos entre 2000 y 2002. El proyecto contaba con un período de investigación y un período de transferencia. Por ser pioneros en esta modalidad de transferencia, fueron muchos los obstáculos que el proyecto tuvo que superar tanto durante la realización del proyecto, que era experimental en muchos aspectos porque no había antecedentes de la generación de instrumentos estadísticos de este tipo, ni análisis de otras generaciones de referencia; tampoco había antecedentes de la adopción de este tipo de dispositivos, ni de los tiempos de instalación, por las dificultades institucionales en implementar en su interior un laboratorio que funcionara con criterios nuevos a los tradicionalmente utilizados en la misma. En general, las mayores dificultades estaban

---

1   Publicado con el mismo título como documento de trabajo del Centro de Estudios Avanzados de la Universidad de Buenos Aires en diciembre de 1994

centradas en conseguir la información porque no estaba informatizada y en general se guardaba sin actualización ninguna.

Por qué trabajar bajo la forma de Laboratorios MIG

El Laboratorio de Monitoreo de Inserción de Graduados de una unidad académica, a nivel universitario, es una usina de datos diferenciando carreras y títulos y al mismo tiempo un grupo de investigación que remite a la Secretaría Académica para dar basamentos científicos a su tarea.

El sistema consiste en diferentes formas de registro a través de un sistema de sensores. Un sistema de relevamiento; un sistema de procesamiento de la información, un sistema de investigación y un sistema de difusión estadística y estudios temáticos.

El objeto de estos relevamientos y estudios es conocer las trayectorias laborales de los egresados, alumnos y abandonadores del sistema y sus modalidades de inserción en el mercado de trabajo, los títulos y especialidades más demandadas, las características de esta demanda y cuáles son los requerimientos de la formación que son necesarios posteriormente al egreso, así como cuáles son las que ofrecen las universidades y en qué medida pueden ir adaptándose con más facilidad a las demandas actuales o modificando sus planes de estudio para facilitar los cambios que logren una mayor afinidad con los requerimientos de la demanda. Para analizar los problemas que se les presentan y ofrecer otras alternativas. Para conocer los principales obstáculos que encuentran en su pasaje del mundo universitario al mundo del trabajo. Para saber qué conocimientos les fueron más útiles y cuáles les faltaron y cómo se van modificando las demandas del mercado de trabajo.

Entendemos por trayectoria la estructura de decisiones que toma cada graduado o estudiante (o generación de estudiantes y graduados) para ir ocupando sucesivas posiciones en un proceso de temporalidades sociales de distintas escalas (familiar, institucional, sectorial, societal, histórico) que transforman permanentemente el contexto en que se encuentran (Panaia, 2006).

El laboratorio elabora e instrumenta un dispositivo de relevamiento estadístico atendiendo las temporalidades de estos procesos y generando datos estadísticos para una investigación permanente y comparativa sobre la trayectoria y la modalidad de inserción de los egresados y las características de la demanda que plantea el sector productivo a las carreras universitarias de distintas unidades académicas, las profesiones más demandadas, las características de esta demanda y cuáles son los requerimientos de la formación que son necesarios posteriormente al egreso, así como cuáles son las universidades, facultades y carreras con procesos de excelencia y vinculación con sus respectivas regiones. La idea de que estos dispositivos sean adoptables por cualquier unidad académica estuvo presente desde el principio, para evitar la babelización del sistema y permitir –en la medida que se implementa esta metodología en distintas regiones del país– hacer trabajos comparativos en las mismas carreras de distintas regiones o entre unidades académicas. Lo que sí es cierto es que la instalación de un dispositivo técnico en una institución produce, por un lado, nuevas relaciones políticas y, por otro, un nuevo régimen de autoridad, con lo cual esto deberá adaptarse en cada caso a la situación existente (Winner, 1999).

Los laboratorios MIG construyen cuatro módulos:

1. Módulo de investigación temática.
2. Módulo de relevamiento de información.
3. Módulo de procesamiento de información.
4. Módulo de difusión.

Estos cuatro módulos conforman el equipo indispensable para instrumentar un dispositivo de relevamiento estadístico e investigación permanente sobre la trayectoria de los egresados y las características de la demanda. La producción estadística y temática es la base de un servicio de prensa, información a grupos especiales (como estudiantes secundarios, colegios de graduados y servicios de orientación al estudiante) y de estudios en profundidad que favorezcan la adopción más racional de las decisiones tanto para la unidad académica como para el propio estudiantado universitario, así como para las expectativas más claras de los estudiantes. Por otra parte, la continuación de estudios a lo largo del tiempo favorece la adopción de inversiones más eficientes en las unidades académicas y de las propias autoridades educativas al reducir el nivel de deserción y aumentar el número de graduados del sistema.

Actualmente no existen estadísticas comparables sobre el mercado de trabajo profesional y esta propuesta surge como necesaria en el marco de una situación de profunda reconversión de las propias unidades educativas, que carecen de los datos necesarios para evaluar sus propios cambios y contar con datos más precisos para evaluar la relación costos-beneficios, ya que son ellas las que gestionan la formación de los profesionales que luego deberán actuar en la sociedad.

Cada casa de estudios posee algún sistema de pasantías o servicios de empleo que produce estadísticas coyunturales, pero generalmente no son comparables ni sistemáticas y carecen de una difusión dirigida a los usuarios. Las más de las veces están en manos de los centros de graduados, que los utilizan con fines electorales y no cumplen con ningún objetivo de investigación. Tampoco sirven para las autoridades como instrumento de políticas, sino como registro administrativo.

La gran cantidad de egresados sin empleo en algunas carreras, la declinación de las matrículas en otras o el alto índice de deserción por las falsas expectativas creadas por una imagen inadecuada de las mismas hace que se pierdan muchos recursos invertidos en la formación de profesionales que nunca llegarán a ejercer, que se irán del país o que deberán subutilizar sus conocimientos por falta de demanda. Por último, esto puede estar disminuido por un porcentaje de ellos que consiga trabajo de menor calificación y de menores ingresos. Otra situación alternativa, que se puede evitar, es la de fragmentación social, por establecer un sistema de restricción del ingreso en carreras en que la matrícula se convierte en inmanejable.

Campos de relevamiento

Cada laboratorio está organizado en cinco campos de relevamiento, algunos se realizan todos los años y otros se relevan cada tres, cuatro o cinco años, según la importancia de los cambios que se producen o las demandas de la institución para monitorear sus políticas. Estos son: empresas o demanda regional; instituciones educativas-planes de estudio; graduados; estudiantes y estudiantes abandonadores.

La profunda transformación que experimentan distintos sectores productivos en el contexto de creciente globalización, tiene una incidencia significativa en los requerimientos al sistema educativo. La emergencia de nuevas áreas profesionales, la obsolescencia de otras y la necesidad de reconversión, la competencia entre profesionales por áreas del mercado laboral son algunos ejemplos. En este contexto, la universidad, como formadora de profesionales, debe enfrentar una crisis de transformación en sus orientaciones y contenidos de enseñanza que adecuen su función a los rápidos cambios en las estructuras productivas y en los mercados profesionales. Para ello, requiere contar con instrumentos de investigación sistemática sobre estos cambios y de planificación de sus orientaciones curriculares (Panaia, 2015).

En ese sentido el objetivo de la transferencia de metodologías e instrumentos de análisis sobre la relación entre educación universitaria y empleo profesional, es la de posibilitar a las instituciones académicas, la planificación y toma de decisiones respecto de la oferta educativa, los cambios internos de la institución, los cambios de programas, el surgimiento de nuevas carreras o cambios de planes de estudios también son motivos de análisis y de tomas de decisiones que se realizan sobre la base de la investigación de los laboratorios.

Esta transferencia se fundamenta en el desarrollo de un marco teórico que integra enfoques sobre el tema que habitualmente se formulan de manera aislada. En efecto, una combinación de distintas perspectivas sobre la oferta curricular, las estructuras de requerimientos en calificaciones profesionales desde el sector productivo y el nivel de las representaciones sociales y culturales de estudiantes y graduados expresados en sus expectativas profesionales configura el marco teórico conceptual tanto de la fase de investigación como de la de desarrollo del proyecto.

Es importante destacar aquí que ya se había logrado en el equipo de trabajo, en el año 2002, una metodología que puede aplicarse fácilmente a cualquier unidad académica para evaluar la trayectoria de sus estudiantes y graduados el mercado de trabajo por generaciones y los procesos de inserción en el mercado de trabajo.

Los desafíos metodológicos

Estos laboratorios MIG intentan asumir el desafío de construir modelos capaces de explicar prácticas sociales y trayectorias que se desenvuelven en el tiempo, contemplando al mismo tiempo el conjunto de relaciones sociales que van variando con ellas. Esto supone un análisis de tipo genético, lo que es imposible si no se introduce la medición del tiempo, que implica un desafío metodológico y matemático. Para ello, los estudios de datos transversales resultan muy limitados y las propuestas econométricas del tipo *logit*, suelen tratar el tiempo como una constante 1, lo cual limita mucho las interpretaciones de los datos. Consideramos necesario actualizar las propuestas estadísticas con recolecciones de datos de tipo longitudinal y, al mismo tiempo, integrar los datos de tipo cuantitativo con la recolección de datos de tipo cualitativo, articulados desde la recolección e incluyendo un modelo de procesamiento de los datos que respete la recolección longitudinal, para facilitar el análisis. Si avanzamos en uno de estos tramos, sin avanzar en los otros, seguimos utilizando modelos fotográficos de procesamiento con instrumentos pensados para la captación longitudinal o nos vemos obligados a utilizar más de un instrumento y más de una forma de procesamiento, lo cual –cuanto menos– complejiza el análisis. Los distintos esquemas teóricos habituales en los análisis de la relación formación trabajo tampoco proveen de análisis de tipo longitudinal que puedan ser capitalizados en una experiencia como la que proveemos en este caso. También en las formas de procesamiento la utilización de técnicas econométricas cercena habitualmente la posibilidad de articular con los datos cualitativos y obvia el tratamiento de ciertas variables como el tiempo, que se tratan como supuestos.

Las técnicas de análisis utilizadas en la econometría son de regresión logística dentro de los modelos de elección cualitativa binaria o "modelos de elección discreta", es decir que permiten transformar una variable discontinua en una variable continua, mediante la asignación de dos valores arbitrarios 0 y 1 que convierten a la variable dependiente en una variable continua para el intervalo 0 y 1 aunque solo puedan observarse los dos extremos y luego se utiliza un modelo de probabilidades para tratar la variable dependiente. Los modelos *logit* se suelen estimar a través de técnicas de máxima verosimilitud ajustando en forma interactiva los coeficientes que se van obteniendo, hasta lograr estimadores consistentes. La varianza tiende a 0 y el número de observaciones a infinito. Luego se hacen una serie de ajustes (por el *chi cuadrado* con "n" grados de libertad). Este tipo de resultados es difícil de articular con recolecciones cualitativas y presenta los datos muy agregados.

El uso de técnicas de articulación entre la recolección cuantitativa y cualitativa de los datos desde la concepción misma de los operativos de campo, permite cuestionarios más flexibles y operativos menos costosos, pero que pueden aplicarse en gran número de casos y permiten una rápida informatización. También obliga a los estudios multietápicos, que implican varias técnicas de procesamiento. Especialmente cuando se trata de medir un proceso de inserción ocupacional en un mercado de trabajo de alta fluctuación o de poca posibilidad de estabilidad de la inserción, el problema de la medición se convierte en un tema significativo (CEREQ, 1997/8) y requiere dispositivos técnicos específicos.

El primer laboratorio MIG donde se aplicaron las técnicas longitudinales cuanti y cualitativas fue el de la Regional Gral. Pacheco de la Universidad Tecnológica Nacional, que había sido el experimental; luego se produjeron las demandas de instalación de otras unidades académicas que querían implementar dispositivos similares por problemas concretos con algunas de sus carreras o impulsadas por los procesos de acreditación que les demandaban datos sobre sus graduados de los que carecían, dificultades de inserción de los graduados en la región o por la necesidad de generar nuevas carreras. Esta demanda genera dos problemas: por un lado, la necesidad de incrementar el equipo de gente capacitada a lo largo del proyecto para instalar un nuevo laboratorio; y por el otro, organizar etapas de su instalación, que no tenía como en el caso inicial un presupuesto previo y datos producto de la investigación inicial financiada, sino que debía partir de cero.

Así surgen nuevos laboratorios y la necesidad de generar encuentros periódicos para trabajar en forma de taller, las problemáticas metodológicas que se presentan en las diferentes regiones, las diversas profesiones y los recursos estadísticos para poder mantener la comparabilidad.

Estos Encuentros en Red, de los que ya se han realizado ocho en distintas regiones del país, están centrados en los laboratorios existentes y en los grupos que están en proceso de capacitación para instalar un laboratorio MIG en nuevas universidades. Al comienzo se realizaron todos los años y estuvieron basados sobre todo en el intercambio de problemas metodológicos y en la comparación de resultados; y, a partir de 2009, ya la cantidad de laboratorios y la ampliación de las problemáticas surgidas de los estudios realizados y la publicación de los mismos en documentos de trabajo y libros que resumen las presentaciones de los encuentros, llevaron a reuniones cada dos años, con la realización de talleres metodológicos intermedios para tratar problemas más puntuales.

En el año 2009 se realizó una videoconferencia con dos laboratorios de Chile y dos de Colombia, que querían instalar sus propios sistemas y pidieron asesoramiento para aprender de la experiencia de la Red MIG. En 2013 se participó del I Seminario Internacional de Intercambio de Experiencias e Investigación sobre Egreso Universitario, en la Universidad de la República, Montevideo (Uruguay), para difundir la experiencia argentina en ese país, y esta participación se repite hasta hoy.

La creación de laboratorios posterior a esta primera transferencia dio lugar a la creación de la Red MIG (Monitoreo de Inserción de Graduados), coordinada desde el PAITE y generó la siguiente secuencia: UTN-Regional Gral. Pacheco, 2002; Universidad Nacional de Río Cuarto, Facultad de Ingeniería, 2005; UTN-Regional Avellaneda, 2006; UTN Regional Resistencia, 2007; UTN-Regional Río Gallegos. 2008; Laboratorio de Turismo 2008-2010, Convenio Ministerio de Turismo-Facultad de Ciencias Sociales; Universidad de Córdoba, 2012; Laboratorio MIG-UNDAV, 2013. Desde 2013 acompaña este proceso, con las características administrativas de su país, la Universidad de la República de Uruguay (UdelaR), que avanzó en los procesos de seguimiento de graduados y participa de los encuentros y libros que produce la Red MIG. Hay también en este momento dos laboratorios nuevos en proceso de formación, con probabilidades de concretarse. El cambio de autoridades políticas en los establecimientos universitarios, en algunos casos o la falta de financiamiento en otros, que no facilitó la participación rentada de los miembros de los laboratorios, conspiró con la estabilidad de algunos de ellos que se discontinuaron, aun después de más de diez años de funcionamiento. No obstante, contribuyeron a la acreditación de carreras y mejora de su calidad durante su funcionamiento.

Los métodos de investigación utilizados por los laboratorios MIG son los siguientes: método longitudinal con planilla de acontecimientos; cohortes o generaciones; entrevista biográfica; material de apoyo sobre regulación legal y CV; análisis de demanda; planes de estudio y de carrera, estatutos y demás regulaciones universitarias. La metodología propuesta combina el uso de técnicas cuantitativas con las estrategias cualitativas, recurriendo a los conocimientos, experiencias y saberes productivos de las personas que serán entrevistadas o encuestadas. La zona a estudiar es la de influencia de cada una de las unidades académicas adoptantes. Entrevistas a informantes clave, tanto del sector productivo como del académico. Seguimiento de egresados. Servicios de orientación profesional. También se intercambia con bolsas de trabajo y unidades de pasantías laborales de cada unidad académica, consultoras de personal de la región e instituciones oficiales de producción estadística. Dentro de la metodología cualitativa, se aborda la realidad estudiada con conceptos "sensibilizadores" respecto de las tensiones entre la formación universitaria y las exigencias del ejercicio profesional y analizando testimonios de informantes calificados estratégicamente elegidos; se concluirá a partir del conocimiento que surja de los datos. El análisis e interpretación de los testimonios se irá efectuando en el mismo momento de la fase de "descubrimiento", relevamiento de la información, lo cual permitirá ahondar aspectos analizados y redefinir otros mediante "análisis de sentido". El diseño de este tipo de estrategia de investigación es flexible. La unidad de análisis –informantes calificados– son elegidas intencionalmente tratando de que cubran todo el espectro de demandantes profesionales analizados y este muestreo concluirá cuando se haya comprendido el significado del proceso estudiado y no sea necesario ningún testimonio adicional pues se satura teóricamente el concepto analizado.

LAS PROFESIONES Y LOS MODELOS PRODUCTIVOS

El instrumento de recolección de información es la entrevista en profundidad, para estas metodologías cualitativas. Estas entrevistas –que duran entre una hora y una hora y media– son desgrabadas y a partir de eso se trabajan diversos temas seleccionados según criterios de sentido. El criterio de selección de los informantes es el muestreo intencional, siguiendo la metodología comparativa que propone el muestreo teórico (Glaser y Strauss, 1967). La utilización de una muestra intencional se justifica en la intención de caracterizar la demanda en términos cualitativos. En cada caso el número de las unidades a seleccionar está determinado siguiendo el criterio de saturación teórica. Ello implica que el corte se producirá cada vez que una categoría demuestre estar "saturada", es decir, cuando nuevas entrevistas no aporten información complementaria.

La estrategia metodológica requiere de la utilización de un instrumento de recolección de datos relativamente flexible que permita captar aspectos no previstos, pero, a la vez, la comparabilidad exige de un cierto número de categorías que permitan el ordenamiento de los datos. Las experiencias realizadas con distintas titulaciones muestran que para cada profesión es diferente el número de entrevistas necesarias para lograr esta saturación teórica y en ese caso es el investigador el que determina –mediante la evaluación constante del material recogido– cuándo se ha logrado el nivel de saturación.

Los temas abordados sintéticamente en las entrevistas y encuestas son los siguientes: formación-empleo; trayectoria profesional; empleos; trayectorias y carreras de empresa; contexto familiar; expectativas de carrera; problemas de duración y retraso de cursada; demandas de calificaciones por parte de las empresas; duración de la cursada; problemas de cronicidad y abandono de los estudios; cambios de planes de estudio; primer empleo; pasantías y proyecto final; ingresantes y nuevos inscriptos; estudios por carreras y cambios de carreras; abandono universitario; identidad del estudiante; proyecto de carrera profesional; temporalidades sociales y productivas; nuevas carreras, nuevas universidades; cambio de carrera; interrupciones de carrera, inserción ocupacional, demandas de calificaciones.

Adopción de resultados

Los dispositivos estadísticos y encuestas probados y evaluados conjuntamente entre el grupo de investigación y el personal de las unidades académicas se replica en las distintas unidades adoptantes, que pueden ser las mismas y en otras nuevas que se vayan interesan en este tipo de transferencia. La aplicación de los dispositivos transferidos a las universidades adoptantes dependerá de los recursos estatales y privados que pueden movilizarse en la puesta en marcha de estos sistemas estadísticos. Se realiza una evaluación económica de los costos, que varían según la cantidad de estudiantes, de graduados, la estructura productiva de la zona y la distancia del laboratorio a la sede del PAITE Buenos Aires, que es la que –por ahora– sigue capacitando la formación de cada equipo de un nuevo laboratorio.

Una vez que estos laboratorios fueron formados e instalados con reconocimiento de los consejos directivos de cada universidad que los adoptó, tuvieron una historia diversa y al mismo tiempo relacional por la red, que les dio cierta uniformidad.

En algunas unidades académicas se formaron –en esos laboratorios– tesistas y becarios que dejaron sus aportes y mantuvieron su continuidad; en otras se formaron departamentos que pusieron en práctica sus hallazgos y recomendaciones; en otros se hicieron trabajos para carreras nuevas y para problemáticas específicas de algunas carreras tradicionales; en casi todos se intentó, con distinto éxito, informatizar todo el proceso, perdiendo algunas veces la riqueza de la relación en profundidad con los graduados y estudiantes y debilitando la relación con las demandas del medio; pero en todos los casos se consideran decursos predominantemente positivos para las políticas universitarias.

En concreto, los aportes a estos procesos se manifiestan de la siguiente forma:

a) Estudios sobre el abandono –históricamente bastante escasos–, factor que supone una pérdida ulterior de ingreso económico de los egresados que no lograron ese objetivo. Aun cuando pueda suponerse que una formación universitaria "parcial" o incompleta mejora, de todas formas, el ingreso promedio de los abandonadores (estudios puntuales muestran que, en algunos grupos, una formación universitaria abandonada promediando la carrera era percibida por los mismos exalumnos como valiosa para el desempeño laboral; en efecto, muchos de ellos desarrollaban tareas afines a lo que fue su carrera universitaria) nunca se logran los mismos accesos a cargos jerárquicos y de progresión de carrera. Por cierto, el abandono está determinado por una multiplicidad de factores que pueden reunirse en las siguientes dimensiones: individual, contextual y organizacional.

b) Los laboratorios brindan elementos organizacionales referidos a la mejora curricular y organizativa de las carreras. Expectativas y frustraciones de los estudiantes, modelos de estudiantes, procesos de las tomas de decisión respecto del abandono y etapas en que la institución puede prever y anticipar el abandono de las carreras universitaria. Modelos de inserción de los graduados, problemas del ejercicio profesional y de la construcción de carrera profesional; desajustes entre lo que se aprende y lo que se demanda, etc. Se hacen aportes sobre los títulos de carreras cortas, la continuidad de la cursada por trayecto y las dificultades y ventajas de continuar los estudios. Los cambios de planes y los acortamientos del plan de estudio y disminución de la carga horaria.

c) Aun cuando la mejora de la calidad del currículo en términos de la adecuación al mercado profesional mejora la competitividad de la universidad para la atracción de cursantes –y por lo tanto, el posicionamiento de la unidad académica en el mercado educacional–,este factor no es considerado para el análisis de los beneficios; entre otros argumentos para ello, corresponde considerar que la mejora de la competitividad incide, más que en la cantidad de alumnos, en la calidad de estos y su mayor probabilidad al éxito universitaria, mientras que la acción de los laboratorios está más centrada en las trayectorias profesionales en el mercado de trabajo, los cambios en las formas de ejercicio de la profesión, en las dificultades de carrera, etc.

Con respecto a la probabilidad de inserción del egresado en el mercado profesional pueden identificarse, también, diferentes variables determinantes. La calidad de la formación académica es sólo una de ellas, siendo su comportamiento complejo. En efecto, el acceso exitoso al mercado profesional no refiere sólo a la obtención de una ocupación afín con la carrera sino también a la prontitud con que ello es alcanzado y, sobre todo, a la calidad del puesto de trabajo obtenido, la mejora continua de los ingresos y la posibilidad de actualización profesional.

d) En tanto para los anteriores factores considerados se supone que la producción de los laboratorios mejora los beneficios económicos del sistema, en el caso de los requerimientos de reciclaje de egresados se reduce un costo directo atribuible a la formación inadecuada respecto de los requerimientos profesionales. Es este otro factor complejo en la medida que el proceso de ajuste o reciclaje puede desenvolverse a través de distintos medios institucionales: la misma empresa, otras instituciones no universitarias, formación en el extranjero, etc.

La complejidad de este factor está dada por la misma dinámica del cambio tecnológico y de las profesiones que caracterizan al mundo contemporáneo. En efecto, existe un consenso generalizado entre los especialistas –y las experiencias internacionales así lo confirman– de que la formación cuaternaria o la permanente o casi permanente constituye una modalidad ineludible en todas las profesiones. En este sentido, resultaría impropio considerar que todo reciclaje a la formación deriva del desajuste curricular atribuible a un problema de calidad en la formación. En otros términos, diferenciar entre cursos o programas de "actualización" o "nivelación" y programas de posgrado en especialización no es siempre posible.

También se realizan contribuciones importantes en la construcción de los sistemas de tutorías de tesis, para facilitar la redacción de las mismas y disminuir y asegurar los plazos de entrega, que en general tienen grandes retrasos en casi todas las carreras que culminan con este tipo de exigencia. También en la modificación de estos sistemas por otros como las prácticas preprofesionales u otro tipo de prácticas que aseguran el tránsito de cada profesión en su inserción en el mercado de trabajo.

Es de señalar que tanto el rendimiento individual como el social varía con el tiempo de manera que las decisiones que se adoptan en el ingreso o egreso de carreras incide en el costo social y estas decisiones están muy condicionadas por los mecanismos de difusión sobre el estudio de esas carreras, la información sobre los ingresos, riesgos que produce, las características de prestigio y status de los estudios y la seguridad de conseguir empleo (Jorrat, 2005).

En los estudios realizados sobre orientación vocacional en nuestro país se ha medido que el efecto de una buena información –periodística, estudios académicos, libros, guías, campañas en colegios secundarios– mejora en un 20% la racionalidad de la elección de los estudiantes porque tiene un impacto de llegada superior a los estudios personalizados de orientación vocacional (Aisenson, 2002).

El seguimiento es especialmente para la población de egresados, pero la población potencial es toda la estudiantil y consideramos que la inversión inicial implica solamente dos puestos completos de trabajo o cuatro medias rentas y los gastos del operativo de relevamiento de actualización, porque los instrumentos ya están construidos por el dispositivo inicial, solo requieren un proceso de ajuste para ser adaptados a cada caso en particular. Estos datos multiplicados por el crecimiento de la población estudiantil y corregidos por la tasa de deserción, mejorada por los efectos de la aplicación del proyecto, proporciona un considerable aumento de la población potencialmente beneficiaria de estos laboratorios, en la medida que mantengan una continuidad de las recolecciones y de la producción de estudios que dé respuesta a las demandas de la unidad académica y del medio productivo de la zona.

Reflexiones veinte años después

Si se hace una evaluación desde el funcionamiento interno de la Red de los Laboratorios y de las propuestas a encarar para los próximos años hay que señalar varios puntos de interés. En algunos casos estos temas tienen que ver con los cambios propios de una sociedad periférica en transición y los profundos cambios de la segunda modernidad en términos de incorporación de nuevas tecnologías, especialmente la profunda informatización de todas las áreas y la incorporación veloz de la inteligencia artificial (IA), la aparición de pandemias y guerras que modifican los grandes procesos civilizatorios y cierto agotamiento de los procesos de globalización que impacta fuertemente en la primera modernidad.

En términos de los procesos internos de la Red, hay que señalar la inestabilidad y desfinanciamiento universitario, además de la falta de continuidad de las políticas internas de cada unidad académica, donde cada laboratorio dependió del apoyo o cuestionamiento de las autoridades de turno y, al mismo tiempo, del ciclo de vida de los grupos académicos y de investigación. La solidez y continuidad de cada grupo organizado en un laboratorio es la que marca su productividad, sus hallazgos, su consolidación y su integración a la institución como una parte importante de sus instrumentos de gestión.

Independientemente de estos cambios más contextuales, hay que tener en cuenta que la vida útil de un instrumento estadístico de estas características oscila entre los diez y los catorce años, según las experiencias de los instrumentos utilizados en nuestro país y los cambios de estructura profundos de la sociedad. Hay que considerar que este instrumento se construye en un momento de transición de los procesos de reconversión productiva y académica y esto puede condicionar la duración de los mismos. No obstante, también es cierto que con reajustes mínimos se puede asegurar una prolongación considerable de del ciclo de vida de estos instrumentos y que solo es pensable una inversión importante en la recomposición total de los mismos en unos veinte años.

De hecho, en los talleres estadísticos ya realizados se fueron realizando correcciones al instrumento inicial que tuvieron que ver con los cambios en el mercado de trabajo y las diferencias regionales de las zonas encuestadas. Además, actualmente en los talleres metodológicos que se realizan los años alternos a los encuentros, se trabaja la incorporación de las nuevas tecnologías para los seguimientos posteriores de tres, cinco y diez años de la cohorte.

Para el análisis de la rentabilidad pueden considerarse las siguientes cuestiones: la evidencia –como resultado de las investigaciones realizadas– de que existe un desajuste entre la formación universitaria y las necesidades de las unidades productivas en materia de calificaciones profesionales. Por consiguiente, hay un costo universitario para readecuar el perfil profesional a dichas necesidades, por ejemplo, a partir de la generación de posgrados por déficit de la enseñanza de grado.

Los problemas de adecuación de la formación profesional en relación con los requerimientos socioproductivos de calificaciones. Al respecto, se evidencia un desajuste por: a) una escasa transparencia de las necesidades de formación (escasa información de la demanda específica actual y/o problemas de "traducción" de requerimientos tecnológicos a calificaciones profesionales); y b) por la rápida obsolescencia de las carreras y la ausencia de criterios de anticipación de requerimientos profesionales o formas de organización del trabajo en el mercado.

En términos del sistema educacional esto puede ser considerado un problema de calidad en la producción de egresados que se expresan en los siguientes factores que caracterizan al sistema "sin laboratorios" de seguimiento:

a) Tasas significativas de abandono del proceso educativo de grado.
b) Porcentaje significativo de potenciales ingresantes al sistema educativo que no lo hacen por evidencias de desajuste a la formación o poca información sobre posibilidades profesionales.
c) Porcentaje significativo de egresados que no logran insertarse en los mercados profesionales correspondientes.
d) Número significativo de reciclaje de egresados para la adecuación de requerimientos profesionales.

En términos de la transformación del sistema productivo, por la incorporación de formas nuevas de contratación, de organización del trabajo, de remuneración, la aparición de las plataformas y los cambios producidos por la veloz informatización de todas las áreas incluido el desarrollo de la inteligencia artificial, se hace necesario revisar los códigos de identificación industrial y de servicios (CLANAE) y los códigos ocupacionales, ya que las transformaciones al interior de los grupos profesionales son muy profundas, la implosión y/o explosión de profesiones en fragmentos, las desapariciones de algunos grupos y la aparición de otros nuevos es muy intensa y requiere de una investigación aparte, para trabajar con categorías socioprofesionales más sólidas, ya que muchas de las actuales se pueden considerar perimidas. Esto excede el trabajo cotidiano de los laboratorios y requiere equipos de investigación, dedicados específicamente a resolver estos temas a nivel metodológico y conceptual, en forma general.

Los avances en la informatización y particularmente las consecuencias que dejó la pandemia con sus etapas de encierro y trabajo a distancia también modificaron seriamente las técnicas de entrevista, las formas de desgrabación, de reunión y sobre todo el trabajo de campo de los laboratorios, especialmente en sus análisis de la demanda –que implica visitas y observación de tecnología en empresas de servicios y en industria–. Y esto modifica las técnicas de relación, de codificación de programación y los instrumentos, que para ser modificados y mantener la comparabilidad histórica, requieren de una etapa de trabajo interna de los laboratorios que muchas veces se contradice con la pluralidad e intensidad de las demandas del medio universitario y sus etapas de acreditación.

Tanto el avance de las nuevas tecnologías, la experiencia vivida en la pandemia del Covid-19, el aumento de los costos de los traslados y el aumento de los horarios de trabajo y los costos que representa para las universidades mantener equipos de investigación con financiamiento propio, obligan a repensar y a revisitar las metodologías propuestas tratando de mantener el espíritu de sus fundamentos teóricos.

Este es el desafío que viene:

Modificaciones y ampliaciones temáticas:

1. Ampliación de módulos según la problemática de cada universidad
- Estadías en el extranjero para medir internacionalización.
- Profesionalización durante la cursada en la universidad.
- Reconstitución de las carreras de empresa y los cambios de puestos de trabajo.
- Discapacidad o problemas de salud durables.
- Formación en deportes, artes, y otras carreras en paralelo.
- Tesis y tutores. Otras formas de trabajo final según especialidad.
- Población migrante.
- Posgrados y doctorados.
- Lenguas alternativas.
- Estudios comparados por carrera, en distintas regiones del país.

2. Formas de recolección de datos
- Completud del SIU, para alumnos y graduados.
- Ficha en Pag. Web para empresas y establecimientos.
- Encuentros a distancia.
- Comunicaciones telefónicas y postales.
- Sistemas de desgrabación.
- Revisión de las categorías de empresas.
- Revisión de los códigos de Ocupación y Clanae.

3. Procesamientos adicionales
- Tasas a trabajar por período, Carrera y/o por Generación.
- Tasa de Respuesta general.
- Tasa de respuesta de campo.
- Tasa de desempleo a tres años.
- Tasa de empleo a tres años.
- Tasa de títulos intermedios a tres años por genero.
- Tasa de respuesta de tres a cinco años y de cinco a siete años.

Reflexiones finales

Si bien en términos generales este trabajo refleja los procesos que han aparecido en los casos de laboratorios MIG creados hasta aquí, es evidente que hay procesos de logros y de dificultades que se repiten con frecuencia y que son salvados con mayor o menor dificultad según el grado de comunicación con las autoridades, su flexibilidad ante las demandas que genera el laboratorio, la posibilidad de conseguir tesistas y becarios que se interesen por estas tareas y también la habilidad de la persona a cargo del laboratorio para negociar situaciones internas y externas al mismo, pero siempre claves para su mantenimiento.

Dentro de los mayores logros de estos laboratorios, hay que mencionar la extensa producción de datos logrados en distintas regiones del país, que permiten adoptar políticas y programas académicos que modificaron y siguen siendo de consulta para las unidades académicas adoptantes.

La cantidad de publicaciones logradas en forma de boletines, documentos de trabajo y libros,[2] que se encuentran accesibles en la *web* de

---

2   *Trayectorias de estudiantes y graduados en Ingeniería* (Biblos); *Mercado de trabajo de jóvenes* (La Colmena); *Trayectorias de graduados y estudiantes tecnológicos* (Miño y Dávila); *Abandonar la universidad con o sin título* (Miño y Dávila); *Universidades en cambio ¿generalistas o profesionalizantes?* (Miño y Dávila); *Asalarización y profesionalización* (Miño y Dávila); *El estallido del tiempo* (Miño y Dávila); *De la formación al empleo el desafío de la innovación* (Miño y Dávila); *Profesión e innovación*

los laboratorios en cada unidad académica y en las librerías y documentos internos trabajados a nivel de las instituciones educativas, las carreras y los equipos académicos, ya justifican de por sí la tarea emprendida. Lo mismo ocurre con los encuentros, que aseguran una preocupación por cada vez más unidades académicas por enfrentar los problemas que pueden detectar en los procesos de acreditación, analizar las posibilidades de reformas de sus currículos y sus carreras con base en estudios de investigación fundamentados y discutidos y no por impresiones del mercado y también la creación de carreras nuevas con un currículo que contemple los nuevos conocimientos y una renovada demanda social.

Dentro de las dificultades más complejas de solucionar y que implican retrocesos, pérdidas y hasta maltrato por parte de las instituciones adoptantes, todavía poco habituadas a este tipo de procesos de innovación en cuanto a la construcción de dispositivos dentro de las instituciones, cabe mencionar las dificultades financieras institucionales; las dificultades para transparentar la realidad de las universidades temerosas de perder poder y prestigio; la existencia de una currícula oculta y un presupuesto oculto (Boisvert, 1997), que asegura algunos grupos de la gestión en el poder y que pueden ponerse en cuestión o descubrirse con este tipo de estudios y el funcionamiento de interface que tienen estos dispositivos, que cuestiona y democratiza las relaciones intra y extrauniversitarias, rompiendo los compartimentos estancos que aseguran los esquemas piramidales de poder.

Bibliografía

Aisenson, Diana (2002). *Después de la escuela*. Eudeba.

Boisvert, Hugues (1997). *L'Université réinventer*. Éditions du Renouveau Pédagogique.

CEREQ Encuesta de Entrada a la vida Activa "Generación 92", 1997/1998. Marseille.

Jorrat, Raúl (2005). Prestigio y legitimidad de la desigualdad de ingresos. *Estudios del Trabajo*, (30), 3-32.

Glaser, Barney y Strauss, Anselm (1967). *The discovery of grounded theory: strategies for qualitative research*. Cambridge University Press.

Panaia, Marta (Coord.) (2023). *Las profesiones en cuestión. Nuevas formas de inserción y relación laboral en la segunda modernidad*. CONICET-UBA-UNRC.

en un contexto *flexible* (Miño y Dávila); *Las profesiones en cuestión* (Miño y Dávila); *Formación y empleo para la producción hidrocarburífera de la Patagonia* (UTN) y otros.

Panaia, Marta (Coord.) (2020). *Asalarización y profesionalización. El difícil equilibrio entre la autonomía y la estabilidad*. Miño y Dávila-CONICET-UBA-UNL.

Panaia, Marta (Coord.) (2018). *Profesiones e innovación en un contexto flexible*. Miño y Dávila-UBA-UNDAV.

Panaia, Marta (Coord.) (2015). *Universidades en cambio: generalistas o profesionalizantes*. Miño y Dávila-UTN-FRRE-UNRC-UBA.

Panaia, Marta (Coord.) (2013). *Abandonar la universidad con o sin título*. Miño y Dávila-UTNFRA

Panaia, Marta (Coord.) (2011). *Trayectorias de graduados y estudiantes de ingeniería*. Biblos.

Panaia, Marta (Coord.) (2009). *Inserción de jóvenes en el mercado de trabajo*. La Colmena.

Panaia. Marta (2006). *Trayectorias de ingenieros tecnológicos*. Miño y Dávila-UTNFRGP.

Panaia, Marta (Coord.) (2017). *De la formación al empleo. El desafío de la innovación*. Miño y Dávila-UBA.

Panaia, Marta y Andrea Delfino (2019). *El estallido del tiempo. De la formación al trabajo y el empleo*. Miño y Dávila-CONICET-UBA-UNL.

Panaia, Marta y Carlos Vacca (2017). *Formación y empleo para la producción hidrocarburíbera de la Patagonia*. UTN.

Secretaría de Políticas Universitarias, Ministerio de Cultura y Educación, Buenos Aires (s/f). Estadísticas de la SPU, anuarios, 1996-1998- 2002-2006-2008-2009.

Winner, Langdon (1999). Do artifacts have politics?. En Mackenzie, D . y j. Wajcman (Eds.), *The social shaping of technology* (pp. 28-40). Refwood Books.

Páginas web

www.unrc.edu.ar

www.fra.utn.edu.ar

www.frgp.utn.edu.ar

www.frre.utn.edu.ar

La actualización del plan de estudios de la carrera de Veterinaria en el Uruguay: el aporte del análisis de las trayectorias de estudiantes y graduados

José Passarini, Paola Cabral, Brasiliano Rodríguez,
Alejandro Varesi, Vanessa Lujambio y Claudia Borlido

Resumen

La formación de veterinarias/os en el Uruguay está exclusivamente a cargo de la Facultad de Veterinaria de la Universidad de la República (FVet-Udelar), que desde hace 120 años imparte la carrera. Para un país predominantemente agropecuario, donde la salud y la producción animal son fundamentales para lograr exportaciones de productos de alta calidad que superen los estándares internacionales, es imprescindible que la educación veterinaria sea del más alto nivel y se mantenga actualizada. Las competencias adquiridas por los estudiantes en la FVet-Udelar son las principales herramientas con las que cuentan para insertarse y desarrollarse en el mercado laboral. Entre los años 1998 y 2020 la FVet-Udelar implementó un plan de estudios innovador para su época, marcando una gran diferencia con las propuestas curriculares anteriores, pasando del perfil de Médico Veterinario con fuerte énfasis en salud animal a un concepto amplio de Ciencias Veterinarias donde la producción animal y la tecnología de los alimentos de origen animal también ocuparon un lugar muy importante en la formación profesional. Transcurridos más de veinte años de la implementación del plan de estudios se volvió imprescindible una importante actualización, ya que existían suficientes aspectos que habían cambiado y que ameritan una nueva propuesta curricular. Para llevarla adelante se tomaron en cuenta muchos aspectos determinantes: documentos nacionales e internacionales, opiniones de expertos y principalmente estudios realizados sobre los estudiantes y egresados de la carrera. El resultado fue la elaboración de una propuesta curricular que incorporó nuevos contenidos acordes a las necesidades actuales de la profesión, pero también cambios para facilitar el tránsito y la progresión curricular de los estudiantes, procurando un egreso efectivo en menor tiempo. El proceso de elaboración del plan de estudios de la carrera de veterinaria de la FVet-Udelar deja en evidencia la importancia de los estudios sobre las trayectorias estudiantiles y el seguimiento de graduados como retroalimentación del proyecto académico de las instituciones de educación superior.

Introducción

Las nuevas y cambiantes demandas del mundo del trabajo marcan un constante desafío para la educación en general y la educación superior en particular. Los profesionales formados en las universidades deben contar con las herramientas necesarias para un adecuado desempeño en un medio cada día más exigente. Las propias instituciones educativas han incorporado diferentes mecanismos de intercambio con profesionales y empleadores, para retroalimentar su proyecto académico; un instrumento de mucha utilidad es la instrumentación de estudios de seguimiento de graduados (Passarini, 2013).

Estos cambios han impactado fuertemente en las profesiones ligadas a la producción e industrialización, ya que ambos procesos son sometidos constantemente a mejoras para maximizar el uso de los recursos. Por otra parte también, las demandas para los profesionales ligados a la salud humana han aumentado en la medida que se manifiestan nuevas patologías que afectan el bienestar de las personas. La profesión veterinaria combina ambas áreas de trabajo y, por lo tanto, la necesidad de un profesional que dé respuesta a un variado espectro de expectativas por parte de la sociedad (*ibíd.*).

En Uruguay, antes de la creación de los estudios de veterinaria, existían médicos veterinarios (de nacionalidad extranjera o uruguaya) graduados en otros países que ejercen la profesión desde cargos oficiales, en su mayor parte y en forma particular en algunos casos. El primer veterinario que ejerció en el Uruguay fue el Dr. Miguel Muñoz, graduado de veterinario en la Escuela de Madrid. La primera actividad de enseñanza formal (en la que se impartieron clases) relacionada con la veterinaria en nuestro país fue un curso de zootecnia organizado por la Asociación Rural del Uruguay en 1886 y que estuvo a cargo de un veterinario español, el Dr. Teodoro Visaires. La primera iniciativa oficial destinada a la formación de veterinarios uruguayos fue un decreto de enero 9 de 1903 por el cual se otorgaban, por concurso, tres becas para estudiar en la Facultad de Agronomía y Veterinaria de La Plata (Argentina). Paralelamente, en ese mismo año (18 de agosto de 1903), el rector de la Universidad de la República, Dr. Claudio Williman, elevó al Ministerio de Fomento un proyecto para la creación de los estudios de veterinaria anexos a la Facultad de Medicina. El 23 de noviembre de 1903, el presidente de la República, J. Batlle y Ordóñez, estableció por decreto los estudios de Veterinaria anexos a la Facultad de Medicina de la Universidad de la República (Moraes, 2016).

Para el primer plan de estudios de la carrera de Veterinaria en el Uruguay se tomó como modelo el utilizado en la Universidad de La Plata. Desde su creación, la carrera que lleva adelante la Facultad de Veterinaria de la Universidad de la República (FVet-Udelar) ha sido la única en todo el país, por lo tanto, la formación de los profesionales de esta disciplina está depositada en dicha institución. Desde su creación hasta la actualidad la Facultad de Veterinaria ha tenido relativamente pocos planes de estudios, porque cada modificación curricular debía tener una amplia discusión y un importante consenso entre profesionales y académicos. En la medida que cambiaron los planes de estudio (1903, 1918, 1966, 1980 y 1997), se volvieron más complejos y completos, abordando cada vez más áreas en la medida que las ciencias veterinarias se han proyectado y consolidado (De Lima, 2014).

En la medida que el siglo XXI avanzó se fue haciendo evidente la necesidad de actualizar el Plan de Estudios 1997. Además de una serie de recomendaciones nacionales e internacionales, los estudios realizados por la Unidad de Educación Veterinaria (UAV) sobre la trayectoria de estudiantes y de graduados fueron fundamentales para el nuevo diseño curricular.

El cambio de Plan de Estudios

En el año 1997 la Asamblea del Claustro de la FVet-Udelar aprueba el plan de estudios vigente hasta 2021; este planteó un ciclo común obligatorio de cuatro años, y un ciclo orientado optativo (llamadas orientaciones) de un año, dándose una importante flexibilización curricular permitiendo que el estudiante elija los cursos que más le interesan realizando una orientación en el área que supone podrá insertarse laboralmente. Para el ciclo orientado se desarrollaban tres opciones: a) Medicina veterinaria, b) Producción animal, c) Higiene, inspección-control y Tecnología de los alimentos de origen animal. El título emitido por la institución es el mismo independientemente de la orientación elegida, pero el graduado cuenta con una documentación anexa que da cuenta de que profundizó sus conocimientos en una rama de la veterinaria, lo que no le impide trabajar en otras áreas, sino que le permite (en teoría) acceder con mayor facilidad en aquellos empleos vinculados al área de su profundización (Facultad de Veterinaria, 1997).

Figura 1. Plan de Estudios de la carrera de Veterinaria de la FVet-Udelar 1997.

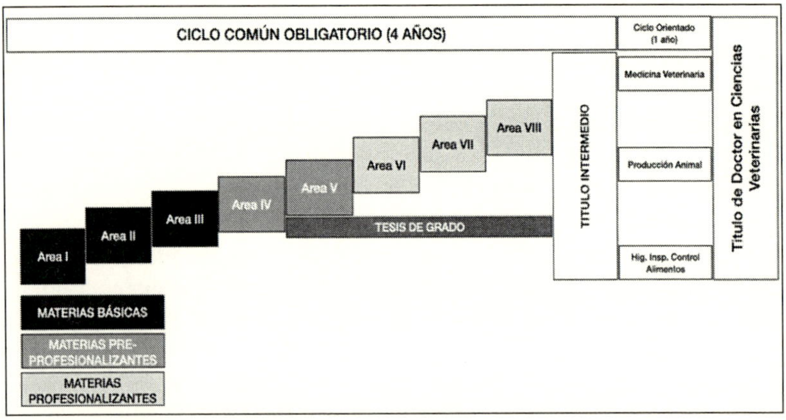

Fuente. Facultad de Veterinaria, 1997.

En la medida que comenzaron a existir egresados de este plan de estudios, la UAV comenzó a desplegar un sistema de seguimiento de graduados para contar con información actualizada sobre su inserción y desempeño profesional, así como para identificar las fortalezas y debilidades de la formación recibida. En simultáneo se fueron realizando otros estudios sobre la opinión de los empleadores y la oferta laboral para profesionales del sector. En la medida que la información se fue acumulando y surgieron recomendaciones para las actualizaciones de los programas de veterinaria se fue haciendo más evidente y necesario que había que comenzar a discutir una nueva propuesta curricular.

Cambiar un plan de estudios en una carrera centenaria y con el peso de ser la única del país, implica un trabajo largo, complejo y de amplia participación. Por lo tanto, la comisión de carrera integrada por representantes del Consejo Directivo y del Claustro de la Facultad con integrantes de la UAV elaboraron una hoja de ruta que permitió un amplio relevamiento y numerosa participación para lograr elaborar una nueva propuesta.

Los principales componentes para la construcción del plan de estudios 2021 fueron:

I. Documentos internacionales.
II. Reglamentaciones nacionales.
III. Información Generada por la UAV.

LAS PROFESIONES Y LOS MODELOS PRODUCTIVOS

Documentos internacionales para la actualización de las carreras de Veterinaria

La Organización Mundial de Sanidad Animal (OMSA) está integrada por 178 países y está encargada de:

- Garantizar la transparencia de la situación zoosanitaria en el mundo.
- Recopilar, analizar y difundir la información científica veterinaria.
- Asesorar y estimular la solidaridad internacional para el control de las enfermedades animales.
- Garantizar la seguridad sanitaria del comercio mundial mediante la elaboración de reglas sanitarias aplicables a los intercambios internacionales de animales y productos de origen animal.
- Mejorar el marco jurídico y de los recursos de los servicios veterinarios.
- Garantizar mejor la seguridad de los alimentos de origen animal y mejorar el bienestar animal usando bases científicas.

En el marco de sus atribuciones la OMSA ha publicado innumerables documentos sobre sanidad animal, producción animal, buenas prácticas, zoonosis (enfermedades transmitidas por los animales al hombre), bienestar animal, etc. En el último período se ha evidenciado una mayor preocupación por parte de este organismo por la formación de los veterinarios y publicó dos trabajos que manifiestan el interés de contar con profesionales con una preparación adecuada para llevar adelante las acciones correspondientes a promover y preservar la salud humana y animal. En el año 2012 la OMSA publica el documento: *Recomendaciones de la OMSA sobre las competencias mínimas que se esperan de los veterinarios recién licenciados para garantizar Servicios Veterinarios Nacionales de Calidad*; y en el año 2013 publica el *Plan de Estudios Básico de Formación Veterinaria, Directrices de la OIE*. Ambas publicaciones presentan líneas generales pero muy explícitas de los requerimientos que existen hoy desde el mundo del trabajo para los veterinarios.

Con respecto al documento *Recomendaciones de la OMSA sobre las competencias mínimas que se esperan de los veterinarios recién licenciados para garantizar Servicios Veterinarios Nacionales de Calidad*, la propia organización explicita una definición de competencias, mencionando que ellas designan:

- Conocimientos: habilidades cognitivas, es decir, capacidades mentales.
- Habilidades: destreza para llevar a cabo tareas específicas.
- Actitudes: capacidad afectiva, refiriéndose a sentimientos y emociones.
- Aptitudes: habilidad natural, talento o capacidad de aprendizaje del estudiante (OMSA, 2012, p. 4).

Además, se definen lo que para la OMSA serán las competencias específicas y avanzadas en la propuesta:

- Las competencias específicas: designan los conocimientos, las habilidades, actitudes y aptitudes mínimas requeridas para que un organismo veterinario estatutario habilite la práctica de la profesión. Abarcan las competencias generales y específicas directamente relacionadas con el mandato de la OIE.
- Las competencias avanzadas: designan los conocimientos, las habilidades, actitudes y aptitudes mínimas requeridas para que un veterinario pueda trabajar dentro de la autoridad veterinaria.

Además, como se mencionó, la OMSA elaboró un plan de estudios básico de formación veterinaria (OMSA, 2013) como marco de referencia para todos los programas veterinarios del mundo, ya que esta propuesta señala los contenidos mínimos que deben estar presentes en cualquier propuesta de formación y están en consonancia con las competencias mínimas propuestas para los veterinarios recién licenciados. Esta iniciativa curricular establece las disciplinas que se deben impartir, el momento de la carrera que es deseable que se impartan (al inicio, al medio, al final o de forma continua) y el tipo de contenido que corresponde (general, específico o avanzado). Como lo indica su nombre, postula los contenidos indispensables para cualquier carrera de veterinaria en cualquier parte del mundo.

La existencia de estos documentos a forma de directrices para la formación veterinaria, pero realizados desde la demanda que tienen las sociedades y los Estados de los conocimientos, capacidades y competencias veterinarias, dejan claramente en evidencia que el mundo del trabajo ha cambiado, ya que hace pocos años este tipo de propuestas era inimaginable, teniendo en cuenta que muchas de las ofertas curriculares se ajustaban más a las características de las instituciones que las impartían y las posibilidades del entorno, que a una propuesta superadora del "deber ser" de los veterinarios. Que la propia Organización Mundial de Salud Animal sea quien promueva estos lineamientos, elaborándolos con referentes de todas partes del mundo, indica una preocupación muy importante por la formación de los profesionales.

Por otra parte, las organizaciones profesionales y académicas de diferentes regiones del planeta, movilizadas por la misma preocupación, que los nuevos planes de estudio y principalmente las nuevas carreras de veterinaria tengan en cuenta los aspectos más actuales y necesarios para preparación de los nuevos veterinarios han promovido discusiones y creado lineamientos para ser tenidos en cuenta en corto y mediano plazo. Para nuestra región la Asociación Panamericana de Ciencias Veterinaria (PANVET) y la Federación Panamericana de Escuelas y Facultades de Medicina Veterinaria y Zootecnia elaboraron el Documento del Perfil Profesional del Médico Veterinario en Latinoamérica Visión 2030 (PANVET, 2013) enfocado principalmente en las temáticas emergentes y las que deberán ocupar especialmente a la profesión veterinaria en futuro.

Además de las recomendaciones globales dadas por la OMSA y las continentales dadas por el PANVET, en nuestra región del CONOSUR los procesos de acreditación de las carreras han marcado claramente exigencias propias para identificar aquellas propuestas académicas que son de calidad y aquellas que aún deben mejorar de forma significativa. Una mención relevante merece el proceso de Acreditación de Carreras Universitarias del Mercosur (ARCU-SUR) que es llevado adelante por la mayoría de las Agencias Estatales de Acreditación de los países de América del Sur. El ARCU-SUR se sedimenta en la elaboración de un perfil profesión profesional acordado por profesionales de todos los países participantes que luego da origen a los criterios e indicadores que deben cumplir las carreras para lograr la acreditación.

A la definición del perfil profesional también la acompañan una serie de competencias genéricas y específicas que debe contemplar la formación y algunas características generales que deben cumplir los planes de estudio.

A modo de ejemplo, a continuación, se mencionan algunos aspectos que se mencionan entre los criterios e indicadores del ARCU-SUR para Veterinaria que deben tenerse en cuenta al momento de valorar los planes de estudio:

-   Contar con un mínimo de 4.000 horas de enseñanza directa abordando todas las grandes áreas de las ciencias veterinarias reforzando la idea de una formación amplia con contenidos básicos bien sólidas.

- Incluir un mínimo de 1.600 horas de formación práctica como exigencia para la obtención del título para las que la carrera debería de disponer de los espacios y equipamientos necesarios.
- Incorporar formas activas de enseñanza con mayor protagonismo de los estudiantes promoviendo su creciente autonomía en la medida que avanza en la carrera.
- Incorporar la formación en investigación y en extensión en la formación de los estudiantes de veterinaria, fortaleciendo su trayectoria con la temprana vinculación con la renovación del conocimiento y la aplicación pertinente del mismo en contacto con la comunidad.
- Llevar adelante relevamientos/investigaciones que contengan información de los egresos y de los empleadores para conocer el desempeño de los profesionales e incorporar adecuaciones a los planes de estudio (Red de Agencias Nacionales de Acreditación, 2015).

Estas recomendaciones son muy importantes para la única carrera de veterinaria del Uruguay, ya que mantener la acreditación internacional es fundamental, lo que permite a los estudiantes participar de movilidades académicas y los egresados pueden obtener el reconocimiento de su título mucho más fácilmente.

Reglamentaciones nacionales para la construcción de planes de estudio

En el año 2014, la Universidad de la República aprueba la Ordenanza de Estudios de Grado, en la que se establecen criterios y exigencias para la elaboración e implementación de los plantes de todas las carreras de la institución. Este documento es considerado de suma importancia para la universidad, ya que hasta ese momento existían recomendaciones y sugerencias que eran tomadas total o parcialmente por los servicios (facultades, institutos, escuelas y centros universitarios) (Comisión Sectorial de Enseñanza, 2014).

A partir de la aprobación de la Ordenanza de Estudios de Grado, se estableció un plazo de diez años para que todos los servicios adecuaran sus planes de estudio.

La Ordenanza de Estudios de Grado plantea entre sus obligaciones:

- Incorporación de flexibilidad curricular garantizando más de una trayectoria para los estudiantes en la carrera, esto implica la incorporación de unidades curriculares optativas y electivas, así como otros espacios curriculares para que los que algunos estudiantes puedan elegir.
- Creditización de la carrera cambiando la forma de contabilizar las horas que se requieren para obtener un título, teniendo en cuenta la carga horaria que destina el estudiante en contacto directo con sus docentes (docencia directa) y las horas que debe ocupar de forma autónoma para un adecuado aprendizaje (horas de estudio). La obtención de un crédito se logra con la dedicación de 15 horas por parte del estudiante, teniendo en cuenta que por cada hora de clase teórica deberá estudiar una hora de forma autónoma (cuando se imparten siete horas y media de teórico se otorga un crédito) y para cada hora de actividad práctica el estudiante deberá destinar media hora más de estudio (cuando se imparte diez horas de prácticos se otorga un crédito). Además, la normativa establece 45 créditos máximos de créditos que puede tener el estudiante durante el semestre, por lo tanto, para la carrera de veterinaria que tiene establecida una duración de diez semestres con una alta dedicación, se aprobó una duración de 450 créditos.
- Teniendo en cuenta las diferentes vertientes universitarias, que postulan distintos modelos, algunos con más énfasis en la enseñanza, otros con mayor vinculación con el medio y otros que apuntan al fortalecimiento de la investigación para impactar la enseñanza, se plantea la importancia de tomar aspectos de los tres modelos, teniendo en cuenta: la relación teoría/práctica, circularización de la extensión y fortalecer las competencias investigativas del profesional que se está formando.
- La importancia de la integración de las funciones universitarias, incorporando los Espacios de Formación Integral (EFIs) toman como eje una problemática concreta de la realidad y la abordan desde diferentes miradas, motivados por hacer aportes desde la investigación con participación de los estudiantes y teniendo en cuenta el vínculo con la comunidad a partir de un diálogo de saberes.
- Poner el foco en el fortalecimiento de las trayectorias de los estudiantes para que de esa forma se tenga en cuenta los trayectos reales y no los teóricos que realizan los alumnos, para conocer cuáles son los espacios que generan mayores dificultades y que pueden necesitar un apoyo.

Información generada por la Unidad de Educación para la construcción de un nuevo plan de estudios de la carrera de Veterinaria

Los diferentes resultados de los estudios y las investigaciones que se realizaron desde la UAV en el marco de proyectos y tesis (de grado y posgrado) permiten identificar fortalezas y debilidades de la propuesta curricular vigente desde 1998.

En los trabajos sobre trayectorias de los estudiantes los aspectos más destacables se pueden mencionar los siguientes:

- Alto porcentaje de desvinculación en el primer año de la carrera, lo que es muy común en las carreras de las universidades públicas sin restricciones de ingreso; alrededor del 25% de los estudiantes dejan de asistir a clases en los dos primeros semestres.
- Un bajo nivel de aprobación de las materias Bioestadística y Biología Molecular y Celular que representan más del 90% de la carga horaria del primer semestre, lo que representa un "filtro muy importante" por su complejidad y se evidencia con un alto nivel de recursantes (estudiantes que vuelven a cursar por no haber logrado los requisitos mínimos para rendir el examen).
- Importantes dificultades para culminar las tesis de grado, apareciendo una serie de inconvenientes relacionadas con: el escaso tiempo para dedicarle ya que en esta etapa de la vida se compite con el trabajo y la familia, inconvenientes para lograr una adecuada escritura, problemas con los tutores y con los compañeros de tesis cuando es un trabajo grupal. Por otra parte, la tesis insume mucho más tiempo que las cien horas estipuladas en el plan de estudios.
- La elección de la orientación (Medicina Veterinaria o Producción Animal o Tecnología de los Alimentos) de fin de carrera está más condicionada por las previaturas (correlativas) que, por las verdaderas motivaciones de los estudiantes, lo que luego lleva a dificultades para culminarla ya que se realizan asignaturas y prácticas preprofesionales en espacios que despiertan poco interés.
- Las orientaciones de final de carrera no son homogéneas en su carga horaria y en su organización, por lo tanto, hay estudiantes que se gradúan habiendo realizado un número variable de horas diferentes entre ellos, encontrando que Producción Animal es la opción más larga y Tecnología de los Alimentos la más corta.
- La duración real de la carrera es mucho mayor a la duración teórica (de cinco años) que establece la malla curricular, teniendo

los estudiantes una media de 10 años para lograr su graduación (Beguerie, 2019).

Uno de los proyectos que más información ha proporcionado es el Programa de Apoyo al Egreso (Lujambio, González y Passarini, 2017) que realiza un acompañamiento a aquellos estudiantes que tienen más del 85% de la carrera realizada y han permanecido más de 9 años en la institución, que ha permitido identificar los principales problemas que existen para lograr un egreso efectivo en la carrera, como lo son la elaboración de la tesis y la aprobación de determinados exámenes de materias que no despiertan motivación porque se vinculan a áreas de la profesión a la que no piensan dedicarse los interesados.

Por otra parte, del análisis de los estudios que se enfocaron en las trayectorias de los graduados los resultados más importantes fueron:

- La existencia de una buena inserción laboral de las/os veterinarias/os en las diferentes ramas de la profesión.
- La muy buena valoración de la formación teórica recibida, aunque recomiendan incrementar las horas de prácticas en algunas áreas de la profesión.
- Los graduados realizan una muy buena valoración de los practicantados (300 horas de prácticas preprofesionales) que se realizan al finalizar la carrera, entendiendo que les brindan herramientas para su desempeño laboral.
- El reconocimiento al título intermedio es poco a nulo en los ámbitos laborales, identificando claramente que el objetivo por el que se había incorporado en su momento no se ha cumplido.
- Aquellos profesionales que lograron insertarse en un área de la veterinaria relacionada a la orientación realizada (alrededor del 75% de los graduados) valoran muy positivamente su formación, sin embargo, quienes no lo logran, trabajan en otras áreas de la profesión y tienen dificultades en su desempeño.
- Se identifican áreas del conocimiento que deben fortalecerse, ya que son requerimientos actuales que el plan 1998 no contempló, entre los más mencionados se encuentran: bienestar animal, desarrollo sustentable, ética, prácticas de investigación y extensión.
- La mayoría de los graduados identifica una importante relación entre su tesis de grado y su inserción laboral, entendiéndola como una herramienta interesante para insertarse en algunos espacios especializados.

Como se puede observar, las orientaciones y sus respectivos practicantados son un foco especial de tensión en el plan de estudios 1998.

Es necesario mencionar que la incorporación de las mismas fueron una de las grandes innovaciones de ese momento surgiendo como sugerencia de los egresados y como recomendación internacional en el diseño de planes de estudio en la región. Actualmente es posible encontrar la existencia de planes con orientaciones en la mayoría de los países del Cono Sur (Argentina, Bolivia, Paraguay y Uruguay) adquiriendo diferentes denominaciones (profundizaciones, orientaciones, especialidades, etc.).

Teniendo en cuenta lo mencionado en el párrafo anterior, se profundizó en el análisis de la situación de las orientaciones realizadas por los estudiantes y la relación con su posterior inserción laboral.

Si tomamos las posibilidades de formación y de inserción laboral es posible elaborar una tabla con doble entrada que establezca las diferentes combinaciones.

Tabla 1. Combinaciones posibles de orientación en el plan de estudios e inserción laboral de los veterinarios.

Orientación del plan de estudios	Inserción laboral		
	MV	PA	TA
MV	**MV-MV Egresados de la Orientación Medicina Veterinaria que se incorporan al mercado laboral en Medicina Veterinaria.**	MV-PA Egresados de la Orientación Medicina Veterinaria que se incorporan al mercado laboral en Producción Animal	MV-TA Egresados de la Orientación Medicina Veterinaria que se incorporan al mercado laboral en Tecnología de los Alimentos.
PA	*PA-MV Egresados de la Orientación Producción Animal que se incorporan al mercado laboral en Medicina Veterinaria.*	**PA-PA Egresados de la Orientación Producción Animal que se incorporan al mercado laboral en Producción Animal.**	PA-TA Egresados de la Orientación Producción Animal que se incorporan al mercado laboral en Tecnología de Alimentos.
TA	*TA-MV Egresados de la Orientación Tecnología de los Alimentos que se incorporan al mercado laboral en Medicina Veterinaria.*	TA-PA Egresados de la Orientación Tecnología de los Alimentos que se incorporan al mercado laboral en Producción Animal.	**TA-TA Egresados de la Orientación Tecnología de los Alimentos que se incorporan al mercado laboral en Tecnología de los Alimentos.**

Referencias: MV=Medicina Veterinaria; PA=Producción Animal; TA=Tecnología de los Alimentos. Fuente: Elaboración propia.

A partir de las diferentes combinaciones, se parte de la base que la mayoría de los profesionales intentan (y lo logran) insertarse en el área en la que realizaron su orientación y practicantado, lo que les permite tener una buena valoración de su despeño. Por otra parte, hay graduados que se insertan en otras áreas de la profesión diferentes a las vinculadas a la Orientación realizada en el grado, provocando algunas dificultades y algunos empleadores han hecho llegar sus planteamientos a la propia Facultad de Veterinaria, las combinaciones PA-MV y TA-MV parecen ser las más recurrentes y complejas, ya que la Medicina Veterinaria ha tenido un desarrollo y una especialización muy importante.

El trabajo realizado por Paola Cabral (2017) analiza doce años de evolución de los egresos de la carrera de veterinaria identificando la Orientación realizada y la oferta laboral para veterinarios en periódico de avisos clasificados más importante en el Uruguay durante ese período. Es posible visualizar cómo el empleo en el área de Medicina Veterinaria se incremente sustantivamente a partir de finales de la primera década de este siglo siendo significativamente mayor que las otras áreas de la profesión. Por otra parte, los estudiantes en un momento similar se comienzan a inclinar de forma predominante hacia la Producción Animal. Particularmente entre los años 2011 y 2012 el quiebre se hace más evidente, donde se comienza a visualizar que, de la carrera están egresando profesionales orientados en un área que no es la que más crece en el mercado laboral.

Figura 2. Oferta laboral para Veterinarios y Orientación elegida por los estudiantes.

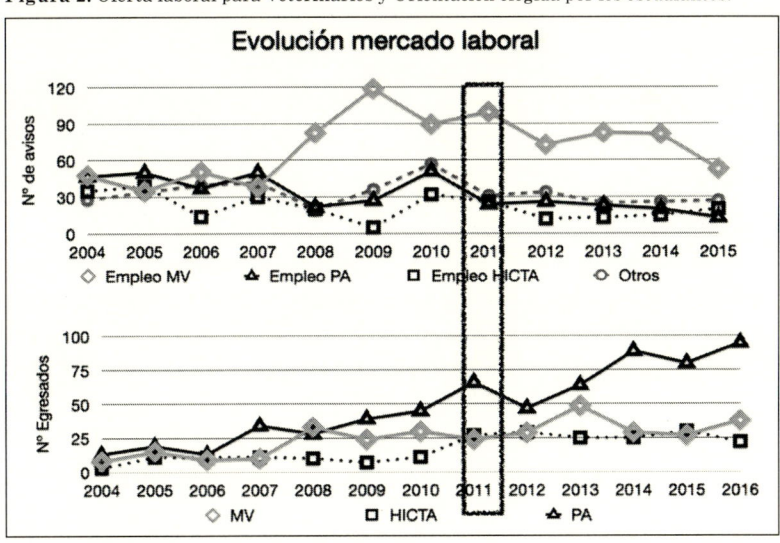

Fuente: Cabral (2017).

Este estudio evidencia en gran medida uno de los conflictos que suceden en la realidad: veterinarios graduados con orientación en producción animal que finalmente se ubican en la clínica veterinaria de animales de compañía.

Además de los insumos que se estaban produciendo con los estudios que se llevaban adelante, la propia UAV promovió la organización de mesas de discusión con actores externos a la Facultad de Veterinaria para que aportaran su visión sobre los aspectos que deberían tenerse en cuenta en la actualización del plan de estudios.

Se realizó un ciclo denominado *Veterinarios en el Uruguay del futuro, competencias y áreas a desarrollar*, con cuatro mesas redondas:

1. *La visión de los profesionales*, convocando a las sociedades veterinarias de especialidades.
2. *La visión de los empleadores*, involucrando a representantes de diferentes sectores empresariales e industriales.
3. *La visión de los organismos del Estado*, invitando a mandos medios y altos de los ministerios y organismos paraestatales.
4. *La visión de los organismos internacionales*, convocando a representantes de organizaciones que tienen incidencia en la profesión veterinaria.

Estas mesas redondas fueron espacios de debate y discusión, donde participaron estudiantes, docentes y egresados. A partir del análisis de las discusiones del ciclo de mesas redondas se realizó una síntesis de las principales recomendaciones que surgieron para la elaboración del nuevo plan de estudios, entre las principales se destacan: mejorar competencias de comunicación y trabajo en equipo, incorporar contenidos ambientales y de sustentabilidad, mejorar la formación en gestión y administración de empresas, incorporar herramientas para la investigación y la extensión, mayores contenidos vinculados a las ciencias sociales, y apostar a mejorar la oferta de educación permanente.

Es interesante observar cómo se complementan de las conclusiones de las mesas redondas con la investigación realizada por Passarini, Rodríguez y Borlido (2016) que entrevistó egresados de la profesión veterinaria. En este estudio las fortalezas de los profesionales veterinarios eran: los conocimientos teóricos, la capacidad de adaptarse a diferentes tipos de trabajos, la solvencia para resolver situaciones y la preocupación por continuar formándose. Por otra parte, las debilidades se centraron en la poca capacidad para trabajar en equipo y de forma interdisciplinaria, aspectos que coinciden con las mesas redondas.

LAS PROFESIONES Y LOS MODELOS PRODUCTIVOS

Otro aporte importante realizado por la UAV fue un análisis comparado de los planes de estudio de las carreras de veterinaria más relevantes en la región, tomando en cuenta principalmente los contenidos, las cargas horarias y los niveles de profundización que alcanzaban los estudiantes en cada una de las áreas de las ciencias veterinarias. Este trabajo permitió evidenciar que: la gran mayoría de las carreras tenía una carga horaria menor (entre 4.000 y 4.500 horas) que el plan de estudios 1998, las orientaciones (profundizaciones) de pregrado estaban presentes en muy pocas ofertas académicas (solamente en Argentina), los contenidos de formación general e integral eran mayores que los que propone la carrera de Uruguay.

Toda la información generada por la UEV en sus investigaciones y análisis fueron volcados a la discusión del nuevo plan de estudios que fue liderada por la comisión de carrera de grado.

El nuevo plan de estudio

La sistematización de la información que se generó para la elaboración del nuevo plan de estudios permitió tener elementos muy importantes a tener en cuenta al momento de comenzar el diseño de la nueva malla curricular. Los principales cambios se hicieron evidente rápidamente y otros se fueron construyendo a lo largo de las discusiones de la Comisión de Carrera de Grado y la UAV.

En la medida que se fue armando la nueva malla curricular se realizaron reuniones periódicas con los equipos docentes para conocer su opinión y adaptar la propuesta. Por otra parte, se realizaron reuniones y jornadas de análisis y discusión con referentes extranjeros de la educación veterinaria provenientes de importantes universidades de Argentina, Brasil, México, España e Inglaterra.

A modo de resumen, en la Tabla 2 se mencionan las principales innovaciones del plan de estudios que se empezó a implementar en el año 2021 en la carrera de Veterinaria de la Universidad de la República. En esta se establecen relaciones entre los cambios propuestos y el origen de los mismos de acuerdo al relevamiento que se presentara anteriormente a lo largo de este trabajo.

Tabla 2. Principales cambios en el plan de estudios 2021 y sus justificaciones.

Innovación en el Plan 2021	Fundamentación
Malla curricular más flexible y amigable para los estudiantes	- Análisis de desvinculación y rezago de la UAV. - Ordenanza de estudios de grado de la Universidad.
Se dividieron las materias con una carga mayor a 100 horas.	- Análisis de desvinculación y rezago de la UAV.
Se pasó Bioestadística a segundo año.	- Análisis de desvinculación y rezago de la UAV.
En los primeros semestres hay materias de mayor contenido práctico e integral.	- Análisis de desvinculación y rezago de la UAV. - Recomendación de la Ordenanza de Grado de la Universidad. - Análisis de Planes de Estudio de la región.
Se incluyeron materias para reforzar la comunicación oral y escrita.	- Análisis de desvinculación y rezago de la UAV.
Se transformó completamente el primer año de la carrera, quedando integrado por 13 Unidades Curriculares de carga horaria baja o media, en lugar de las 6 que contenía el plan anterior, donde 5 eran con carga horaria alta.	- Análisis de desvinculación y rezago de la UAV. - Análisis de Planes de Estudio de la región.
Se incorporaron talleres de formación en investigación.	- Investigaciones sobre Egreso y dificultades para la titulación realizadas por la UAV. - Pedido de los egresados y empleadores.
Se incorporaron talleres de formación en extensión.	- Pedido de egresados. - Recomendación de la Ordenanza de Grado de la Universidad.
Incorporación de un curso sobre Desarrollo Sustentable.	- Recomendación de la OMSA. - Pedido de los egresados y empleadores.
Incorporación de cursos de Bienestar Animal	- Recomendación de la OMSA. - Pedido de los egresados y empleadores.
Se establecen una mayor cantidad de practicantados y en diferentes áreas de las ciencias veterinarias.	- Valoración de los egresados en los estudios realizados por la UAV.
Se eliminaron las orientaciones.	- Valoración de los egresados y análisis de oferta de trabajo en los estudios realizados por la UAV.
Se mantiene el Trabajo Final de grado (Tesis), pero se agregan talleres a lo largo de la carrera para apoyar su elaboración.	- Estudios sobre dificultades para el egreso realizados por la UAV
Se eliminó el título intermedio.	- Valoración de los egresados y análisis de oferta de trabajo en los estudios realizados por la UAV.
Se incorporaron mayor cantidad de materias optativas dotando de mayor flexibilidad al plan de estudios.	- Pedido de egresados. - Recomendación de la Ordenanza de Grado de la Universidad.
Se incorporaron los espacios de formación integral.	- Pedido de egresados. - Recomendación de la Ordenanza de Grado de la Universidad.

Innovación en el Plan 2021	Fundamentación
Las previaturas (correlativas) pasan a ser por créditos y no materia a materia (con excepciones).	- Estudios sobre desvinculación y rezago realizados por la UAV. - Recomendación de la Ordenanza de Grado de la Universidad.
Se establece una categoría de examen bonificado para estimular la permanencia en el cursado.	- Estudios sobre desvinculación y rezago realizados por la UAV. - Análisis de Planes de Estudio de la Región.
Se incrementan las materias que pueden rendirse de forma libre.	- Estudios sobre desvinculación tardía y dificultades para el egreso realizados por la UAV.
Se acortó la duración total de la carrera, realizando un ajuste en todas las unidades curriculares.	- Recomendación de la Ordenanza de Grado de la Universidad. - Análisis de Planes de Estudio de la región.

Fuente: Elaboración propia.

Consideraciones finales

Los cambios de los planes de estudio siempre son un desafío para las instituciones de educación superior, si a esto se le suma que la carrera a actualizar en la única en el país y que tiene más de 120 años de trayectoria, el reto es aún mucho mayor. Este es el caso de la carrera de Veterinaria de la Universidad de la República en el Uruguay, que en la medida que se acercaban los 20 años de la puesta en práctica del Plan 1998 se propuso realizar una actualización de su propuesta curricular teniendo en cuenta la evidencia que estaba surgiendo que hacía evidente la necesidad de una importante revisión.

Las instituciones referentes a nivel mundial, continental y regional para la profesión veterinaria aprobaron documentos guías para las carreras, recomendando ajustar el perfil, los objetivos y los contenidos de los planes de estudio, para garantizar una calidad mínima de todas ofertas curriculares. Además, la universidad actualizó su normativa sobre elaboración de planes de estudio. Por otra parte, la UEV llevaba quince años produciendo información sobre los estudiantes y egresados de la carrera, que permite identificar fortalezas y debilidades de la formación y de la propia malla curricular, principalmente profundizando en aspectos tales como: la desvinculación temprana y tardía, el rezago en la carrera, las dificultades para la graduación, la inserción laboral y el desempeño de los profesionales.

El análisis y sistematización de toda la información disponible, con el agregado del apoyo de especialistas y la comparación con planes de la región, permitieron la elaboración de una nueva propuesta curricular que recogió gran parte de las recomendaciones que surgieron de los trabajos realizados por la UEV.

Actualmente se está en el tercer año de implementación del nuevo plan de estudios existiendo un seguimiento a su implementación. Se continúan realizando estudios de trayectorias de los estudiantes para continuar el monitoreo y realizar las mejoras correspondientes. También se continúa con el seguimiento de graduados del plan 98 para identificar los cambios actuales en el campo profesional y continuar incorporando contenidos nuevos en la formación.

Es importante señalar lo determinante que resultan los estudios de análisis de trayectorias de estudiantes y de graduados para los procesos de actualización y cambio de los planes de estudio, ya que se cuenta con información fundamentada y reduce el marco de improvisación al momento de diseñar las nuevas propuestas.

Las instituciones de educación superior deben considerar seriamente en invertir en equipos académicos que puedan llevar adelante investigaciones permanentes, a modo de observatorios o laboratorios, que proporcionen información permanente sobre los estudiantes y graduados de las carreras, en el marco de un mundo del trabajo cambiante y con una incertidumbre creciente.

Bibliografía

Beguerie, Yennifer (2019). *La carrera de veterinaria a 20 años del plan 98: Aspectos relevantes en el marco de un cambio curricular y las transformaciones de la Universidad de la República*. Tesis de Grado. Facultad de Veterinaria, Universidad de la República.

Cabral, Paola (2017). *Oferta laboral para los veterinarios entre los años 2010 y 2015. Análisis a través de los clasificados del diario el país*. Tesis de Grado en Veterinaria. Universidad de la República.

De Lima, Delma (2014). *La formación práctica profesional en la carrera de veterinaria (UdelaR): contribuciones a la conformación del perfil de grado*. Tesis de magíster en Enseñanza Universitaria. Universidad de la República.

Facultad de Veterinaria (1997). *Plan de Estudios de la Carrera de Veterinaria*. Universidad de la República.

Facultad de Veterinaria (2021). *Plan de Estudios de la Carrera de Veterinaria*. Universidad de la República.

Lujambio, Vanesa; González, Solana y Passarini, José (2017). Programa de Apoyo al Egreso de la Facultad de Veterinaria. *InterCambios. Dilemas y transiciones de la Educación Superior*, 4(2), 78-85. https://ojs.intercambios.cse.udelar.edu.uy/index.php/ic/article/view/133

Moraes, Jorge (2016). Facultad de Veterinaria: Contradicciones que marcaron su fundación y primer desarrollo. *Veterinaria*, 52(204), 135-139. https://www.revistasmvu.com.uy/index.php/smvu/article/view/1290

OMSA (2012). *Recomendaciones de la OMSA sobre competencias mínimas que se esperan de los veterinarios recién licenciados para garantizar Servicios Veterinarios Nacionales de calidad.* https://www.woah.org/fileadmin/Home/eng/Support_to_OIE_Members/Vet_Edu_AHG/formation_initiale/Core-ESP-v6.pdf

OMSA (2013). *Plan de Estudios Básico de Formación Veterinaria. Directrices de la OIE.* https://www.woah.org/fileadmin/Home/esp/Support_to_OIE_Members/Edu_Vet_AHG/day_1/DAYONE-B-esp-VC.pdf

PANVET (2013). *Perfil Profesional del Médico Veterinario en Latinoamérica – Visión 2030.* https://copevet.org/wp-content/uploads/2018/09/Perfil-Profesional-del-Me%CC%81dico-Veterinario-en-Latinoame%CC%81rica-Vision-al-2030.pdf

Passarini, José (2013). *La formación de los veterinarios y su relación con el mundo del trabajo: un estudio de seguimiento de jóvenes graduados.* Tesis de Doctorado en Ciencias de la Educación. Universidad de La Habana. La Habana.

Passarini, José; Rodríguez, Brasiliano y Borlido, Claudia (2016). Impacto de un cambio curricular en la empleabilidad de los graduados veterinarios de la Universidad de la República de Uruguay. *Revista Cubana de Educación Superior*, 35(1), 64-74. http://scielo.sld.cu/scielo.php?script=sci_arttext&pid=S0257-43142016000100006&lng=es&tlng=es.

Red de Agencias Nacionales de Acreditación (2015). *Sistema ARCU-SUR, criterios de calidad para la acreditación de carreras universitarias: Titulación Veterinaria.* http://educacion.mec.gub.uy/boletin/arcusur/CRITERIOS_VETERINARIA_%20ARCUSUR[1]%2012%20feb09.pdf

Gestión y observación de los espacios de participación de graduados/as de la Facultad Regional Concepción del Uruguay, Universidad Tecnológica Nacional.

Actividades de formación continua, transferencia profesional y tecnológica

Walter Hernán Cettour y Paula Weisheim

Introducción

La Facultad Regional Concepción del Uruguay tracciona distintas actividades vinculadas al fortalecimiento de las relaciones con los graduados/as de las distintas especialidades de grado y de posgrado. En ese sentido, se han desarrollado diversas actividades de gestión que involucran a profesionales que se desempeñan en la región, en diversos ámbitos de inserción laboral. Estos se conectan con diferentes desarrollos tecnológicos que evidencian las incumbencias profesionales y generan nuevos desafíos dentro de las perspectivas del mercado laboral.

A tales efectos, desde la Subsecretaría de Graduados se viene impulsando la participación en el ámbito regional y en el de transferencia profesional. De esta forma se motorizan las capacidades de los estudiantes y las vinculaciones, con el aporte a las diferentes cátedras y departamentos de cada especialidad de grado. Asimismo, dependiente del área de extensión universitaria, se impulsan actividades de capacitación en tecnicaturas y diplomaturas orientadas al medio productivo y empresarial de la región.

En el año 2021, la Facultad cumplió cincuenta años de desempeño académico en la ciudad y en la región, y los graduados/as han participado en diversas actividades de transferencia institucional, lo cual ha generado crecimiento en los vínculos. En actividades sociales, se vienen desarrollando encuentros anuales para celebrar aniversarios de egreso de la Facultad, lo cual genera un ámbito de camaradería y de relaciones permanentes.

Por medio de este accionar se procura generar un trabajo de participación e inserción de los graduados, para poder detallar cuestiones de vinculación, formación, transferencia y generación de las competencias profesionales, entendiendo que los profesionales, según sus especialidades, son fundamentales en la generación de pertenencia institucional y de "identidad tecnológica".

A su vez, desde la Regional se busca acompañar –interna y externamente– el crecimiento de la formación y maduración de los procesos y del perfil emprendedor que se quiere fortalecer desde el ámbito universitario. Se aspira de esta manera a conocer la mayor cantidad de ámbitos laborales y desafíos profesionales, estando atentos a convocatorias y demás requerimientos que surjan de las expectativas de un mundo tecnológicamente cambiante. De este modo, se procura apostar a la transferencia del conocimiento desde la visión integral de todos los actores de la universidad, generando ciclos de participación de todos los claustros.

Las carreras y departamentos actuales de la Regional y en relación directa con el área de graduados son:

- Ingeniería Electromecánica.
- Ingeniería Civil. Antiguamente al nuevo diseño curricular, antes de 1995, se dictaba Ingeniería en Construcciones.
- Ingeniería en Sistemas de Información.
- Licenciatura en Organización Industrial. También cabe destacar que entre las carreras coordinadas por la escuela de posgrado que se han dictado –y en algunos casos se siguen dictando– se detallan las siguientes: Especialización en Ingeniería Ambiental; Magíster en Ingeniería Ambiental; Especialización en Ingeniería en Calidad; Magíster en Ingeniería en Calidad; Especialización en Ingeniería Gerencial; Magíster en Administración de Negocios; Maestría en Energías Renovables; Mención Biomasa; carrera de grado: Ingeniería Laboral –no se dicta en la actualidad–; Doctorado en Ingeniería, mención en materiales. Modalidad cooperativa entre las facultades regionales de Concepción del Uruguay, Córdoba, La Plata y San Nicolás de la Universidad Tecnológica Nacional.

Por otro lado, la participación directa con la Secretaría de Ciencia y Técnica se manifiesta en temas relevantes donde se participa transversalmente con las distintas carreras y con los grupos de investigación, generando nuevas competencias y conocimientos en diversas disciplinas.

Temas centrales

Con relación a los objetivos del área de graduados, se busca atender y observar las actividades que fortalecen la relación directa del graduado con la universidad y su relación con diferentes ámbitos sociales, tales como la formación y empleo, desarrollo de las profesiones, estudios de demanda, calificaciones y competencias requeridas por los sectores productivos, sociales, gubernamentales, de investigación, desarrollo regional y nuevos nichos laborales para graduados/as. El enfoque en propuestas de implementación, análisis institucional y desafíos para los dispositivos de seguimiento de las poblaciones de estudiantes y graduados/as.

Antecedentes

De acuerdo con la visión de las trayectorias profesionales y demandas de ingenieros, también aplicado a los licenciados, teniendo en cuenta la dinámica de lo que sucede en las empresas y organizaciones donde se desempeñan, según la formación para cada carrera y entendiendo como tal a la aplicación de varios formatos, que involucra a los graduados tecnológicos, Panaia detalla orientaciones de trayectorias que se identifican claramente.

> El modelo dualista: en las empresas pueden aplicar dos modalidades; es decir, puede estar dado por el ascenso de jerárquicos que se distinguen o seleccionar perfiles más sofisticados. (...) El modelo de formación continua, donde se da poca importancia a la jerarquización de los ingenieros, utilizando la formación continua. (2006, p. 268)

En este sentido, estos aportes hacen referencia a la realidad argentina, permitiendo definir dos tipos de profesionales a partir de la experiencia histórica e institucional, entre los que se pueden apreciar:

> Los ingenieros, que privilegian un modelo de referencia y de logro profesional preferentemente *teórico y abstracto*, con fuertes tendencias deductivas de los conocimientos y con preferencia por el acceso a las funciones de dirigentes y gerenciales (…) Los ingenieros que practican el contra modelo, en el sentido de privilegiar los conocimientos *técnicos y prácticos*, mantienen un perfil tecnológico y generalmente llegan a las máximas jerarquías de la planta industrial. (*Ibíd.*, p. 269)

En relación con las experiencias e inserción en el mundo del trabajo, en Simone *et al.* (2011) se expresa que el recorrido laboral y la simultaneidad con la formación universitaria son fundamentales para abordar la construcción de la trayectoria profesional; y también se hace referencia a la profesión como un oficio vinculado a la especialización en un saber, lo que implica la adquisición de principios y prácticas particulares.

Como abordaje metodológico, en Simone *et al.* (2010) se analizan cuestiones descriptivas relacionadas con el mundo de trabajo y su vinculación con aspectos socioeconómicos, evidenciando las interacciones con los contextos sociopolíticos y del mercado de trabajo profesional.

Es muy importante destacar estas connotaciones, lo que sucede con los perfiles, visualizando y caracterizando la evolución de las variables de análisis de desempeño que definen las responsabilidades y funciones de los graduados tecnológicos, los conocimientos y aplicaciones específicas en los rubros industriales y organizacionales.

También resulta determinante poder identificar cómo estas cuestiones se van manifestando en un mundo rápidamente cambiante, globalizado, con generación de procesos de convergencia tecnológica que articulan profesionales y personas que rotan entre empresas y/o rubros. Esto modifica el entorno empresarial y las experiencias del desempeño profesional, en relación con la acumulación de experiencias.

En estos escenarios, se deja de trabajar con las prácticas o métodos y se plantean nuevos desafíos con redireccionamiento de las operaciones y de las decisiones.

No obstante, bajo estas circunstancias se observan profesionales que desempeñan actividades en distintos espacios y enfoques, como consultores o independientes y es allí donde interactúan los modelos propuestos; puesto que hay niveles distintos de compromiso de aplicación para cada organización, sea esta privada, pública o mixta.

Por otra parte, el aporte de los profesionales hacia la comunidad universitaria representa un elemento vinculante y significante de las trayectorias, detectando aspectos positivos o problemas del mundo laboral; y de estos aspectos y aportes se pueden lograr transformaciones y aplicaciones en el mediano y largo plazo en las estrategias de formación académica y en medio empresarial.

A partir de la función de integración y vinculación con las prácticas profesionales, se aplican estrategias de participación de las personas egresadas como manifestaciones hacia los espacios académicos (Orosco y Speroni, 2021). Desde el punto de vista curricular, manifiestan aportes hacia nuevas temáticas, fundamentos y orientaciones actuales para insertarse en el mundo laboral. También consideran a los perfiles laborales actuales como factores de acumulación de conocimiento, necesarios para la actualización de planes de estudio. Estos aportes cobran validez en referencia a las relaciones con otros claustros, como es el caso del estudiantil, como posibilidad de conocimiento sobre sus orientaciones futuras, en el desempeño profesional y en el aporte de experiencias de formación.

Interacción con los docentes, como canalizadores y disparadores de procesos de innovación, que se puede implementar en la enseñanza basada en las competencias específicas y planificadas en las cátedras de cada especialidad.

En las propuestas presentadas por Guzman *et al.* (2008) se propone un plan de gestión de acercamiento de egresados en el que se evidencian etapas importantes y necesarias para tener en cuenta, como el conocimiento de los egresados, en el cual se evidencian diseños de estrategias para llevar a cabo el acercamiento y el logro del mismo, como así también la evaluación de las estrategias a implementar.

Estas cuestiones en materia de gestión continua generan una visión sistémica de trabajo colaborativo e institucional.

Como instancia fortalecedora para las relaciones permanentes con la comunidad de graduados/as, aplica considerar y utilizar mecanismos de comunicación para acercar y acrecentar tipos de participación, como ser: conferencias, cursos, experiencias de difusión, seminarios, carreras de posgrado, donde se prevalezca la formación continua.

Las participaciones que se dan en la Regional coinciden con la orientación de Orosco y Speroni (2021), determinadas por los procesos de comunicación directa, relatos, conocimiento de experiencias y organización de actividades que se llevan a cabo en conjunto con los departamentos de carrera.[1]

Por medio de relevamientos de actualización de datos a través de encuestas, formularios y demás actividades, se accede a conocer aspectos de trayectorias y otras participaciones interdisciplinarias de los graduados.

Las relaciones institucionales con visiones académica y de extensionismo constituyen un compromiso de gestión orientado a nuevas actividades y experiencias de formación, como son el caso de la Facultad Regional Pacheco, reflejado en Panaia (2006).

---

1 Los departamentos de especialidades que vinculan las actividades de docentes, estudiantes y graduados/as de cada carrera de grado.

Estos antecedentes, en relación con lo que sucede en los espacios académicos,[2] se alinean con los objetivos específicos de integración institucional y regionalización que busca aplicar la universidad,[3] vinculándose con el medio tecno-productivo y social, visualizado también en el plan de gestión de extensión universitaria de la Facultad Regional. Todas estas cuestiones que la literatura especializada menciona se relacionan con el acontecer del ámbito de los graduados/as tecnológicos/as de la Facultad, presentando gran aproximación y relación entre lo que se manifiesta; en la formación continua de espacios académicos y las oportunidades observadas en el desarrollo de las relaciones laborales y profesionales de su región de influencia. Todas las actividades relacionadas contribuyen en gran medida a la retroalimentación que se produce con la interacción de aquellos profesionales graduados, que siguen vinculados en lo académico y en el extensionismo, para contribuir a la formación continua de los estudiantes, quienes serán los nuevos graduados/as en el futuro.

Perspectivas de gestión y espacios de participación

Se observa en la zona en la cual se ubica la Regional Tecnológica de Concepción del Uruguay un marcado perfil tecnológico con evolución en el crecimiento profesional, no solo marcado funciones concretas en el desarrollo gerencial, sino también en la evolución del crecimiento y aplicación de nuevos conceptos tecnológicos.

De acuerdo con estos temas centrales, se busca reflexionar sobre los abordajes y los vínculos que se generan entre los graduados de grado y posgrado. La propuesta aborda las siguientes dimensiones:

- Participación del graduado/da en los espacios académicos, técnicos, asociativos y de colegios profesionales.
- Competencias profesionales, relaciones con colegas de otras universidades.
- Generación de espacios de transferencia de experiencias dirigidas a los alumnos, docentes y toda la comunidad universitaria.

Bajo estas perspectivas, al analizar los antecedentes planteados, surgen interrogantes globales que las instituciones pueden plantear hacia graduados/as de manera general y que a su vez sirven de guía

---

2   Todos los espacios académicos incluyen las carreras de grado y posgrado. Los departamentos de carrera de grado Ingeniería, licenciatura y escuela de posgrado.
3   Universidad Tecnológica Nacional.

en la implementación de una gestión institucional participativa: *¿Qué modelo o formato de vinculación con los graduados se ha tenido en Regional a lo largo del tiempo, cuando se analiza el vínculo desde una relación más amplia entre universidad-producción y empresa?* En forma complementaria, desde el punto de vista académico y con relación a los planes de acreditación de carreras de grado, surge la necesidad de evaluar la participación de los graduados en la formación y retroalimentación de las carreras universitarias y entender el grado de maduración y crecimiento de los profesionales en su especialidad.

Se proyecta como objetivo, desde lo institucional, aplicar abordajes de participación y de mejora continua de los niveles de aprendizaje, competencias y evaluación de los métodos en la enseñanza de los alumnos actuales.

Por otra parte, *¿cómo innovan las instituciones, desde el aporte de los graduados/as en contenidos basados en las prácticas profesionales actuales?* En este sentido se utiliza y aprovecha la práctica profesional como herramienta de adaptación y adecuación de contenidos curriculares proyectados en los estudiantes.

También surgen otros aspectos sobre participación para generar vínculos y estrategias de agenda académica: *¿Qué nuevas tecnologías, conocimientos, métodos y prácticas pueden aportar para lograr adaptabilidad de los contenidos curriculares, logrando aportes de innovación al mismo tiempo entre los espacios laborales y las carreras universitarias que se dictan?*

A partir de estas cuestiones surgen diversos replanteos de cómo se gestiona y se hace partícipe a los graduados/as en los procesos sistémicos de enseñanza superior, en pos de lograr interacción. En este marco, *¿qué hace la institución, para convocar y ser partícipes de un sistema donde los claustros alumnos, docentes interactúen en relación a la enseñanza, práctica y ejercicio profesional?*

De acuerdo a estas cuestiones presentadas a modo de reflexión, se está trabajando en objetivos específicos de actividades, resoluciones y aprobación de los consejos.[4] Se acumulan contenidos de participación de la comunidad de graduados a través de jornadas, actividades realizadas grabadas y digitalizadas, sistematización de informes de actividades, y resultados de encuestas anuales. También, por medio de la participación del área de comunicación, se trabaja en conjunto en la actualización de datos personales y laborales. A todas estas cuestiones

---

4 Los consejos departamentales de carrera de grado y el Consejo Directivo de la Facultad Regional de Concepción del Uruguay.

identificadas y detalladas, se aplican metodologías de procesamiento especificando categorías y tipos de datos por perfil[5] profesional en referencia a cada especialidad.

Muchas veces se ha escuchado hablar de los padrones de las facultades de universidades nacionales, en referencia a listados de docentes, no docentes, estudiantes, graduados/as; y que con el correr del tiempo, por períodos, se los convoca para actividades de elección democrática de los claustros, como puede ser elección de departamento y consejos directivos. Esto es un modo de participación activa y permanente de los órganos de gestión institucional, generando funciones de representación.

Como partícipes, los consejeros se manifiestan como inspiradores, junto a la gestión de la Facultad, al ser instrumentos conectores de convocatorias en actividades académicas, de investigación y extensión y otras consideradas estratégicas para la Facultad con los graduados/as.

El área de graduados gestiona en conjunto con los departamentos de carrera, Secretaría de Ciencia y Técnica, Académica, Posgrado y Asuntos Estudiantiles, actividades vinculantes en lo referido a la conexión y retroalimentación permanente del graduado con la Facultad.

Aspectos estratégicos y de planificación de actividades del área de graduados

En relación con los criterios de articulación y participación se plantean diferentes directrices como objetivos estratégicos. Entre estas cuestiones los enfoques están dados en:

a) Detectar las necesidades de formación que los graduados/as transmiten permanentemente a cada una de las carreras de grado que se ofrecen en la Facultad.

b) Conocer los ámbitos de inserción de la masa de graduados de manera general y regional para cada una de las especialidades, por tipo de actividad en el que desarrollen, referidas a relevamientos y actividades específicas.

c) Generar vínculos de relaciones a través de las organizaciones, colegios profesionales, empresas, entidades públicas y privadas en donde los graduados tecnológicos desarrollan sus actividades laborales, de asistencia técnica, consultoría y/o otra vinculación

---

5   Perfiles relacionados por actividad profesional de graduados/as, laboral y profesional para cada carrera de grado.

estrecha que se identifique en pos de acrecentar las relaciones laborales y de desarrollo regional.

d) Utilizar un sistema de referentes de graduados por zona de tal manera, trabajar con sistema de nodos-red, que permita actuar más rápidamente con la facultad en cada zona, utilizando los contactos directos para asegurar la vinculación y el acercamiento efectivo, principalmente en la comunicación. Utilizar herramientas de visibilización, como son los mapas de graduados.

e) Identificar graduados que presenten voluntad de participar en el ámbito de la vida universitaria a través de la conformación de equipos de trabajos interdisciplinarios, equipos organizados con los claustros de carrera, con la idea de aportar vivencias y relaciones que sean propicias para mejorar la calidad de las cátedras y que puedan dar su aporte. Esta actividad aplica tanto para la conformación de referentes para departamentos por especialidad (Licenciatura en organización industrial, ingenierías: Electromecánica, Civil, Sistemas de Información) o para el ámbito del Consejo Directivo como órgano máximo de nuestra Regional.

En estas actividades detalladas se proyectan desafíos de participación anuales, claros y definidos, en conjunto con los departamentos de carrera, con una perspectiva de extensionismo abierta hacia toda la comunidad.

En este sentido, con el extensionismo se busca atraer y ser una herramienta de relación con los espacios externos (empresas, organizaciones, otros espacios sociales y productivos) donde se desempeñan los profesionales para fortalecer internamente a la institución y la proyección estudiantil. Aquí el paradigma del extensionismo cambia el rol, pues no solo el extensionismo está basado en un aporte permanente de la universidad desde "adentro hacia afuera".

A través del plan de gestión anual del área de graduados se busca plantear los siguientes objetivos de gestión:

a) Generar participación de graduados a través de la transferencia de experiencias profesionales y tecnológicas dirigidas hacia los estudiantes de las especialidades que forman parte de la propuesta académica de la Regional. Llevar adelante actividades que se promueven desde el rectorado de la universidad, en relación a las actividades que se refieran a la participación y capacitación de los graduados tecnológicos.

b) Participar de manera integrada con cámaras empresariales, centros comerciales e industriales de la zona para referenciar las actividades de los graduados/as, y canalizar las oportunidades de formación y de crecimiento regional y profesional.

c) Interactuar con otras universidades, facultades locales y/o regionales para generar vínculos con en actividades de formación y de crecimiento profesional.

Planificación y desarrollo de actividades. Acciones llevadas a cabo, período 2019-2023

Dentro de la aplicación de los objetivos planteados y de acuerdo con las dimensiones detalladas en el marco de referencia se han llevado a cabo las actividades que se describen, pensando en la visión del aporte hacia toda la comunidad universitaria.

Actividades generadas de extensionismo y de transferencia profesional

Contexto de aplicación de la proyección de actividades de la Subsecretaría de graduados. Actividades desarrolladas desde el año 2019, generadoras de vínculos y de pertenencia con las carreras de grado y posgrado.

Metodología de aplicación en relación a la participación

Aportes en cátedras y en área de ciencia y técnica:

Dentro del marco de participación institucional, desde el punto de vista extensivo incorporado desde la participación de la población de personas graduadas, se aprecian muchas directrices que fluyen hacia la formación continua y hacia la retroalimentación permanente basadas en las competencias de los estudiantes y los perfiles profesionales propios de las carreras y de la región.

En esta dimensión se visualizan las siguientes formas de participación desde el punto de vista institucional:

- *Experiencias de metodología de cátedras abiertas.* Por medio de la invitación a graduados/as a participar en cátedras de carreras de grado. Casos de aplicación: Iniciación de año académico en los cursos de ingresos.
- Participación de profesionales en cátedras integradoras anuales, proyectos finales. Interacción en cátedras específicas y electivas

de aplicación profesional. En estos casos concretos cada especialidad de grado, teniendo en cuenta la relación directa con los temas específicos de cátedra se invita a participar en ponencias para que los alumnos puedan conocer y observar la aplicación profesional del mundo laboral en referencia a los temas que se tratan en las cátedras. Casos de cátedra en que se aplica la metodología con participación de graduados/as: Gestión de Pymes, Emprendedorismo, Organización Industrial I y II, Planificación y Control de la Producción, Tecnología de la Construcción, Planeamiento Estratégico y proyecto final de carrera, entre otras.

- *Graduados/as que se vinculan en temas de investigación*: que dedican sus actividades en el medio regional y se relacionan con la Facultad en acciones concretas. Casos de aplicación: convenios entre empresas y la Regional. En el cual graduados que trabajan en las empresas articulan con la Secretaría de Ciencia y Técnica, y grupos de investigación específicos en análisis de estudios, desarrollos u otros objetivos específicos, para lo cual es necesario utilizar recursos, laboratorios de ensayos, o metodologías de análisis y recursos humanos, como son docentes y becarios. En estos casos, los egresados son profesionales vinculantes entre el sector privado y la universidad y vuelcan conocimiento específico de la industria a proyectos de investigación académicos concretos. Casos concretos en que aplican estas vinculaciones con participación de graduados/as son: pruebas y estudio de materiales, ensayos de hormigón, de laboratorio químico, estudio de maderas, relevamientos de sector industrial regional y la industria del *software*.

Para los dos casos detallados, que resultan beneficiosas como experiencias para el fortalecimiento de las especialidades y para el sistema de vinculación, no se lleva registro desde la Subsecretaría de Graduados, porque son actividades que se gestionan directamente desde las cátedras y desde el equipo de ciencia y técnica,[6] pero se conoce por información compartida. Todas estas expectativas acercan y aumentan las relaciones de la población de graduados con la casa de estudio. Está previsto comenzar a hacer un detalle, con registros en base de datos de los trabajos y registro de actividades desarrolladas y personas participantes para clasificar y considerar variables de análisis en estos temas.

---

6   Equipo de la Secretaría de Ciencia y Técnica.

Jornadas de divulgación tecnológica y profesional. Subsecretaría de Graduados:

Se denomina jornadas de divulgación tecnológica y profesional, a aquellas actividades planteadas y programadas como centrales de acuerdo a temas, protocolos o aplicaciones de profesionales independientes u organizacionales, identificadas con los departamentos de carrera o como temas estratégicos para el ámbito académico y de extensión, organizadas por la Subsecretaría de Graduados.

Las mismas se continúan desarrollando con metodología de aulas presenciales, virtuales e híbridas. 2019-2023 - Con resolución de Decano y Consejo Directivo.

Los destinatarios son los estudiantes, docentes, alumnos y graduados/as de las especialidades y público en general.

Las jornadas buscan transferir conocimientos y saberes específicos, proyectos de innovación tecnológica, evolución de las carreras profesionales, presentando herramientas de aplicación y ejemplos de nuevas competencias para el mundo laboral actual.

La tabla siguiente muestra los aspectos y datos centrales de la organización de las jornadas:

Tabla 1. Datos de Jornadas de divulgación tecnológica y profesional. Desarrollo anual.

Detalle	Cantidad / clasificación
Cantidad de jornadas organizadas por año	5 - 6
Frecuencia de realización - Jornadas por cuatrimestre	2 - 3
Panel de expositores	1 graduado/a - Grupo de: 2 o de 3 a 6 graduados/as por panel
Participantes por jornada	De 60 a 120 participantes.
Participación/público dirigido	Alumnos, graduados, docentes y público en general
Perspectivas	Enfoque por competencias profesionales (cátedras y temas). Graduados x organización (empresa). Experto en tecnologías o especialidad.

Fuente: Elaboración propia.

Fundamentación y objetivos centrales de las jornadas con graduados

El siguiente detalle que se presenta a continuación se refiere a actividades desarrolladas, con modalidad de participación presencial y virtual en aulas híbridas. Estas, a su vez, representan procesos de articulación entre diversas áreas de gestión y motorizan la participación activa entre todos los claustros y actores de la Facultad Regional.

La siguiente tabla muestra los aspectos de fundamentación en el plan de organización anual.

Tabla 2. Fundamentación y gestión de las actividades: Jornadas de divulgación tecnológica y profesional.

Selección del tema principal de la jornada	Acuerdo entre Subsecretaría de Graduados con los departamentos de especialidad para cada caso / en referencia a actividades laborales de graduados identificadas local, regional o nacional. Desarrollos profesionales detectados. Se define el tema y se avanza con la organización.
Selección y participación del panel expositores*	Se realiza invitación de acuerdo a contactos directos o vinculaciones particulares. Por informantes calificados (docentes /otro graduado/a). Extensión y vinculación tracciona en referencia a las empresas y contactos particulares específicos.
Selección del público - Requisitos	De acuerdo al alcance del tema y los conocimientos previstos se define junto al departamento de especialidad, a que cursos invitar. Generalmente de 3ª a 5ª año. Oportunamente y de acuerdo al tema es para todo los cursos y todo público.
Público presencial en aula	65-75
Público presente – virtual**	25-35
Modalidad de difusión / registración	Por comunicación directa. Correos personales y redes sociales. Se registran fotos y videos de las actividades.
Modalidad de inscripción	Por formulario con opción presencial o virtual. Se registran los participantes.
Análisis de impresiones/Devoluciones	No se viene haciendo encuestas de impresiones hasta el momento. Se viene consultando en las cátedras vinculadas con devolución participativa.

* Los expositores pueden participar de manera presencial o mediados por la tecnología de manera virtual. Se utilizan plataformas de videoconferencia.

** Virtual: aquellos participantes mediados por la tecnología utilizando plataformas de videoconferencia que se encuentran en el mismo espacio de aula virtual que los disertantes que se encuentran a la distancia.

Fuente: Elaboración propia.

"Sistema de producción Toyota". Resolución Nª 587/2023 D.

Perspectiva. Se refirió a detallar los temas de actualidad y proyección por los que transita Toyota Argentina en todo lo referido a los recursos utilizados en planta, procesos industriales, aspectos de innovación tecnológica y filosofías de trabajo. Detalle de la posición global actual dentro del grupo internacional.

En la presentación se orientó a las herramientas y capacidades que deben contar los técnicos, ingenieros y profesionales de las distintas especialidades para desempeñarse en proyectos y actividades industriales en los planes de incorporación y contratación.

En lo referido a desafíos profesionales, el disertante, resumió su desempeño en actividades específicas y proyectos desarrollados en su carrera profesional desde su egreso, como también otras experiencias laborales.

Datos de la Jornada:

Disertante: graduado de Ingeniería Electromecánica que se desempeña en la gerencia general de producción.

Fecha y horario: 5 de octubre de 2023. Horario 20:30 hs.

Duración: 2 horas reloj.

Lugar: Aula Magna.

Cantidad de público participante: 115.

"Gestión de recursos industriales y logística aplicada a empresas alimenticias". Resolución Nª 540/2023D.

Perspectiva. Participación de los profesionales de licenciatura en Organización Industrial, que se desempeñan en el medio productivo, específicamente en actividades industriales alimenticias. Sus disertaciones fueron enfocadas en experiencias y aplicación de metodologías organizativas y de planificación de operaciones industriales.

La transferencia de los integrantes del panel, se dio en planes de gestión de la producción, contratación y coordinación de recursos industriales. En este marco, se manifestó la interrelación con el medio productivo, los proveedores y las actividades específicas de la industria alimenticia con impacto en las operaciones, resaltando esto, como un medio para el desarrollo e innovación profesional.

Detalles de la Jornada:

Panel de disertantes: tres graduados de licenciatura en organización industrial. Profesionales trayectorias en empresas frigoríficas y con experiencia en la industria de bebidas y alimentos en general.

Fecha y horario: 5 de octubre de 2023. Horario: 19 hs.

Duración: 2 horas reloj.

Lugar: Aula híbrida N° 31.

Cantidad de público participante: 60.

"Desarrollo de ingeniería aplicada a procesos innovativos de alto impacto para la salud y los alimentos". Resolución 261/2023 D.

Perspectiva. Se refirió a procesos estratégicos de innovación tecnológica que se dan en la producción y distribución nacional, internacional y global de vacunas para humanos y semillas para la producción agropecuaria, desde la percepción y visión del desarrollo profesional del perfil profesional de Ingeniería Electromecánica.

A través de las disertaciones de los graduados invitados, se situó el debate en torno a la gestión de la ingeniería como herramienta de desarrollo de alto impacto, en la producción, investigación y desarrollo de productos, ingeniería de procesos, considerado de importancia vital, de sustentabilidad, viabilidad social, técnica y económica.

Por medio de la participación de los alumnos, y público en general se buscó descubrir y conocer las perspectivas y responsabilidades que desafían y motivan a ingenieros/as en los procesos productivos y sistemas logísticos, y que se aplican en empresas de clase mundial.

Detalles de la Jornada:

Panel de disertantes: dos graduados de electromecánica. En primer término disertó especialista en procesos de fábrica de semillas y luego, el profesional especializado en logística perteneciente a compañía dedicada a la fabricación de vacunas. Ambas empresas son de clase mundial.

Fecha y horario: 19 de mayo de 2023. 19 hs.

Duración: 2:30 horas reloj.

Lugar: Aula híbrida Nº 57.

Cantidad de público participante: 85.

"Los servicios técnicos, profesionales, y comerciales vinculados a los proyectos de obra de ingeniería civil". Resolución Nº. 196/2023D.

Perspectiva. Por medio de la participación de un panel, en el cual el tema central estuvo enfocado a temas de actividades conexas que se desarrollan en los proyectos de ingeniería de obras civiles. Entre estas actividades se encuentran los trabajos profesionales internos y externos de tipo técnico, de la industria y de la tecnología de la construcción. Estuvo enfocado en las relaciones que se establecen entre las empresas, los profesionales, las inspecciones y contrataciones. Las relaciones laborales que generan conocimiento, experiencia y desarrollo de nuevas actividades profesionales.

La participación de los laboratorios de obra civil en aspectos técnicos, las tecnologías en materiales de construcción, la formulación, industrialización, traslado y utilización de hormigones, y otros tipos de materiales elaborados constituye una herramienta fundamental en la ejecución de los proyectos, desde el punto de vista de los costos y de la calidad en las obras.

Detalles de la Jornada:

Panel de disertantes: seis graduados de Ingeniería Civil. Tres profesionales pertenecientes a empresas de ensayos de materiales y de estudios de suelos de la República Oriental del Uruguay. Jefe de operaciones de construcción en proyecto de represas.[7] Propietario de empresa de hormigón del rubro de la construcción[8] y especialista en normas de calidad aplicadas a plantas de hormigón.

Fecha y horario: 14 de abril de 2023. 19 hs.

Duración: 2:45 horas reloj.

Lugar: Aula híbrida N° 31.

Cantidad de público participante: 90.

"Gestión de la Calidad en las Organizaciones y en los negocios. Experiencias y nuevas competencias profesionales". Resolución Nª 201/2022 D.

Perspectiva. El objetivo central de esta actividad se refirió a detallar experiencias y aportes concretos, en aplicación de Gestión de la Calidad en organizaciones y negocios. La interacción, y la reflexión sobre las distintas visiones basadas en el desarrollo organizacional y nuevas tecnologías de gestión.

El entorno de la jornada, fue vincular todos estos temas, con el desarrollo integral de toda la cadena de valor industrial, comercial, recursos humanos, y la tecnología del software como herramienta de gestión. Las ponencias y del debate logrado ha generado interés de participación en los alumnos, docentes, no docentes y público en general, en todos estos temas importante para el desarrollo y crecimiento de las organizaciones.

Detalles de la Jornada:

Panel de disertantes: cuatro licenciados en organización industrial. Perfiles profesionales en: aplicación de normas de calidad en la industria metalúrgica. Experiencia en calidad en procesos comerciales de la industria forestal, aplicación de gestión de la calidad en la industria arrocera y dueña de empresa consultora de gestión de la calidad en organizaciones.

Fecha y horario: 6 de mayo de 2022. 19 hs.

Duración: 2:30 horas reloj.

Lugar: Aula híbrida N° 31.

Cantidad de público participante: 62.

---

7   Operaciones en represa de la Patagonia Argentina.

8   Empresa de la ciudad de Gualeguaychú, Entre Ríos.

"La dirección, conducción y gestión integrada en proyectos de ingeniería Civil. Enfoques y actividades vinculadas". Resolución Nª 290/2022D.

Perspectiva. Orientada a reflexionar sobre aportes concretos en dirección de Obras, relación con aspectos técnicos, vinculación de las diferentes áreas de coordinación que integran requerimientos específicos y servicios requeridos para poder llevar adelante diversos proyectos de la construcción vial y de edificación urbana.

Conocer las visiones sobre el manejo de los recursos en obras, responsabilidades y desarrollo profesional, también se precisaron las mejoras en materiales y tecnologías de la construcción, los cambios que se vienen dando en software de diseño, aplicado a cálculos y simulaciones en la construcción.

La gestión de las relaciones interpersonales que se dan en el manejo de personal, equipos de trabajo, conformación y conducción de equipos técnicos de proyectos y otras vinculaciones laborales. La vinculación con las alianzas estratégicas como son la unión transitoria de empresas, y otras formas de relación entre empresas.

Detalles de la Jornada:

Panel de disertantes: dos ingenieros en construcciones y tres ingenieros civiles.

Perfiles profesionales que se desempeñan en el ámbito público, trayectoria en dirección general de obras nacionales e internacionales. Perfiles de jefes oficina técnica y de dirección de obras viales.

Fecha y horario: 2 de junio de 2022. 19 hs.

Duración: 2:30 horas reloj.

Lugar: Aula híbrida N° 31.

Cantidad de público participante: 87.

"Gestión de la ingeniería en la Industria del Petróleo y del Gas. Situación Actual y Perspectivas Futuras". Resolución Nª 149/2022D.

Perspectiva. Graduados de la especialidad electromecánica, en participación, sobre tema central referido a gestión en proyectos, conducción y gerenciamiento de actividades, e integración de sus conocimientos y responsabilidades profesionales en la industria del petróleo, el gas, y sus derivados.

La jornada estuvo planteada en temas, de desarrollo en toda la cadena de valor industrial y territorial, la logística como herramienta de transporte y de transformación en todas las operaciones del gas y del petróleo.

Dentro de esta perspectiva, se resaltó las relaciones directas entre lo macro y microeconómico, resaltando la situación actual en nuestro país y el exterior y las perspectivas futuras desde la mirada profesional, observaciones puntuales como aspecto de crecimiento, transformación industrial y como cambio de paradigma en el mercado, la generación de energía y las nuevas transformaciones tecnológicas.

Detalles de la Jornada:

Panel de disertantes: seis perfiles de Ingeniería Electromecánica.

Tres profesionales que se desempeñan en el ámbito de abastecimiento, logística e industria vinculada a refinería, producción y distribución de combustibles, con experiencia nacional e internacional. Tres graduados con trayectorias en obras de alto impacto para la distribución de gas, centrales y ramales regionales y nacionales, y también actividades comerciales vinculadas al consumo de gas en general.

Fecha y horario: 29 de abril de 2022. 19 hs.

Duración: 2:45 horas reloj.

Lugar: Aula híbrida N° 31.

Cantidad de público participante: 90.

"Jornada de higiene y seguridad en el trabajo. Protocolo de Ergonomía". Resolución 176/2023D. Día mundial de higiene y seguridad en el trabajo.

Perspectiva. La orientación al público, alumnos, docentes y graduados, sobre la aplicación del Protocolo de Ergonomía – Resol. N° SRT 886/2015. Consideraciones legales. Aplicaciones en los distintos ámbitos laborales, industrias. Aplicaciones de estos.

Disertante: ingeniero laboral con trayectoria en riesgos laborales, en temas de ergonomía y vinculación con compañías de seguros.

Fecha y horario: 29 de abril de 2023. 19 hs.

Duración: 1:45 horas reloj.

Lugar: Aula de posgrado.

Cantidad de público participante: 35.

Jornadas de divulgación tecnológica y profesional. Generación de conocimiento hacia los estudiantes. Propuestas y fundamentos de desarrollo.

Desde el origen de la idea y como plan de trabajo, se proyectan y programan actividades académicas y de extensión, buscando generar procesos de aprendizaje y de transferencia en temas específicos, dirigida hacia los estudiantes, docentes y público en general. Se tiene en cuenta el desempeño de la industria, del ámbito laboral, de crecimiento profesional y como expresiones de formación en competencias para los futuros profesionales de acuerdo a cada especialidad.

La aplicación práctica de realización de las mismas se refiere a que los alumnos, puedan identificar y conocer, acerca de la resolución de problemas de la ingeniería y acerca de la participación interdisciplinaria dentro de las organizaciones.

En cuanto a la realización de las mismas, al organizarse en conjunto con los departamentos de cada carrera se generan espacios participativos en los cuales interactúan los docentes y los alumnos. Los temas seleccionados de las jornadas y en consecuencia la conformación de los paneles de expositores tiene su fundamento en las orientaciones y formaciones de cada carrera de grado, dentro de sus campos de actuación profesional.

Se busca que las exposiciones estén orientadas a campos de acción de la actuación profesional general y específica.

La frecuencia de realización de las mismas está estimada en al menos una o dos jornadas por año para cada carrera. Estos planes están sujetos al calendario académico de la Regional y a las actividades propias de cada departamento y de las instancias evaluativas de los alumnos.

En cuanto a la medición de impacto, de valorización por parte de los participantes; todavía no se ha sistematizado las encuestas luego de la realización de las mismas. Pero sí, como aspecto de retroalimentación, se vienen haciendo reuniones con los directores y secretarios de cada carrera para conocer e interactuar con los destinatarios directos acerca de los temas planteados y el logro de los objetivos en las jornadas.

Está proyectado para 2024 comenzar a evaluar *in situ* luego de la realización de cada jornada una encuesta personal anónima, para conocer en profundidad las expectativas de participación.

Espacios de participación institucional de extensión y vinculación tecnológica

Jornadas "Puertas abiertas de la Facultad Regional Concepción del Uruguay de la UTN". Resol. D396/2018.

Perspectiva. La jornada "Puertas Abiertas de la Facultad Regional Concepción del Uruguay", desde el año 2018, establece el vínculo de la Facultad con el medio ofreciendo a la comunidad en general la oportunidad de participar de sus actividades académicas, de extensión y de investigación. Los asistentes tienen la posibilidad de visitar sus aulas, diferentes laboratorios, gabinetes de investigación en donde se podrá observar y/o participar en las actividades cotidianas que hacen a la formación de los alumnos de distintos niveles que asisten a esta institución. Dentro de estas perspectivas, desde la Subsecretaría se organizó una conferencia con graduados/as, cuyo resultado fue muy positivo para que se conozcan los perfiles profesionales.

Conferencia *Trayectorias Profesionales*. Aportes para la Formación Tecnológica". Edición 2019. Panel de Graduados de la Regional.[9]

Detalle de la conferencia

Tema 1. *Profesionales tecnológicos. Emprendedores e independientes*. Panel: ingeniera en Sistemas de Información, Electromecánica y Organización Industrial.

Tema 2. *Articulación de profesionales tecnológicos en el sector privado*. Instituciones Privadas. Panel: Organización Industrial, Ingeniería en Sistemas de Información, Civil y Electromecánica.

Tema 3. *Articulación de profesionales tecnológicos en organismos públicos, mixtos* ONG. Panel: licenciado en Organización Industrial, Ingeniero Civil e Ingeniero en Construcciones.

Tema 4. *Responsabilidad social universitaria*. Licenciada en Organización Industrial.

Actividad dirigida a todo público y gratuita.
Fecha y horario de realización: 25 de septiembre de 2019. 19:30 hs.
Duración: 2:15 horas reloj.
Cantidad de público participantes: 120.

"Economía del Conocimiento y la formación de Recursos Humanos Entrerrianos". Edición puertas abiertas 2020. Modalidad virtual. Período de pandemia.

Perspectiva y detalle de la conferencia:
Temas y exposiciones:

---

9   Graduados de la Facultad Regional Concepción del Uruguay, de la Universidad Tecnológica Nacional.

Las profesiones y los modelos productivos

Tema 1. *Estructura productiva entrerriana y la coyuntura indus-trial actual*. Área de monitoreo Industrial – Invitado del equipo de la unión industrial de Entre Ríos.

Tema 2. *Desafíos del mundo laboral*. Graduada en licenciatura en Organización Industrial, experta en gestión de talento, agente de cambio, apasionada por la transformación organizacional.

Tema 3. *Proyecto SAOCOM*. Graduado de Ingeniería en Sistemas de Información, responsable del Instrumento SAR en el Segmento de Vuelo para la misión SAOCOM. Participación en proyecto. Comisión Nacional de Actividades Espaciales.

Tema 4. ARGENCON. *"Economía del conocimiento"*. Invitado de la empresa Argencon, Buenos Aires. Tipo de actividad: Libre y gratuita.

Fecha y horario de participación: 28 de septiembre de 2020, 18:30 hs.

Duración: 2 horas reloj.

Cantidad de participantes: 45.

Aportes de los graduados en actividades de vinculación tecnológica

Proyectos de participación de equipos de trabajo entre docentes, estudiantes y graduados/as.

Proyecto Procer. *Industria 4.0. Programa de competitividad de las economías regionales*. Año 2022.

Perspectiva. En esta actividad se convocó a graduados de la carrera licenciatura en Organización Industrial para participar en trabajo de relevamiento en la provincia de Entre Ríos a empresas. El objetivo central se refería a evaluar el impacto de utilización de herramien-tas de digitalización y de industria 4.0 utilizados en sus procesos de fabricación, administración y de operaciones logísticas.

Actividades coordinadas en conjunto con el área de extensión y con área de vinculación tecnológica rectorado de la Universidad Tec-nológica Nacional.

Modalidad: Se conformaron dos equipos de trabajos para llevar a cabo los relevamientos de acuerdo a base de datos de empresas. Acti-vidad rentada. Los mismos resultados fueron elevados a rectorado, junto a otras regionales que participaron del proyecto. ·

Detalle de la actividad:

Total de participantes. 5 graduados.

Duración del proyecto: 6 meses.

Alcance de las actividades de campo: Entre Ríos.

Otras actividades de extensión

Cursos dictados por graduados/das presenciales y virtuales:

a) Gestión Ambiental: necesidad y/u oportunidad de negocio. De la gestión ambiental a las oportunidades de negocio.
Docentes: licenciada en organización industrial, e ingeniero en construcciones.
Unidades temáticas: Crisis ambiental y covid. Legislación ambiental provincial y nacional. Requisitos ISO 14001:2015. Economía Circular. Relación con los modelos de negocios.
Detalle del curso. Fecha de realización: 13 de noviembre, 20 de noviembre, 27 de noviembre y 4 de diciembre. Año 2020. Modalidad: virtual.
Total: 12 horas reloj. Actividad rentada.
Público participante: 35 alumnos.

b) Curso sobre inteligencia emocional y neurociencias aplicadas al ámbito laboral.
Docente: licenciada en Organización Industrial.
Ejes temáticos: Introducción a las neurociencias y a la inteligencia emocional. Estrés y ansiedad. La nueva realidad laboral. Gestión de la inteligencia emocional en el trabajo.
Detalle del curso. Fecha de realización: 19 de marzo, 26 de marzo, 2 y 9 de abril. Año 2021. Modalidad: Virtual.
Total: 12 horas reloj. Actividad rentada.
Público participante: 22 alumnos.

c) Curso sobre eficiencia energética.
Docente: ingeniero electromecánico.
Ejes temáticos: Mercado eléctrico mayorista argentino. Conceptos de electricidad y física eléctrica. Los costos y sus clasificaciones. Análisis de pérdida en un sistema de distribución eléctrica.
Detalle del curso. Fecha de realización: 17, 18, 24, 25, 31 de julio y 1, 7 y 8 de agosto de 2020.
Modalidad virtual. 8 clases de 4 horas reloj. Total: 32 hs.
Público participante: 25 alumnos. Actividad rentada.

Fundamentación y situación de cursos organizados

Estos cursos organizados y dictados durante la pandemia fueron muy importantes para generar espacios de formación y motivación, a su vez se valoraron los esfuerzos de todo el equipo de extensión en la colaboración, en los aspectos de organización y difusión. Cabe destacar que el aislamiento obligatorio, trajo aparejado el replanteo de una nueva forma de organizar, gestionar y generar nuevos espacios de extensión en la virtualidad.

Conversatorio virtual

Perspectiva. Denominación del Conversatorio: "espacios de trabajo de profesionales en un mundo cambiante y diverso. La construcción de equipos interdisciplinarios". Orientada a reflexionar sobre las realidades actuales y cambios que se observan en relación a los espacios de trabajo de profesionales tecnológicos en un mundo en constante cambio. Las relaciones de los equipos interdisciplinarios. El desempeño del liderazgo de la mujer en las actividades de gestión y participación en los equipos de trabajo. Actividad organizada en conjunto con el área de género.

Esta actividad también fue organizada en período de pandemia y permitió poder conocer perspectivas de los graduados en su mundo laboral y profesional.

Detalle de la actividad. Panel de graduados expositores: egresados de las especialidades de Electromecánica, Construcciones, Sistemas de Información y Organización Industrial.

Fecha de realización: 5 de octubre de 2021. Actividad virtual gratuita.

Cantidad de participantes: 40.

Audiovisuales

Fundamentación. Participación del graduado/da durante el período 2020-2021. Actividad organizada en el marco del aniversario de los cincuenta años de creación de la Regional.

Tipo de actividad. Videos grabados y enviados. Realización personal con lineamientos planteados desde la Subsecretaría de Graduados referidas a su paso durante el tiempo de estudio por la casa de estudio y lo que significas sus logros académicos y personales. Período de pandemia: 2020-2021.

Cantidad de graduados/as participantes: 14 (cuatro egresados de ingeniería electromecánica, seis egresados de ingeniería en sistemas de información, tres de licenciatura en organización industrial, un ingeniero civil).

Observación: este material audiovisual enviado por los graduados/as convocados formó parte de la edición final institucional junto a otros participantes.

Participación de los graduados/das en actividades sociales

Trayectoria de graduados en veinticinco años de promoción. Actividad social institucional anual. Período 2019, 2022 y 2023.

Fundamentación. Se promueven anualmente encuentros de tipo académico y social para agasajar a las distintas promociones de graduados/as en sus bodas de plata.

Estas actividades son gestionadas anualmente para conmemorar el paso por la facultad y poder compartir momentos de reencuentros con colegas, docentes e integrantes de la comunidad universitaria.

Actualización de la información sobre graduados/as

Fundamentación. Es objetivo permanente tener actualizado la base de datos de egresados por especialidad.

Se busca tener actualizada la información relevante de la trayectoria de los profesionales en los diferentes ámbitos de participación.

Resulta de interés acceder a actualizar datos personales, desempeño laboral actual, formación y capacitación continua y otras actividades que desempeñan en la actualidad.

Es así que se analiza las actividades desarrollan los graduados/as y expectativas sobre las categorías de empleo y profesiones independientes por medio de la realización de formulario de encuestas.

Metodología

Como metodología de evaluación y análisis de la información continua, se lleva a cabo un seguimiento mensual de las propuestas laborales vinculadas al punto 1.9.

Esto permite saber las orientaciones laborales que se dan en la región, vinculadas a formación de la casa de estudio.

En relación al formulario anual, se envía por todos los medios de comunicación de manera institucional, como son correos personales y por medio de redes sociales para visualizar y conocer los niveles de inserción.

Poder clasificar según los tipos de actividad en la que se encuentran participando los graduados/as en el mercado laboral y profesional.

No solo se busca conocer su realidad actual en lo profesional, sino también la actualización de los datos personales y su lugar de residencia.

Se analizan muestras y se hacen cortes por actividades específicas y rubros laborales y profesionales de agrupamiento.

Tanto en la elaboración del formulario y con el procesamiento, se lleva a cabo con la participación de una becaria perteneciente a la Subsecretaría de graduados.

Por otro lado, actualizan datos, en comunicación permanente con el área académica y posgrado.

Observación: se detallan datos actualizados a partir del punto 2.1 y 2.2.

Población de graduadas/os de la Facultad Regional Concepción del Uruguay. Análisis de población de graduados/as. Períodico febrero 1976 - octubre 2023

La población de profesionales egresados de la Facultad Regional Concepción del Uruguay, corresponde al detalle que se expresa desagregado, a través de las actividades académicas iniciadas a partir del año 1970.

En el período 1976-1977, comienzan a egresar los primeros graduados/as de las ingenierías en electromecánica y construcciones.

Posteriormente, durante las décadas siguientes, se agregaron al listado de egresados los graduados de Ingeniería rural (no se dicta en la actualidad), Ingeniería en sistemas de información, Licenciatura en organización industrial. Finalmente, la especialidad de Ingeniería laboral, que como particularidad presenta la condición, como admisión, que los estudiantes habilitados para su ingreso debían ser ingenieros de las especialidades de carreras afines como pueden ser construcciones, mecánica, electromecánica entre otras.

A partir del año 1995 la carrera de Ingeniería en Construcciones cambia en la propuesta académica con la implementación de Ingeniería Civil, en lo que también se hicieron cambios curriculares en los planes de estudios pasando al régimen de aprobación de materias por promoción y finales.

Bajo estas propuestas implementadas y cambios de planes de estudios, en referencia a la actualidad, la Facultad cuenta con un total de 2.840 graduados/as, en todas las opciones académicas: pregrado, grado, ciclo de licenciaturas, posgrados, especializaciones, maestrías y doctorados.

La tabla 3 despliega el total de 2.325 graduados formado por cada especialidad y muestra su relación en porcentaje de participación respecto a las carreras de grado y al total de carreras que se dictan en la facultad, como datos acumulados hasta octubre de 2023.

En la tabla 4 se detalla la distribución del total en participación de graduados de especialización para un total de 216 egresados, respectivamente y el total que representa sobre el total de graduados de la Regional.

En la tabla 5 se detalla el total 34 egresados de posgrado y doctorado con su respectivo impacto sobre el total de graduados acumulados.

En tabla 6 se desagrega el total de graduados que forman parte de los ciclos de licenciaturas, determinado por un total de 94 egresados con su relación directa con el total de graduados.

La tabla 7 muestra el total referido a los ciclos de tecnicaturas por un total de 171 egresados. La tabla 8 detalla el resumen de la cantidad de graduados para cada tipo por clase, como son grado, especializaciones, posgrado y doctorado, ciclos de licenciaturas y tecnicaturas con su respectivo porcentaje de participación.

Tabla 3. Carreras de grado.

Especialidad: Acumulado histórico desde 1976 a octubre 2023	Graduados	% Grado	% Total
Ingeniería en construcciones	214	9,20	7,54
Ingeniería civil	303	13,03	10,67
Ingeniería electromecánica	545	23,44	19,19
Ingeniería rural	2	0,09	0,07
Ingeniería en sistemas de información	535	23,01	18,84
Analista universitario de sistemas	330	14,19	11,62
Ingeniería Laboral	88	3,78	3,10
Licenciatura en organización industrial	308	13,25	10,85
Subtotal – grado	2.325	100,0	81,87

Fuente: Elaboración propia a través de base de datos de dirección académica.

LAS PROFESIONES Y LOS MODELOS PRODUCTIVOS

Tabla 4. Posgrados. Especializaciones.

Especializaciones. Acumulado histórico hasta octubre 2023	Graduados	Especialización	%. Total
Especialización en Ingeniería en calidad	79	36,57	2,78
Especialización en Ingeniería gerencial	30	13,89	1,06
Especialización en Ingeniería ambiental	98	45,37	3,45
Especialista en Ciencias de la Computación con Orientación en Base de Datos	9	4,17	0,32
Subtotal – especialización	216	100,00	7,61

Fuente: Elaboración propia a través de base de datos de dirección académica.

Tabla 5. Maestrías y Doctorados.

Acumulado histórico hasta octubre 2023	Graduados/as.	% M. y D.[5]	% Total
Maestría en ciencias de la computación	8	23,53	0,28
Maestría en ingeniería en calidad	7	20,59	0,25
Maestría en ingeniería ambiental	12	35,29	0,42
Maestría en administración de negocios	3	8,82	0,11
Doctorado en ingeniería mención materiales	4	11,76	0,14
Subtotal – maestrías y doctorados.	34	100,00	1,05

Fuente: Elaboración propia a través de base de datos de dirección académica.

Tabla 6. Ciclos de licenciaturas.

Licenciatura	Graduados/as	% Lic.	% Total
Ciencias aplicadas	23	24,47	0,81%
Tecnología educativa	61	64,89	2,14%
Lengua inglesa	10	10,64	0,35%
Subtotal – ciclos de licenciaturas	94	100,00	3,31%

Fuente: Elaboración propia a través de base de datos de dirección académica.

Tabla 7. Tecnicaturas. Pregrado.

Tecnicaturas universitarias	Graduados/as	% Técnicos	% Total
Mecatrónica	15	8,77%	0,53%
Programación	25	14,62%	0,88%
Procedimientos ambientales	5	2,92%	0,18%
Higiene y seguridad en el trabajo	92	53,80%	3,23%
Administración y gestión en instituciones de educación superior	10	5,85%	0,35%
Administración	24	14,04%	0,84%
Subtotal – tecnicaturas	171	100,00%	6,01%

Fuente: Elaboración propia a través de base de datos de dirección académica.

Tabla 8. Resumen. Clasificación de graduados/as.

Histórico hasta octubre 2023	Graduados/as.	% Total
Carreras de grado	2325	81,87%
Especializaciones	216	7,61%
Posgrados y doctorado	34	1,20%
Ciclos de licenciaturas	94	3,31%
Tecnicaturas	171	6,02%
Total	2.840	100,00%

Fuente: Elaboración propia a través de base de datos de secretaría académica.

Análisis de datos de Formulario de encuesta. Período marzo-abril 2023

Participación de la muestra:

La elaboración de la muestra y datos analizados corresponden a la recolección de datos extraídos de encuesta realizada por medio de formulario *Google*, publicado y difundido desde la Subsecretaría de graduados en conjunto con el área de comunicación hacia toda la población de graduados de las carreras de grado que se dictan actualmente.

Estos resultados permiten detectar la relación directa de los profesionales con el mundo laboral, local, regional y nacional. Se describen relaciones cuantitativas de la realidad ocupacional, de las tendencias y necesidades concretas sobre los perfiles que se vienen requiriendo para las empresas, organizaciones y propuestas de desarrollo tecnológico.

La encuesta fue difundida para toda la población de graduados/as de las cuatro carreras de grado actuales.

Conformada por las cuatro carreras de grado actuales. Total destinatarios de la encuesta, como muestra el siguiente detalle.

Departamento	Detalle de graduados hasta octubre de 2024
Ingeniería Civil	Contempla a todos los egresados de la especialidad de ingeniería construcciones (que ya no se dicta más) y de Civil que dicta actualmente. Total: 507
Electromecánica	Contempla un total de 545 graduados/as.
Sistemas de información	Contempla un total de 535 graduados/as.
Organización industrial	Contempla un total de 308 graduados/as.

Caracterización y resultados del relevamiento realizado

Debido a que el formulario a contestar no fue obligatorio, sino que se accedió libremente, se difundió a toda la población de graduados. El corte de evaluación se hizo teniendo en cuenta las cuatro carreras de grado que se dictan actualmente. Los porcentajes de cantidad de personas que accedieron a contestar es distinto para cada carrera.

De una población de 1905 en general, accedieron a contestar un total de 174 graduados/as correspondiendo un 9,13 %, como dato de análisis de la muestra.

Como validación de control se procedió a controlar las respuestas, teniendo cuenta los nombres y apellidos, convalidando los mismos con el padrón de graduados actualizado; de esta manera se procuró evitar que haya respuestas falsas y/o personas que no han pertenecido a la Regional.

Esta validación fue importante para el análisis de los datos evaluados y expresados en los siguientes análisis.

Tabla 9. Clasificación de la muestra. Accedieron a contestar.

Carreras de grado	Total que contesta-ron	% Total que respondie-ron	Total gra-duados	% respuestas por especialidad
Organización industrial	50	28,74%	308	16,23%
Electromecánica	39	22,41%	545	7,16%
Construcciones y Civil	45	25,86%	517	8,70%
Ingeniería en sistemas de información	40	22,99%	535	7,48%
Total	174	100,00%	1905	

Fuente: Elaboración propia.

Detalle de actividades generales detectadas en el ejercicio profesional

La tabla 10 muestra la distribución de perfiles laborales de acuerdo a las actividades que vienen desempeñando los graduados/as según la clasificación que realizó con los datos relevados.

Se percibe una correlación directa denotada con los porcentajes que se aprecian, para el caso de tecnología de la información/desarrollo de software (14,37 %), para el caso del rubro de la construcción (12,07 %), la producción, logística y stock industrial (10,74 %) para el caso de la industria metalmecánica y metalúrgicas (9,77 %).

Se observa correlación directa con lo que ha sucedido en los últimos años, precisamente en los rubros, en los cuales se han contactado empresas y difundido mayores cantidades de búsquedas laborales. Precisamente son estos rubros con mayor participación en los que hay un mayor amplio crecimiento de necesidad de profesionales. Los sectores que se percibe mayor crecimiento son: la industria del software (representaciones, desarrolladores, digitalización y creación de nuevas empresas de base tecnológicas), nuevos emprendimientos metalmecánicos y existentes, nuevas empresas de construcción civil, y la producción industrial en general y especial de alimentos.

Por otro lado, se aprecia un buen indicador de participación referido a los trabajos de Consultoría y asesoramiento (9,77%), relación que aplica para los profesionales con una relación contractual específica.

Tabla 10. Actividades globales y perfiles de inserción actual.

Perfiles de desempeño	Nº graduados/as	% rubro
Administración	7	4,02%
Comercialización	10	5,75%
Construcción de obras públicas / privadas	21	12,07%
Consultoría / Asesoramientos	17	9,77%
Economía social	1	0,57%
Educación / Docencia	7	4,02%
Energía	3	1,72%
Financieras	8	4,60%
Gerenciamiento	6	3,45%
Gestión de calidad	9	5,17%
Gestión de RRHH	9	5,17%
Industria avícola	8	4,60%
Industrias metalmecánicas / metalúrgicas	17	9,77%
Líder de proyectos	1	0,57%
Organismos públicos	3	1,72%
Producción / logística / Gestión de Stocks	18	10,34%
Seguridad e higiene	2	1,15%
Seguros. Compañías de seguros.	2	1,15%
Tecnología de la información /desarrollo	25	14,37%
Total	174	100,00%

Fuente: Elaboración propia.

Ámbitos profesionales en que se desempeñan actualmente los graduados/as

Se detalla en tabla 11, en términos generales, que del total que accedieron a contestar el formulario, gran participación profesional

LAS PROFESIONES Y LOS MODELOS PRODUCTIVOS

actual está orientada al desarrollo laboral en relación de dependencia combinada con una actividad particular como autónomo. Esta relación de ocupación está en 68 % de las respuestas, mientras que la actividad, que le sigue es la actividad en el sector público con un 22% de participación.

Directamente, se aprecia con estas observaciones que hay personas graduadas que se desempeñan en dualidad de perfil, en lo que respecta a la dedicación profesional. Es decir que hay personas que dedican un horario determinado para un tipo de actividad en organizaciones privadas y luego dedican horas a cumplir con otros compromisos profesionales. Puede que esta relación esté vinculada a tener mayores ingresos o posibilidades de crecimiento profesional; aspectos que no se profundizaron en la encuesta, lo cual puede resultar interesante para analizar en el futuro, en lo que respecta a las motivaciones y desafíos de desempeño profesional.

Se determina también, que hay un número relativamente bajo de profesionales que realizan actividad por completo de manera independiente, como autónomo, siendo este un 7 %; como así también un porcentaje bajo de personas que se desempeñan en los dos sectores a la vez como es el sector público y privado. Finalmente, en relación a esta última apreciación es un ejemplo de aplicación, los profesionales que se desempeñan en docencia en la universidad pública y también lo hacen en actividades en empresas privadas.

Tabla 11. Ámbitos/dedicación de inserción de graduados/as.

Especificación - dedicación actual	Respuestas	% de inserción
Dedicación en relación de dependencia en sector privado y autónomo	119	68%
Dedicación en relación de dependencia en sector público	22	13%
Dedicación como autónomo	13	7%
Dedicación en sector público y sector privado	9	5%
Dedicación en sector público y autónomos	6	3%
Dedicación en sector público, privado y autónomos	5	3%
Total – respuestas	174	100%

Fuente: Elaboración propia.

Detalle de posgrados realizados. Base encuestada

La capacitación y formación permanente describe las bases de formación en especializaciones, maestrías y doctorados, como opción posible de formación continua de los graduados en su nueva fase de estudiantes de posgrado.

En tabla 12 se muestra un análisis de las respuestas recibidas de un total de 174 egresados de carrera de grado, 50 de ellos, han realizado o se encuentran realizando posgrado, lo que representa un total de 28,73 %, del total de la muestra.

Se observa que los graduados/as de Electromecánica son la especialidad que en mayor medida se encuentra realizando posgrado respecto al total, con un 34% y respecto al total de la especialidad representa un 44 %.

Tabla 12. Cursado de posgrado.

Perfil de grado	Respuestas	Si hacen posgrado	% Inc. total	% incidencia origen-grado
Organización industrial	50	15	30%	30%
Civil	45	9	18%	20%
Electromecánica	39	17	34%	44%
Sistemas de información	40	9	18%	23%
Total	174	50	100%	

Fuente: Elaboración propia.

Orientación de posgrados seleccionados, que los graduados/as han desarrollado o se encuentran en curso

En la tabla 13 se detallan de manera desagregada, los perfiles de orientación de posgrado que eligen los graduados que contestaron positivamente sobre su realización.

Como aclaración: en el formulario no se consultó en qué institución se ha cursado o se encuentra cursando, pues el objetivo se refirió a evaluar las inclinaciones de formación futura.

Paralelamente, en la Regional se viene dictando la tercera cohorte de Ingeniería gerencial, posgrado en administración de negocios; también se dicta la Ingeniería ambiental y se ha dictado la Ingeniería en calidad.

Como se muestra claramente, las opciones apuntan preferentemente a carreras vinculadas a negocios, temas ambientales, calidad, ciencia de datos, laboral, del total de la muestra con respuestas positivas.

Tabla 13. Perfil de orientaciones de especializaciones, maestrías y doctorados optado por los graduados/as.

Orientación	Cantidad de respuestas	% orientación
Ambiental	7	14%
Gerencial y negocios	20	40%
Laboral	4	8%
Calidad	3	6%
Software y ciencia de datos	4	8%
Doctorado en ciencias de la computación	1	2%
Doctorado en ingeniería. Mención industrial	1	2%
Doctorado en ingeniería. Mención en materiales	1	2%
Economía energética	1	2%
Planificación urbana y territorial	1	2%
Ingeniería estructural	1	2%
Educación	1	2%
Robótica	1	2%
Especialización en soldaduras	1	2%
Gestión de Proyectos	1	2%
Recursos Humanos	2	4%
Detalle total	50	100%

Fuente: Elaboración propia.

Vinculación con organizaciones y empresas en búsquedas laborales. Perfiles buscados desagregados por especialidad

Las búsquedas, se vienen llevando a cabo el año 2014, de manera permanente en cuanto a difusión, pero se comenzaron a sistematizar y actualizar datos a partir del año 2019.

Procedimiento implementado

Como procedimiento referido a búsquedas laborales en la Regional, el mismo está dado por varios canales de comunicación y de información que intervienen.

En primer término, desde las organizaciones empresariales, cámaras, entidades privadas y organismos públicos, cuando necesitan cubrir cargos, puestos o perfiles específicos, se contactan con la Subsecretaría de graduados para transmitir las necesidades puntuales, que luego se transformarán en búsquedas formales. Por medio de sus colaboradores, pertenecientes a recursos humanos, se comparte información relevante sobre los requisitos, responsabilidades y experiencias que deben contemplar los detalles y perfiles de búsqueda.

En situaciones de no poseer detalles gráficos o documentación acorde para comenzar la difusión, por medio de la participación del equipo de trabajo interno del área, se avanza con el diseño y confección de los anuncios. Luego, internamente se evalúa si los requisitos y alcances de los perfiles, están en concordancia con los perfiles de una u otra especialidad de grado y posgrado de formación de la Regional, de tal manera definir formalmente al sector que estará dirigida.

Una vez definido a qué población de graduados hay que difundir las búsquedas, se organiza junto al área de comunicación la difusión por vía directa a los listados de correos de graduados según corresponda. También paralelamente se comparten las búsquedas por redes sociales para que toda la población de graduados esté informada.

Las necesidades de cubrir puestos o convocatorias profesionales constituyen un mecanismo de vinculación profesional para la Subsecretaría de graduados.

En lo operativo, diariamente y semanalmente, son muchas las propuestas que llegan y se difunden con el objetivo de que el graduado o el estudiante avanzado pueda acceder al mercado laboral. En estos aspectos se gestiona con confidencialidad, sin generar falsas expectativas y con comunicación eficiente. Es un tema estratégico por estar vinculado a las relaciones de la Facultad y hacia el medio socio productivo.

Como aspecto final, los interesados postulantes envían directamente sus datos personales y currículum al contacto de la organización. Como aspecto limitante, desde la Facultad no se seleccionan profesionales, porque no es su incumbencia. Solamente se destina tiempo y recursos a articular la difusión.

Análisis de datos referido a búsquedas laborales. Perspectivas y demandas

En tabla 14 se especifican por períodos las difusiones de búsquedas de profesionales que se llevaron a cabo en el período nov 2019 – Feb 2023, según la distribución por perfil profesional.

En lo vinculado a la industria del software y empresas de desarrollo en digitalización, son las que ocupan el mayor volumen de requerimientos en la actualidad. Estos cortes por actividad núcleo permiten saber cuáles son los rubros que demandan mayor cantidad de profesionales. También desde el punto de vista industrial y regional se observa gran demanda para la industria metalmecánica y de la industrial donde los perfiles se encuentran relacionados con: diseño de productos, proyectos industriales, mantenimiento industrial, para el caso de perfiles de electromecánica. En lo referido a producción, abastecimiento, operaciones logísticas y gestión plantas productivas, que se orienta a los perfiles de organización industrial. En lo referido a conducción de obras civiles y viales, dirección de proyectos y oficinas técnicas se visualiza un marcado perfil para Ingeniería civil.

Tabla 14. Búsquedas publicadas, desagregadas por especialidad. Período (Nov. 2019 – Feb. 2023).

Especialidad – Perfiles	Total de búsquedas	Participación %
Civil y afines	50	14,53 %
Electromecánica y afines	86	25,00 %
Sistemas de información. Industria de software y afines	128	37,21 %
Organización Industrial y afines	76	22,09 %
Otros perfiles	4	1,16 %
Total	344	100 %

Fuente: Elaboración propia.

En tabla 15 se detallan las vinculaciones anuales y los niveles de difusión, en búsquedas difundidas por especialidad. Cantidades de difusiones por período.

Como observación directa, se puede apreciar que, en algunos casos se ha manifestado por parte de las empresas del rubro de tecnología de la información y desarrollo de software, que no han podido cubrir algunas vacantes específicas y las expectativas de contratación se tuvieron que ampliar en períodos de nuevas búsquedas laborales; ampliando las regiones de contratación, tanto para desempeño de la modalidad presencial o virtual.

En relación a esta situación y a partir del período 2020-2021, en pandemia, fueron los momentos donde en mayor medida se registró mayor demanda de contratación por parte de las empresas de tecnología.

Para concluir, si bien se observa complejidad en cuanto a las expectativas y relación a las demandas del perfil de Ingeniería sistemas de información, esta carrera es la que más ha aumentado en matrícula de ingresantes en los últimos años en la Regional. Con todas estas cuestiones de tendencia y crecimiento del sector, el recurso humano sigue siendo un tema importante en la competitividad profesional. Por otro lado, para las demás especialidades, se ha cumplido en cuanto a las contrataciones y no se han registrado bajas en cuanto a la faltante de disponibilidad de recursos humanos.

En cuanto a las pasantías, demás modalidades de contratación para estudiantes avanzados y prácticas supervisadas para cada especialidad, dependen directamente de la Secretaría de asuntos estudiantiles.

Tabla 15. Búsquedas laborales anuales / vinculación con organizaciones difundidas desde la FRCU-UTN.

Período	Total -búsquedas difundidas
2019: Noviembre – Diciembre	10
2020: Enero – Diciembre	79
2021: Enero – Diciembre	117
2022: Enero – Diciembre	119
2023: Enero – Febrero	19
Total	344

Fuente: Elaboración propia.

Conclusiones y reflexiones finales

En relación con la participación permanente, específica e integral de los graduados/as, se observa gran motivación y compromiso en los espacios de extensión, tanto para brindar experiencias, y ser interlocutores en el proceso de andamiaje en formación de las especialidades de grado, traducido hacia la enseñanza y generación de expectativas futuras de los estudiantes.

Se construyen trayectos donde se pone de manifiesto la interacción aula-mundo laboral y dimensión tecnológica, a través de las jornadas de divulgación, con definición de marcos específicos de actuación profesional, proyectado en base a las competencias profesionales de las carreras de grado y posgrado.

En estas interacciones se generan objetivos académicos, manifestando retroalimentación entre los departamentos de carrera y las cátedras específicas donde los estudiantes aplican sus conocimientos. Por otro lado, se propician y aumentan las capacidades de formación en lo referido al desarrollo futuro profesional y el conocimiento sobre la ingeniería, diseño en innovación, producción y realidades de las organizaciones actuales.

El gráfico que se detalla a continuación despliega las funciones y resultados observados a través de la interacción de las actividades planificadas y realizadas, como un proceso de perspectiva sistémica de gestión y en relación a lo expresado anteriormente:

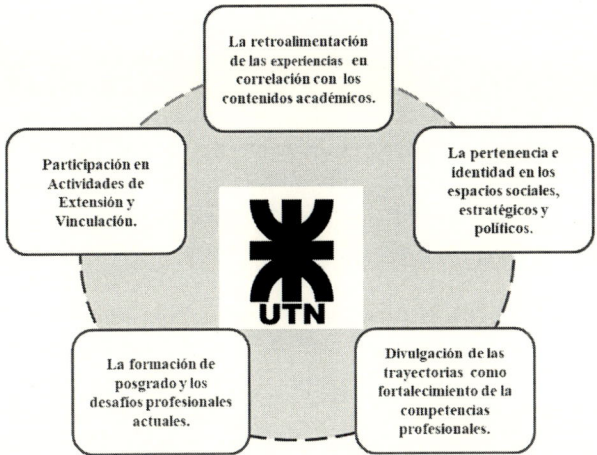

Elaboración propia en referencia al plan de gestión integral.
Período noviembre 2019- octubre 2023

Desde la Escuela de posgrado, de ciencia y tecnología, se presentan elementos académicos fundamentales de sustento basados en capacitación, formación permanente y generación de nuevos conocimientos específicos, generando capacidades en investigación para reutilizar en docencia o aplicar en las trayectorias profesionales.

Se destaca, a su vez, la pertenencia e identidad de los graduados/as y la participación permanente en las actividades sociales, deportivas y culturales que se llevan a cabo de acuerdo con los planes anuales de gestión universitaria. Esta articulación también aplica a lo relacionado con la participación en las actividades de evaluación estratégica y en la vida política de la Regional.

La difusión de nuevas oportunidades laborales y capacitaciones en diferentes temas, constituyen también mecanismos para articular con los graduados/as.

Todos los esfuerzos por organizar, gestionar y hacer partícipe a los graduados/as en la vida universitaria va cobrando valor día a día, y eso es aún más visible y posible con las nuevas estrategias de comunicación que se vienen implementando.

Como lineamientos actuales y futuros, es muy importante continuar investigando las trayectorias profesionales por tramo de generaciones de graduados y por tramos de dedicación profesional; teniendo en cuenta la dedicación actual referida a rubros específicos. Todas estas cuestiones permiten tener conocimiento y seguimiento actualizado sobre las dedicaciones actuales en las que se desarrollan actualmente los ingenieros y licenciados egresados de la Facultad Regional de Concepción del Uruguay.

También resulta importante definir, relevar y medir con mayor grado de desagregación, de acuerdo con nuevas variables e indicadores propuestos, con el objetivo de obtener nueva información actualizada, generando aportes permanentemente en el proceso de enseñanza de las carreras de grado y posgrado, y constituyendo, asimismo, un vínculo permanente con los departamentos de carreras y Escuela de posgrado.

Como actividades pendientes, está previsto también desarrollar visitas a los graduados/as en su ámbito laboral y poder hacer actividades de cortos audiovisuales, así como nuevas actividades de extensión y de divulgación profesional.

Resultará interesante en el mediano plazo realizar talleres y encuestas vinculadas al fortalecimiento e identificación de competencias profesionales actuales por grupos de graduados, organizados por especialidades de grado; que durante los períodos anteriores no se han podido llevar a cabo.

Bibliografía

Facultad Regional Concepción del Uruguay. Universidad Tecnológica Nacional (2023). Plan de gestión de la secretaría de extensión universitaria. Resoluciones de Decano de actividades de extensión.

Facultad Regional Concepción del Uruguay. Universidad Tecnológica Nacional (2023). Datos acumulados históricos de graduados hasta octubre de 2023. Secretaría Académica.

Orosco Condori, Eugenia y Speroni Aguirre, Francisco (2021). Seguimiento y vinculación con graduados. *Revista ES*, 1(1-2), 1-19.

Panaia, Marta (2006). *Trayectorias de ingenieros tecnológicos. Graduados y alumnos en el mercado de trabajo*. Miño y Dávila Editores.

Guzmán Silva, Susana; Febles Álvarez-Icaza, Mónica; Corredera Marmolejo, Alejandro; Flores Machado, Pilar; Tuyub España, Arumi y Rodríguez Reynaga, Pedro (2008). Estudio de seguimiento de egresados: recomendaciones para su desarrollo. *Innovación Educativa*, 8(42), 19-31.

Simone, Vanina; Pazos, Cecilia y Iavorski, Ivana (2011). *Trayectorias profesionales de ingenieros de la UTN-FRA*. IX Jornadas de Sociología. Facultad de Ciencias Sociales, Universidad de Buenos Aires.

Simone, Vanina; Iavorski, Ivana y Pazos, Cecilia (2010). *Jóvenes que estudian y trabajan. Trayectorias profesionales de graduados de ingeniería de la Universidad Tecnológica Nacional*. X Congreso Nacional de Estudios del Trabajo.

AUTORAS/ES

Blanco, Cecilia. Dra. en Estudios Sociales de América Latina, Mgtr. en Ciencias Sociales y Lic. en Comunicación Social por la Universidad Nacional de Córdoba (UNC), Argentina. Profesora en la Facultad de Ciencias de la Comunicación (FCC) e investigadora radicada en el Centro de Investigaciones en Periodismo y Comunicación (CIPeCo) "Hector Toto Schmucler". Becaria Doctoral y Posdoctoral CONICET (años 2013-2015 y 2017-2020). Directora del Proyecto: Nuevas configuraciones profesionales de comunicadores en un contexto pospandémico, años 2024-2027. Líneas de investigación: Sociología del trabajo y de las profesiones. Estudios longitudinales de seguimiento de graduados. Sociología del conocimiento y teorías de la comunicación.
E-mail: cecilia.blanco@unc.edu.ar

Borlido, Claudia. Veterinaria por la Universidad de la República, Especialista en Entornos Virtuales de Aprendizaje por la Organización de Estados Iberoamericanos para la Educación, la Ciencia y la Cultura; Magister en Tecnologías de la Información y Comunicación aplicadas a la Educación por la Universidad Autónoma de Barcelona y Estudiante de Doctorado en Educación Universidad Internacional Iberoamericana, docente del Departamento de Educación Veterinaria.
E-mail: claudiaborlido@gmail.com

Bové, María Eugenia. Doctora en Ciencias Políticas y Sociales y Maestra en Estudios Políticos y Sociales (Universidad Nacional Autónoma de México). Licenciada en Psicología (Universidad de la República). Profesora Asistente del Programa de Respaldo al Aprendizaje, Comisión Sectorial de Enseñanza y Educación Permanente, y Ayudante en el Instituto de Sociología Jurídica de la Facultad de Derecho. Universidad de la República.

Cabral, Paola. Veterinaria por la Universidad de la República, Especialista en Entornos Virtuales de Aprendizaje por la Organización de Estados Iberoamericanos para la Educación, la Ciencia y la Cultura; y Estudiante de Doctorado en Educación de Ciencias Experimentales en la Universidad Nacional del Litoral, docente del Departamento de Educación Veterinaria.
E-mail paocab@gmail.com

Cabrera Canabal, Lucía. Magíster en Psicología y Educación y Licenciada en Psicología (Universidad de la República). Profesora Asistente del Programa de Respaldo al Aprendizaje. Comisión Sectorial de Enseñanza y Educación Permanente. Universidad de la República.

Cettour, Walter Hernán. Subsecretario de Graduados FRCU-UTN. Docente e Investigador FRCU-UTN. Especialista en Ingeniería Gerencial UTN (2012). Licenciado en organización Industrial (UTN, 2004). Docente en disciplinas industriales UTN (2023). Investigador en programa de incentivos Categoría V - Res 2159/2017 y categoría D-UTN. Profesional independiente en gestión organizacional, industrial y negocios.
E-mail: cettourwh@frcu.utn.edu.ar

Chiecher, Analía. Dra. en Psicología por la Universidad Nacional de San Luis, 2017; Magister en Educación y Universidad, Universidad Nacional de Río Cuarto, 2004; Licenciada en Psicopedagogía, Universidad Nacional de Río Cuarto, 1998. Investigadora independiente de CONICET y docente en la Universidad Nacional de Río Cuarto. Autora de libros, capítulos de libros y artículos científicos sobre aprendizaje en entornos virtuales y trayectorias académicas de estudiantes universitarios.
E-mail: achiecher@hotmail.com

Concha, Leticia. Licenciada en Psicopedagogía (Universidad Nacional de Río Cuarto). Doctoranda en el Doctorado en Ciencias de la Educación (Universidad Nacional de Cuyo). Becaria Doctoral de CONICET.
E-mail: leti_c95@hotmail.com

Cura, Rafael Omar. Magister en Gestión de Proyectos Educativos (UCAECE, 2010); Licenciado en Ciencias de la Educación

(UNTREF, 2003); Licenciado en Filosofía (UCA, 2012); Profesor Universitario (UMSA, 2006); Profesor en Filosofía y Ciencias de la Educación (ISPSFS, 1985); Doctorando en Educación (UNICEN, en curso). Docente en grado y posgrado. Director de Proyectos de Investigación y Desarrollo en UTN desde 2010. Ha realizado presentaciones, en congresos, jornadas, seminarios, talleres y publicaciones en revistas nacionales e internacionales, contribuciones en libros y capítulos en libros.
E-mail: rocura@frbb.utn.edu.ar

Ferrando, Karina Cecilia. Doctora en Ciencias Sociales de la Facultad de Ciencias Sociales UBA (2021), Magister de la UBA en Política y Gestión de la Ciencia y la tecnología (2002), Programa Educador Internacional de Ingeniería (PCEII) (2021). Profesora Titular en la asignatura Ingeniería y Sociedad. Directora de la UDB Cultura e Idiomas en UTN Avellaneda. Directora y Co directora en Proyectos de Investigación en UTN desde 2006. Ha realizado presentaciones, en congresos, jornadas, seminarios, talleres y publicaciones en revistas nacionales e internacionales, contribuciones de capítulos en libros y dictado de conferencias. Contribuciones en libros y capítulos en libros.
E-mail: kferrando@fra.utn.edu.ar

Fiori, Nicolás. Posgrado de especialización en Demografía y Licenciado en Sociología, Universidad de la República, Uruguay. Director de la División Estadística, Dirección General de Planeamiento, Universidad de la República, Uruguay. Docente del Departamento de Sociología, Facultad de Ciencias Sociales, Universidad de la República, Uruguay.

Forno, Jorge Eduardo. Magister de la UNQ en Ciencia, Tecnología y Sociedad (2011), Programa Educador Internacional de Ingeniería (PCEII) (2021). Profesor Adjunto en la asignatura Ingeniería y Sociedad (UTN FRA). Participa en Proyectos de Investigación en UTN desde 2016. Ha realizado presentaciones en congresos, jornadas, seminarios, talleres y publicaciones en revistas nacionales e internacionales y contribuciones de capítulos en libros. Se desempeña como periodista free lance especializado en temas de ciencia y tecnología y ha colaborado en diversos medios nacionales e internacionales.
E-mail: jforno@fra.utn.edu.ar

Horjales, Rodrigo. Posgrado de especialización en Demografía y Licenciado en Sociología, Universidad de la República, Uruguay. Sociólogo de la División Estadística, Dirección General de Planeamiento, Universidad de la República, Uruguay.

Lujambio, Vanessa. Psicóloga por la Universidad de la República, docente de la Unidad de Educación Veterinaria, responsable del Servicio de Orientación Psicopedagógica de la Facultad de Veterinaria de la Universidad de la República.
E-mail: vanlujambio@gmail.com

Moreno, Jacqueline Elisabet. Licenciada en Psicopedagogía (Universidad Nacional de Río Cuarto). Doctoranda en el Doctorado en Psicología (Universidad Nacional de San Luis). Becaria Doctoral de CONICET.
E-mail: jaqui_rio4@hotmail.com

Páez, Olga Haydée. Licenciada y Profesora en Sociología (UBA). Programa Educador Internacional de Ingeniería (PCEII) (2021) "Experto Universitario en Divulgación y Cultura Científica". Jefa de Cátedra Ingeniería y Sociedad. Profesora Asociada y Adjunta en Ingeniería y Sociedad. Participa en Proyectos de Investigación en UTN desde 2006. Ha realizado presentaciones en congresos, jornadas, seminarios, talleres y publicaciones en revistas nacionales e internacionales y contribución en capítulos en libros.
E-mail: opaez@fra.utn.edu.ar

Paoloni, Paola. Dra. en Psicología, Universidad Nacional de San Luis; Mg. en Educación y Universidad, Universidad Nacional de Río Cuarto; Lic. en Psicopedagogía, Universidad Nacional de Río Cuarto; Investigadora Independiente, ISTE-CONICET.

Panaia, Marta. Socióloga (UBA). Master en Ciencias Sociales (FLACSO). Dra. en Ciencias Económicas (UBA). Investigadora Principal del CONICET, con sede en el Instituto de Investigaciones Gino Germani de la Universidad de Buenos Aires. Titular Regular de Sociología del Trabajo, en grado y postgrado de la UBA y UTN. Profesora Consulta UBA. Directora del Laboratorio MIG-UNDAV. Coordinadora general de la Red de Laboratorios MIG. (PAITE-UBA).
E-mail: ptrabajo@yahoo.com.ar

Passarini, José. Veterinario y Magister en Enseñanza Universitaria por la Universidad de la República (Uruguay), Doctor en Educación por la Universidad de la Habana (Cuba), director del Departamento de Ciencias Sociales de la Facultad de Veterinaria y Presidente de la Comisión de Evaluación Interna y Acreditación - Universidad de la República.
E-mail: josepasa@gmail.com

Rodriguez, Brasiliano. Veterinario y estudiante de la Maestría de Educación y Extensión Rural, por la Universidad de la República, docente del Departamento de Educación Veterinaria.
E-mail: brasilianomartin@gmail.com

Santiviago, Carina. Doctora en Ciencias de la Educación (Universidad de La Habana). Magíster en Psicología y Educación y Licenciada en Psicología (Universidad de la República). Profesora Titular coordinadora del Programa de Respaldo al Aprendizaje. Comisión Sectorial de Enseñanza y Educación Permanente. Universidad de la República.

Schlegel, Daiana. Lic. en Psicopedagogía, Universidad Nacional de Río Cuarto. Becaria CONICET. Doctoranda en Ciencias de la Educación, Universidad Nacional de Cuyo.

Varesi, Alejandro. Veterinario y Magister en Enseñanza Universitaria por la Universidad de la República (Uruguay), docente de la Unidad de Educación Veterinaria, responsable de la Secretaría Estudiantil de la Facultad de Veterinaria de la Universidad de la República.
E-mail: alevaresi@gmail.com

Weisheim, Paula. Licenciada en Organización Industrial, graduada de la Universidad Tecnológica Nacional, Facultad regional Concepción del Uruguay (2022). Integrante del equipo de la Subsecretaría de Graduados de la UTN FRCU desde 2020. Actividad profesional en planificación de la producción e implementación de sistemas y procesos de calidad, gestión de recursos y mejora continua en industria de fabricación de envases.
E-mail: paulaweisheim@gmail.com